Collection « L'esprit économique »

fondée par Sophie Boutillier et Dimitri Uzunidis en 1996
dirigée par Sophie Boutillier, Blandine Laperche, Dimitri Uzunidis

Si l'apparence des choses se confondait avec leur réalité, toute réflexion, toute Science, toute recherche serait superflue. La collection « L'esprit économique » soulève le débat, textes et images à l'appui, sur la face cachée économique des faits sociaux : rapports de pouvoir, de production et d'échange, innovations organisationnelles, technologiques et financières, espaces globaux et microéconomiques de valorisation et de profit, pensées critiques et novatrices sur le monde en mouvement...
Ces ouvrages s'adressent aux étudiants, aux enseignants, aux chercheurs en sciences économiques, politiques, sociales, juridiques et de gestion, ainsi qu'aux experts d'entreprise et d'administration des institutions.

La collection est divisée en six séries :

Dans la série *Economie et Innovation* sont publiés des ouvrages d'économie industrielle, financière et du travail et de sociologie économique qui mettent l'accent sur les transformations économiques et sociales suite à l'introduction de nouvelles techniques et méthodes de production. L'innovation se confond avec la nouveauté marchande et touche le cœur même des rapports sociaux et de leurs représentations institutionnelles.

La série *Economie formelle* a pour objectif de promouvoir l'analyse des faits économiques contemporains en s'appuyant sur les approches critiques de l'économie telle qu'elle est enseignée et normalisée mondialement. Elle comprend des livres qui s'interrogent sur les choix des acteurs économiques dans une perspective macroéconomique, historique et prospective.

Dans la série *Le Monde en Questions* sont publiés des ouvrages d'économie politique traitant des problèmes internationaux. Les économies nationales, le développement, les espaces élargis, ainsi que l'étude des ressorts fondamentaux de l'économie mondiale sont les sujets de prédilection dans le choix des publications.

La série *Krisis* a été créée pour faciliter la lecture historique des problèmes économiques et sociaux d'aujourd'hui liés aux métamorphoses de l'organisation industrielle et du travail. Elle comprend la réédition d'ouvrages anciens, de compilations de textes autour des mêmes questions et des ouvrages d'histoire de la pensée et des faits économiques.

La série *Clichés* a été créée pour fixer les impressions du monde économique. Les ouvrages contiennent photos et texte pour faire ressortir les caractéristiques d'une situation donnée. Le premier thème directeur est : mémoire et actualité du travail et de l'industrie ; le second : histoire et impacts économiques et sociaux des innovations.

La série *Cours Principaux* comprend des ouvrages simples, fondamentaux et/ou spécialisés qui s'adressent aux étudiants en licence et en master en économie, sociologie, droit, et gestion. Son principe de base est l'application du vieil adage chinois : « le plus long voyage commence par le premier pas ».

LA GRANDE RÉCESSION

5-7, rue de l'École-Polytechnique ; 75005 Paris

www.harmattan.fr
diffusion.harmattan@wanadoo.fr

ISBN : 978-2-343-09391-8
EAN : 9782343093918

Francis Bismans

La Grande Récession

Un autre regard sur des temps troublés
(2007-2013)

OUVRAGE PUBLIÉ AVEC LE CONCOURS
DE L'UNIVERSITÉ DE LORRAINE

L'HARMATTAN

À Pascal et Juliette

Pour les jours sombres parfois, mais surtout pour ces journées, bien plus nombreuses, baignées d'une douce lumière

Du même auteur

Bismans, Francis, *Probabilités et statistique inférentielle Prélude à l'économétrie*, Ellipses, Collection Référence sciences, Paris, 2016.

Bismans, Francis, Aimar Thierry, Diebolt, Claude, *Business Cycles in the Run of History*, Springer, Collection Springer Briefs in Economics, Heidelberg-New York-Dordrecht-London, 2016.

Bismans, Francis, *Mathématiques pour l'économie*. Volume 1. *Fonctions d'une variable réelle*, De Boeck Université, Paris-Bruxelles, 1999.

Bismans, Francis, *Croissance et régulation. La Belgique 1944-1974*, Palais des Académies, Bruxelles, 1992.

Introduction

L'objet de ce livre tient en quelques mots : rendre compte d'une période – pleine de bruit et de fureur – qui court de la crise des *subprime* à celle de la dette souveraine européenne, autrement dit de 2007 à 2013.

Le commencement de la séquence temporelle examinée se situe aux États-Unis, parce que le tsunami financier déclenché par l'éclatement de la bulle immobilière y a débouché sur une crise du crédit de grande ampleur en août 2007. Cependant, l'onde de choc ne s'est pas arrêtée là. L'effondrement de Northern Rock, de Bear Stearns et surtout de Lehman Brothers, couplé à celui des Bourses de valeurs, s'est accompagné d'une crise financière systémique sans précédent, qui s'est ramifiée à l'échelle internationale.

Ce fut en réalité une première mondiale qui n'a pas manqué d'accentuer le repli conjoncturel préexistant en le transformant en une Grande Récession, elle-même sans équivalent depuis 1945.

Cette Grande Récession prendra une forme particulière en Eurolande – la zone euro si l'on préfère –, dans la mesure où le cycle conjoncturel se greffera sur une crise de la dette souveraine et de l'euro. *In fine*, elle se présentera comme la combinaison inédite d'une récession, suivie d'une légère reprise, puis d'une rechute dans la récession. C'est le double creux (ou double « dip ») symbolisé par la lettre W.

Voilà pour l'objet de ce livre.

Je tiens pour évident qu'une explication de l'enchaînement des crises multiples qui ont rythmé la séquence 2007-2013, ne peut se ramener à une description linéaire ou à un récit des événements principaux. Tout aussi restrictive serait une approche étroitement économique, qui ferait fi de la richesse des déterminations sociales, politiques, culturelles et autres, qui structurent la réalité. À cet égard, je me trouve en plein accord avec la belle exhortation de Thomas Piketty[1] [2013, p.945] : « Pour une économie politique et historique ».

En réalité, le mode d'exposition retenu relève de ce que je nommerais volontiers une approche historico-structurale. Historique, parce qu'on aura beau faire, il n'est pas possible de gommer les temporalités spécifiques qui scandent la période étudiée et ses sous-périodes. Structurale, parce qu'en

1 Je voudrais préciser dès à présent que toutes les citations seront faites selon le système Harvard, c'est-à-dire en mentionnant le nom de l'auteur, la date de parution de l'ouvrage ou de l'article et éventuellement la page. Les références bibliographiques complètes sont reprises à la fin de ce livre.

définitive, la réalité ne se donne pas à l'observateur qui n'a d'autre lunette à sa disposition que des théories, fussent-elles très partielles ou limitées. Comme le disait si bien Paul Veyne [1975, pp.9-10], les faits historiques «n'existent pas à l'état séparé, sauf par abstraction; concrètement, ils n'existent que sous un concept qui les informe.»

Disons donc quelques mots sur les théories qui m'ont engagé sur la voie d'une tentative de compréhension de ce qui s'avérera probablement un tournant majeur, «structurel», de l'économie mondiale et donc aussi de nos sociétés.

D'emblée, j'avouerai que je me suis appuyé sur la conceptualisation élaborée par Hyman Minsky, un économiste américain né en 1919 et mort en 1996. Celui-ci revendique clairement sa filiation avec Keynes, l'auteur à l'origine de la macroéconomie, qui publia en 1936 son livre majeur: *The General Theory of Employment, Interest and Money*.

Cependant, Minsky a subi l'influence de bien d'autres économistes, au premier rang desquels il faut citer Michal Kalecki (1899-1970). Ce dernier était lui-même fortement imprégné de la lecture qu'avait faite Rosa Luxemburg de l'œuvre de Marx. Qui plus est, il peut être crédité d'avoir découvert la *Théorie générale* avant Keynes – Joan Robinson en a donné des preuves convaincantes.

Le travail de Minsky se situe donc à la jonction de Kalecki et de Keynes; du premier, il retient l'analyse en termes de grandeurs macroéconomiques et le caractère central du profit des entrepreneurs; du second, le rôle essentiel de la monnaie et du financement dans l'économie. Son programme de recherche se résume en une phrase: montrer comment entrepreneurs et banquiers mus par la recherche du seul profit transforment un système financier initialement robuste en un système sujet à des crises financières répétées.

Un tel programme a été développé très progressivement, par étapes successives. On en donnera ici une version très synthétique qui s'appuie essentiellement sur le dernier Minsky [1975, 1986, 1992]. (Pour une présentation plus approfondie, mais aussi plus technique, on renverra à Aimar, Bismans et Diebolt [2010, pp. 35-38].)

Le point de départ est constitué par une économie dotée d'actifs-capital coûteux et d'un système financier complexe. Dans le cours de son développement, cette économie accumule des biens de capital, qui doivent nécessairement être financés. Pour ce faire, les entrepreneurs concernés acquièrent forces de travail et matières premières moyennant paiement, «produisent» ensuite des biens ou marchandises et les vendent enfin en dégageant (habituellement) un surplus, c'est-à-dire un «profit» monétaire. Tout le processus s'analyse donc comme un échange de monnaie présente contre de la monnaie future, les profits.

Toutefois, on a supposé, à ce stade, que les biens de capital trouvaient automatiquement preneurs. Rien n'est moins sûr, car les profits ne suffiront vraisemblablement pas à les acheter et en conséquence, il faudra recourir à un financement externe, c'est-à-dire emprunter auprès des banques. Celles-ci n'accorderont un prêt que si elles disposent de garanties sérieuses quant à la capacité de leurs débiteurs à faire face à leurs obligations. Mieux, les banques en tant que telles constituent des institutions cherchant à maximiser leurs profits (Minsky [1992, p. 6]).

Semblablement, un entrepreneur ne demandera pas un prêt s'il pense que la somme actualisée des flux monétaires (les cash-flows) *anticipés* procurés par un investissement – en d'autres termes, les profits attendus – ne sera pas supérieure ou à tout le moins égale, au coût de cet investissement. En pratique, les *profits réalisés* détermineront si les engagements contractuels seront *validés ou non* dans le futur. S'ils ne le sont pas, la banque créancière devra enregistrer, à son bilan, une perte ou une dépréciation. Le niveau des profits reste donc la variable ultime qui conditionne le comportement dynamique du système dans son ensemble.

Un bémol doit cependant être introduit dans le tableau, car, dit Minsky [1992, p. 4], « dans le monde moderne, l'analyse des relations financières et de leurs implications pour le comportement du système ne peut être limitée à la structure d'endettement des entreprises et aux cash-flows qu'elles génèrent. » D'autres unités économiques se financent et s'endettent sur un mode tout à fait comparable :

- les ménages (cartes de crédit ; acquisition de biens de consommation durables tels que voitures, habitations, etc., et achat d'actifs financiers divers) ;
- les gouvernements ou États, parce qu'ils sont amenés, via l'emprunt, à satisfaire un ensemble de besoins publics et à réguler l'économie par leurs politiques contracycliques ;
- les unités mondialisées issues de l'internationalisation des relations financières et de la globalisation de l'économie.

Chacune de ces unités se trouve, en fonction de sa relation revenu-endettement, dans un des trois régimes suivants : la finance de couverture, la finance spéculative et enfin la finance que Minsky qualifie de « Ponzi »[1], du nom d'un escroc avéré. (Cependant, Minsky [1986, p.377] précise qu'un comportement à la Ponzi « n'est pas nécessairement frauduleux ».)

Les unités à financement de couverture sont caractérisées par le fait qu'elles satisfont à tous leurs engagements contractuels sur base de leurs

1 Charles Ponzi, d'origine italienne, mais installé aux États-Unis, proposait, en 1920, un placement rapportant un rendement de 50% sur investissement endéans les 45 jours ; en réalité, il ne plaçait pas l'argent qui lui était confié ou seulement une faible partie ; il se contentait de payer les intérêts des clients les plus anciens avec les sommes prêtées par les nouveaux investisseurs.

cash-flows, autrement dit, elles sont capables de rembourser leur dette, principal et intérêts, en puisant dans leurs flux de trésorerie. Les unités spéculatives assument le paiement des seuls intérêts sur leurs emprunts. Les unités qui se financent sur le mode de Ponzi n'ont même pas la capacité d'assurer le service des intérêts et elles sont en conséquence obligées de recourir continuellement à l'emprunt – c'est la « cavalerie » dans toute sa splendeur ! La contrepartie de cette fuite en avant toujours renouvelée est qu'un financement « à la Ponzi » conduit inéluctablement, mais moyennant délai plus ou moins long, à l'effondrement final.

Distinguer chacun de ces régimes est utile, parce que dans les termes de Minsky [1992, p.7], « si la finance de couverture domine, l'économie représente un système convergeant vers un équilibre. Par opposition, plus grand est le poids des finances spéculative et de Ponzi, plus grande est la probabilité que l'économie constitue un système qui amplifie les écarts par rapport à l'équilibre ».

Mieux, quand une économie est sur un sentier de croissance ininterrompue, à l'instar des vingt années qui ont suivi la seconde guerre mondiale, l'absence de récessions et la validation régulière des contrats financiers accroissent la confiance des agents et les conduisent, de manière totalement endogène, à adopter des comportements spéculatifs, puis de Ponzi, motivés par la recherche de plus grands profits. Il s'ensuit une bulle spéculative d'un ou plusieurs actifs, tandis que l'économie en question s'achemine vers une crise financière plus ou moins grave caractérisée par une cascade de diminutions, voire un effondrement, des prix des actifs financiers.

Ajoutons que le « moment Minsky » – une expression apparemment forgée par McCulley [2009, p. 6] au sortir de la crise des économies asiatiques en 1998-1999 – désigne la période, nécessairement courte, où les unités et les investisseurs sont contraints de vendre en catastrophe leurs actifs financiers pour se procurer des liquidités, enclenchant ainsi une spirale de baisse du prix de ces actifs et *in fine*, un tarissement des liquidités.

En conclusion, il y a une tendance intrinsèque de toute économie à l'*instabilité financière*, dont la forme extrême est un surendettement général, un assèchement du crédit (*credit crunch*) et une pénurie aigüe de liquidités. C'est le fil rouge qui oriente les recherches de Minsky. C'est aussi l'hypothèse à la base de ce livre.

Autre économiste américain qui m'a directement inspiré avec sa « théorie de la déflation par la dette » : Irving Fisher. Ce dernier avait sous les yeux l'exemple de la Grande Dépression des années trente du siècle précédent, quand il publia, en 1933, son grand article.

La déflation, c'est la baisse des prix, le contraire en quelque sorte de l'inflation. C'est donc en soi un phénomène monétaire et financier. L'apport de Fisher [1933, 2011, p.10] a été de lier étroitement baisse du niveau général des prix et endettement des unités économiques. Le surendettement de ces dernières, quelle qu'en soit la cause, les conduit tôt ou tard à devoir entamer un douloureux processus d'assainissement, qui se traduit par des ventes forcées, parfois à perte, de leurs biens ou actifs et des ponctions massives sur leurs comptes bancaires. Ces deux facteurs orientent alors les prix et leur niveau général à la baisse. Cependant, qui dit diminution des prix dit aussi alourdissement du poids des dettes en termes réels. En somme, plus les débiteurs remboursent leurs emprunts et plus ils se retrouvent endettés...

Il s'ensuit alors un nouveau cycle, au cours duquel les débiteurs vont devoir vendre de nouveaux actifs dans un climat de déflation, ce qui entraînera des baisses additionnelles de prix, qui, à leur tour, alourdiront leur endettement réel, etc. La déflation des prix prend ainsi un caractère cumulatif et durable.

Toutefois, pour Fisher [1933, 2011, p.25], un tel processus n'a rien d'irréversible. Certes, si rien n'est tenté pour l'enrayer, il se poursuivra et s'approfondira, mais « les grandes dépressions sont traitables et résorbables à travers la reflation », par quoi notre auteur entend un ensemble de mesures destinées à induire le relèvement du niveau général des prix.

Last but not least, je dois évidemment citer Keynes. Je lui suis redevable, comme bien d'autres, d'un ensemble de concepts aujourd'hui communément acceptés, mais plus fondamentalement, d'une approche macroéconomique de la réalité qui donne toute sa place à la demande globale autant qu'à la monnaie. Sans négliger le fait que sa compréhension du rôle et du fonctionnement des marchés financiers, en particulier boursiers, est restée inégalée à ce jour. Qui en douterait est invité à consulter son admirable chapitre 12 dans la *General Theory* (Keynes [1936, pp.147-164]).

Je n'en dirai pas plus sur l'économiste de Cambridge, me contentant de renvoyer à l'interprétation que j'en ai donné dans un précédent livre (Bismans [1992, chapitres VII et VIII]).

Voilà donc ce que j'ai retenu de ces trois auteurs. Je tiens néanmoins à préciser que je ne me sens lié à aucune orthodoxie. Les théories, de diverses natures, ont vocation à être transformées ou même dépassées – elles sont et doivent être falsifiables, comme aurait dit Popper.

Quelques précisions à présent sur l'organisation de ce livre.

Il compte trois parties comportant chacune deux chapitres. La première d'entre elles est consacrée à l'étude de la manière dont une bulle immobilière s'est constituée dès les années quatre-vingt-dix aux États-Unis – c'est spécifiquement l'objet du deuxième chapitre. Cependant, il m'est rapidement apparu que ce chapitre – et ceux qui suivent d'ailleurs – devait être précédé d'une synthèse sur les caractéristiques du système bancaire et financier américain. C'est ce que tente le premier chapitre. Le grand avantage d'une telle façon de procéder réside dans le regroupement au sein d'une même subdivision d'un ensemble d'outils et de concepts qui seront utilisés tout au long de ce livre, sans pour autant rompre le fil chronologique de l'exposition.

La deuxième partie couvre la période qui va de l'éclatement de la bulle immobilière dans le courant du second semestre de 2006 jusqu'au renflouement de Bear Stearns en mars 2008 en passant par le blocage de tous les marchés du crédit à l'été 2007. Le chapitre trois s'attache à présenter un schéma explicatif qui est alors investi dans l'analyse de la première crise financière systémique d'août 2007 et de ses conditions. Quant au chapitre quatre, il traite plus particulièrement des prolongements de la crise de 2007, qui étend ses ramifications partout, notamment en Europe et en Grande Bretagne.

La troisième partie s'efforce de rendre compte d'une période mouvementée dans laquelle se conjuguent et s'engrènent crise financière, récession de grande intensité et crise de la dette souveraine. Le chapitre cinq étudie plus spécialement la Grande Panique consécutive à la faillite de Lehman Brothers le 15 septembre et ses effets sur la récession préexistante. Le sixième et dernier chapitre explique les mécanismes qui ont vu le passage de la Grande Récession à la crise de l'endettement public dans l'Eurolande.

Il me faut à présent donner quelques indications sur les sources et la documentation utilisées. Un ouvrage tel que celui que le lecteur a entre les mains, fait abondamment appel à de multiples séries statistiques. J'ai puisé ces séries dans de nombreuses bases de données. Celles de l'OCDE, de la FRED et d'Eurostat sont les plus importantes d'entre elles. Malheureusement et de plus en plus, l'information statistique est payante et des sociétés privées ne se font pas faute de lui attribuer un coût monétaire significatif. En conséquence, j'ai, dans quelques cas précis, été obligé de recourir aux données de ces sociétés telles que je les ai trouvées dans des sources secondaires. Je le regrette, mais n'y puis rien.

La documentation à la base de cet ouvrage est diverse; elle comprend livres, articles et documents de travail, chacun d'entre eux en grand nombre. Elle est aussi très abondante, trop même pour qu'elle puisse être maitrisée par une seule personne. La bibliographie qui figure en fin d'ouvrage, non seulement n'a rien d'exhaustif, mais encore, ne regroupe que les références directement citées dans le texte. Ici également, je me suis fixé la règle d'utiliser les originaux et eux seuls.

Pour le reste, les livres ont leur destin, *habent sua fata libelli*. Une fois achevés, ils n'appartiennent plus entièrement à leur auteur.

Partie I
America, America

Cette première partie est composée de deux chapitres très différents, mais qui partagent le fait d'étudier des aspects spécifiques de l'économie américaine.

Le premier d'entre eux a une portée générale, puisqu'il traite des caractéristiques du système bancaire et financier des États-Unis. Il décrit aussi ce qu'est le shadow banking, le système bancaire parallèle, ainsi que son financement. Il introduit également tous les concepts liés à la titrisation des actifs, qui seront utilisés à un moment ou un autre dans ce livre.

Le deuxième chapitre étudie la formation d'une bulle immobilière aux États-Unis dès les années quatre-vingt-dix du siècle précédent, qui sont aussi les années de ce qui a été nommé après coup, la Grande Modération. Il suit le développement de cette bulle immobilière à la faveur de l'octroi des prêts hypothécaires de qualité médiocre, dits subprime, et ce, jusqu'au moment où elle éclate lors du deuxième semestre de 2006.

Chapitre 1
Le système bancaire et financier des États-Unis

Le système bancaire américain comporte des particularités qu'il est important d'avoir présentes à l'esprit. Depuis une trentaine d'années, il a par ailleurs connu, à l'instar de celui des autres pays développés, de multiples innovations financières. C'est à la description des unes et des autres que ce chapitre s'attèle.

Deux systèmes bancaires

D'après le magazine britannique *The Banker* (juillet 2005), si l'on se réfère à l'année 2004, parmi les vingt premières banques mondiales en termes d'actifs possédés, il n'y en avait que trois qui étaient américaines, exactement le même nombre que pour les banques françaises. C'est dire que le système bancaire dans le premier pays présente des caractéristiques très différentes de celles que l'on peut observer en Europe.

Près de 9000 banques !

La courte histoire des États-Unis, après la guerre civile, a été émaillée de faillites bancaires : 1873 et 1907 n'en sont que les exemples les plus frappants. (Pour un bref historique de la banque américaine, on renverra à Krugman [2009, pp. 153 et sq.] et aussi à Chavagneux [2013].) Ces faillites récurrentes conduiront finalement à la création d'une banque centrale – la Réserve Fédérale – en 1913. La crise de 1929 fut plus grave encore, les États-Unis expérimentant des faillites bancaires en chaîne. Aussi le législateur, en réponse à la crise, adopta-t-il en 1933 une loi régulant le secteur bancaire, connue sous le nom du *Glass-Steagal Act*. Deux points essentiels la caractérisent : d'une part, la séparation complète entre les banques commerciales, recevant les dépôts des particuliers et leur octroyant des prêts, et les banques d'investissement, qui ne pouvaient recevoir de tels dépôts et consentaient essentiellement des prêts aux entreprises et géraient de grosses fortunes ; d'autre part, l'assurance des dépôts via la garantie apportée par l'État, plus exactement par la *Federal Deposit Insurance Corporation* (FDIC). Qui plus est, avant même la crise, le *Mc Fadden Act* de 1927 avait limité le champ des activités bancaires à un seul État.

Parallèlement à cette législation nationale – il ne faut jamais oublier que les États-Unis sont un pays fédéral ! –, existait également un ensemble de dispositions propres aux États fédérés.

Ces différents facteurs expliquent que l'activité bancaire soit restée longtemps très fragmentée aux États-Unis et que ce pays comptait encore en 2007 près de 9000 établissements bancaires.

Cependant, le paysage va commencer à changer fortement dès le début des années quatre-vingt – en cause les dérèglementations de l'ère Reagan ! D'un côté au plan local, de nombreux États fédérés ont rapporté l'obligation pour les banques de cantonner leur activité à un seul État, voire parfois à une seule localité. De l'autre, comme l'indique Valdez [2007, p. 41], le Congrès votait en 1994 une loi qui donnait le feu vert aux banques multi-États, sauf si « la législation de l'État local l'empêchait ». Enfin, le *Glass-Steagal Act* fut abrogé en 1999 et remplacé par le *Gramm Leach-Bliley Act*. La voie était désormais ouverte à la « banque universelle » (*broad bank*).

Il s'ensuivit une forte concentration des institutions bancaires américaines, de même que l'apparition d'établissements de crédit spécialisés et la quasi-disparition des frontières entre banques commerciales et banques d'investissement, la possibilité de recevoir des dépôts mise à part. À l'issue de ce mouvement de restructuration du secteur, on pouvait en 2007 dénombrer quatre catégories principales d'organismes bancaires ou assimilés (Lacroix [2008, p. 197 et sq.]) :

1. les *banques commerciales* internationalisées telles *Citigroup*, *JPMorgan-Chase*, *Bank of America*, *Wells Fargo*, *Wachovia* ; elles sont très actives dans l'industrie, dont elles détiennent plus de 70% du total des actifs ; c'est cette catégorie qui reçoit évidemment les dépôts des particuliers.
2. les *banques d'investissement*, dont les plus importantes se nommaient (en 2007 !) *Lehman Brothers*, *Bear Stearns*, *Merril Lynch*, *Goldman Sachs* et *Morgan Stanley*, les trois dernières étant des maisons de titres fortement présentes sur les marchés d'actions. (Prises collectivement, on les nomme les « Big Five ».)
3. les *banques régionales ou locales*, qui sont souvent orientées vers le crédit aux petites et moyennes entreprises ; vu leur taille, elles investissent en général dans les actifs peu risqués tels les obligations municipales, et se placent – Lacroix [2008, p. 197] – sous un régime juridique qui aboutit à les exonérer des taxes fédérales. Parmi les plus connues, citons *Sun trust*, *Regional Financial*, *Comerica*, *Key Corp*, etc.
4. les *institutions de crédits spécialisées* qui échappent à toute régulation fédérale – on va y revenir dans quelques instants – et qui sont actives sur des segments de prêts déterminés : le crédit hypothécaire (*Countrywide Financial*, *New Century Financial*, *Indymac*, etc.) ; les

cartes bancaires (*American Express*) ou le crédit à la consommation (*Americredit*).

Le système bancaire parallèle…

Traditionnellement, les banques commerciales constituaient l'instance dominante de financement de l'économie via les prêts accordés à leurs clients. Elles ne pouvaient toutefois prêter des montants infinis ; elles étaient non seulement astreintes à conserver (ou à constituer) des réserves légales – on y reviendra bientôt –, mais surtout à respecter un rapport bien défini entre leurs fonds propres et le volume des crédits qu'elles octroyaient. En un mot, elles faisaient donc également l'objet d'une forme de régulation mondiale, connue sous le nom de Bâle I et orchestrée par la banque des banques centrales, à savoir la Banque des Règlements Internationaux (BRI, BIS en anglais). Les Accords de Bâle I n'avaient pas directement force de loi, mais en général, les recommandations qu'ils contenaient ont été transcrites dans les législations nationales. C'est le cas pour l'Union européenne par le biais de la Directive sur l'adéquation du capital (*Capital Adequacy Directive*).

En pratique, les établissements bancaires ont ainsi été soumis, depuis 1992, à ce que l'on appelle le ratio Cooke, soit un rapport minimal de 8% entre les fonds propres d'un établissement et l'ensemble de ses crédits – ces derniers étant pondérés par le risque différentiel[1] lié à la qualité du débiteur. L'imposition d'un tel ratio visait deux objectifs principaux : 1. assurer la solvabilité des banques, c'est-à-dire leur capacité à faire face aux demandes de retrait des déposants ; 2. les pousser à adopter des comportements moins risqués, compte tenu que plus les fonds propres d'une banque commerciale sont importants et plus elle subira les conséquences d'une éventuelle faillite. (Signalons que des accords plus contraignants – dits de Bâle II – ont vu le jour en 2004, mais que leur mise en œuvre est très lente, si bien que pour la période qui nous occupe, le mieux est encore de se référer au ratio Cooke.)

Si l'on ajoute à cette règlementation l'instauration beaucoup plus ancienne d'une assurance-dépôts et la possibilité pour les banques de s'approvisionner facilement en liquidités auprès de la Réserve fédérale en cas de coup dur, alors il était naturel de penser que la vielle hantise des banquiers – la crainte d'une faillite consécutive à une « ruée des déposants » vers les guichets – appartenait désormais au passé. Et de fait, selon le bon mot de Nouriel Roubini [2010, p. 79], le métier de banquier obéissait, dans l'après-deuxième guerre mondiale, à la règle des 3-6-3 : servir un taux d'intérêt de 3% aux épargnants, prêter à un taux de 6% et aller jouer au golf à 3

1 Il s'agit donc du risque de crédit, autrement dit essentiellement du risque qu'un débiteur de la banque soit défaillant.

heures de l'après-midi ! Ce mode de fonctionnement quasiment idyllique – un brin idéalisé certes, mais pas trop quand même – se prolongera jusqu'au début des années quatre-vingt ; à dater de ces années, le métier changera du tout au tout, quoique progressivement, par étapes.

La première de ces étapes, décrite un peu plus haut dans ce chapitre, a vu l'abrogation du *Glass-Steagal Act* en 1999 et par suite, la naissance de la « banque universelle ». La seconde, beaucoup plus significative, a été marquée par la « désintermédiation » du système financier américain, ce qui signifie que l'on est passé, pour le financement de l'économie, de la prédominance des banques commerciales à celle des marchés financiers. De la sorte, les différentes institutions concernées ont eu de plus en plus recours aux marchés de capitaux. Ajoutons-y la tendance de fond à la *titrisation* des actifs, c'est-à-dire à leur transformation en titres, en produits financiers.

L'intrication croissante entre la titrisation des actifs et le recours aux marchés financiers s'est traduite par la constitution d'un véritable *système bancaire parallèle* (*shadow banking system*), spécialement, mais pas exclusivement, aux États-Unis.

Le terme a été forgé par Paul McCulley en août 2007 à l'occasion d'un symposium organisé par la Fed à Jackson Hole. (Voyez McCulley, [2009, p. 1].) Il désigne un ensemble d'institutions non strictement bancaires qui empruntent à court terme et acquièrent avec ces emprunts des actifs à long terme ; de surcroît – seconde caractéristique –, ces institutions échappent à la régulation bancaire traditionnelle. On peut donc inclure dans un tel système parallèle

- les fonds spéculatifs (*hedge funds*), parfois appelés plus pudiquement en français, fonds de gestion alternative ;
- les fonds d'investissement (*private equity*), qui réalisent des investissements dans des entreprises non cotées en bourse ;
- les agences publiques ou parapubliques spécialisées dans l'immobilier résidentiel (*Government Sponsored Enterprises* ou GSE, Ginnie Mae, etc.) ainsi que les sociétés de crédit hypothécaire privées ;
- les SICAV[1] monétaires (*Money Market Funds* aux États-Unis) qui sont quasiment indistinguables aujourd'hui des fonds communs de placement ;
- les grandes compagnies d'assurance, au moins dans leur segment d'achat ou de vente de produits financiers et dérivés ;
- les banques d'investissement dans la mesure où leur financement n'est pas assis sur des dépôts.

Il faut aussi y ajouter les conduits, les véhicules d'investissements structurés et les véhicules dédiés que l'on nomme en français des fonds communs

1 Société d'Investissement à Capital Variable.

de créance. (On donnera davantage de détails sur ces différentes entités plus avant dans ce chapitre ou dans ce livre.)

Toutes ces composantes du système parallèle soit ne sont pas régulées soit ne le sont que très légèrement. Ce dernier cas est celui des banques d'investissement, qui sont tenues d'observer un certain ratio entre les sommes qu'elles empruntent et leur capital. Comme le note Crotty [2009, p. 374], de 1975 à 2003, l'autorité de contrôle des marchés américains (la *Securities and Exchange Commission*, en abrégé SEC) limitait les emprunts de ces banques à 12 fois leur capital[1]. Ce rapport a été porté à 40 en 2004 suite à l'intervention du Secrétaire au Trésor, Henry Paulson, un ancien de Goldman Sachs, encore que cette limitation fût simplement conseillée et reposait donc sur le volontariat des banques d'investissement. Les autres composantes, elles, n'étaient même pas astreintes à respecter un tel plafond. À titre d'exemple, le fonds spéculatif *Long Term Capital Management* (LTCM), tombé en faillite en 1998, disposait d'un capital de 5 milliards de dollars alors que le total de ses positions cumulées avoisinait les 1200 milliards de dollars !

Une question se pose à présent : peut-on chiffrer l'importance relative du secteur bancaire parallèle ? La réponse est malaisée, puisqu'elle dépend de la délimitation précise de ses frontières. Si l'on en croit une des études les plus récentes sur la question – celle de Pozsnar et al. [2010, p. 65] –, « à la veille de la crise financière, le volume du crédit intermédié par le système bancaire parallèle était proche de 20 billions de dollars, soit à peu près deux fois le volume du crédit intermédié par le système bancaire traditionnel, qui était égal approximativement à 11 billions de dollars ». (Un billion représente un million de millions ou encore un millier de milliards, soit 10^{12} $; aux États-Unis, l'équivalent du billion français se nomme *trillion*.)

Le financement des deux systèmes bancaires

La caractéristique essentielle des banques commerciales, on y a déjà insisté, est qu'elles peuvent recevoir des dépôts. Le système parallèle ne le peut pas et son financement est nécessairement spécifique.

Banques et dépôts

Même si les banques commerciales ont fini par pratiquer les mêmes opérations que leurs banques d'homologues centrés sur l'investissement, il reste que l'on peut résumer l'activité des premières par une formule simple : elles reçoivent des dépôts qu'elles utilisent ensuite pour octroyer des prêts de nature diverse. Techniquement, on dit qu'elles constituent des *intermédiaires financiers*.

---

1 Les choses sont un peu plus compliquées, car il s'agit en fait d'un rapport entre les capitaux propres de ces banques d'investissement et les sommes qu'elles peuvent emprunter pour acquérir un actif.

Schématiquement, le bilan d'une banque typique se présente donc comme suit :

Actif	Banque	**Passif**
Réserves		Dépôts
Prêts		

Figure 1.1 Bilan simplifié d'une banque commerciale

On constate que dans cette représentation, pourtant extrêmement élémentaire, apparaît déjà un nouveau poste : celui des réserves. Une banque ne peut en effet prêter la totalité de ses dépôts ; elle doit en conserver au moins une partie, une fraction, pour faire face à d'éventuels retraits de la part des déposants. (Ces réserves sont de deux types : obligatoires quand elles sont imposées par les autorités monétaires ; volontaires lorsqu'elles sont constituées par l'institution elle-même.)

À ce niveau, on saisit déjà la grande contradiction du fonctionnement des banques. Elles financent leurs prêts – souvent à long terme comme les prêts hypothécaires – sur base de ressources, les dépôts, qui sont des dettes à court terme. Une telle pratique est aux antipodes d'une saine gestion, qui exigerait que la maturité des dettes soit au moins égale à celle des prêts. Cela dit, c'est ce décalage de maturité qui explique la nécessité pour les banques commerciales de disposer d'une réserve de liquidités.

Dans l'hypothèse où une banque devient illiquide, par exemple parce que ses clients sont nombreux à vouloir retirer leurs dépôts, elle n'a que deux types de réaction possibles : soit réaliser une part de ses actifs et obtenir ainsi des liquidités supplémentaires ; soit se procurer ces liquidités en les empruntant aux autres banques ou à la banque centrale. Mais si l'ensemble du système bancaire est affecté par un mouvement de retrait simultané, c'est-à-dire par une *panique*, par une *ruée aux guichets*, alors les remèdes précédents ne fonctionnent plus : d'une part, lorsque toutes les banques veulent en même temps réaliser certains de leurs actifs, le prix de ces derniers s'orientera à la baisse, ce qui limite évidemment les possibilités d'obtention de liquidités supplémentaires ; d'autre part, quand les banques font toutes l'objet de retraits massifs, il leur est naturellement impossible de se prêter entre elles les précieuses liquidités. Seule la banque centrale peut alors approvisionner le système bancaire en moyens additionnels – on y reviendra.

Le financement du système parallèle

Le système bancaire parallèle, qui, à la différence des banques commerciales, ne reçoit pas de dépôts, doit nécessairement financer ses activités d'investissement et de prêt. De ce point de vue, on a déjà laissé entendre que les institutions du système recourent massivement à l'emprunt de court terme. Cependant, détailler pour chacune d'entre elles son mode de financement spécifique serait laborieux. Il existe toutefois une source de financement qui a connu un développement considérable depuis les années 2000 et qui est très largement utilisée par les différentes composantes du système : le *repo* (abréviation et contraction de *sale and repurchase agreements*).

Le *repo* – en français, mise ou prise en pension – désigne une opération par laquelle les parties, l'acheteur et le vendeur, s'entendent sur deux transactions : une vente de titres au comptant contre monnaie suivie du rachat de ces titres par le vendeur à une échéance et à un prix déterminés à l'avance. Pour le vendeur, il s'agit donc d'une mise en pension des titres en question et pour l'acheteur d'une prise en pension. Ces titres constituent la garantie, le *collatéral*, de l'opération ; la somme de monnaie initiale versée par l'acheteur est égale à la valeur de marché du collatéral. Une opération repo a une maturité très courte, de 1 jour à 3 mois. La cession temporaire (mais variable en fonction de la maturité, i.e. de la date d'échéance) des titres s'accompagne en général d'un transfert réel de propriété (pension livrée), ce qui signifie que leur acheteur peut les utiliser, par exemple pour s'engager dans un autre repo. À la date d'échéance, l'acheteur recède le collatéral au vendeur qui, lui-même, rembourse au premier la quantité de monnaie qu'il a reçue antérieurement augmentée des intérêts calculés en fonction d'un taux appelé *taux repo*.

Au total, un *repo* nécessite un accord des parties sur les termes du contrat, soit : 1. la nature du collatéral adossé à la double transaction ; 2. la maturité retenue ; 3. La valeur de marché du collatéral ou de manière équivalente, la quantité de monnaie versée initialement par l'acheteur ; 4. Le taux repo appliqué. (Pour davantage de précisions sur le *repo*, on renverra à BRI [1999] ; même s'il date un peu, il s'agit d'un rapport de synthèse excellent fondé sur une enquête large.)

Un exemple (simplifié) permet de mieux comprendre les mécanismes du *repo*. Supposons que ce dernier porte sur un portefeuille d'obligations dont la valeur de marché est égale à un million de dollars. De plus, la maturité convenue est de 7 jours et le taux repo de 5%. (L'intérêt du *repo* est donc égal à 1000000 × ((0,05 × 7)/365) = 958,9.) Compte tenu de ces précisions, on a donc le schéma à la page suivante :

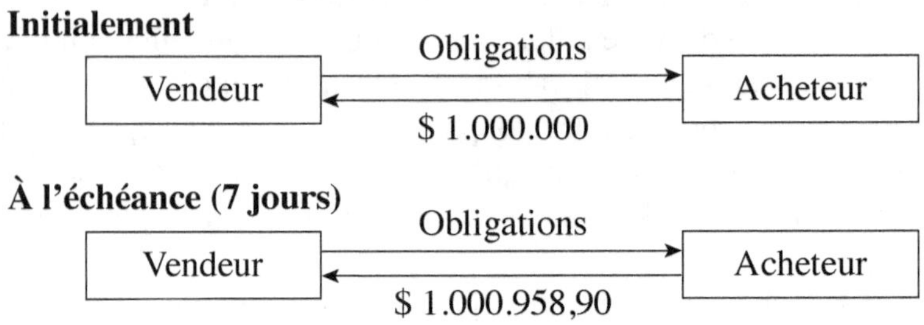

Figure 1.2 Schéma d'une transaction *repo*

Dans cet exemple, on a supposé que valeur de marché et quantité de cash payée par l'acheteur étaient égales. Il n'en va pas toujours ainsi. En effet, certains titres sont plus risqués que d'autres ; dans cette mesure, l'acheteur du collatéral prend une marge de sécurité sur les titres les moins sûrs, en anglais un *haircut*, ce que l'on traduira par *décote*. La décote (*haircut*) d'un collatéral est donc la différence entre sa valeur du marché et la somme effectivement versée par l'acheteur. Pour continuer le même exemple, si la décote des obligations est de 3%, le vendeur des titres ne recevra que 970.000 dollars, alors que la valeur de marché de ces titres est de 1.000.000 de dollars. (Bien entendu, l'intérêt du *repo* sera calculé sur base de 970.000 dollars.)

Signalons aussi qu'il existe bien des formes de *repo*, dont on ne mentionnera ici que deux : le *repo* inversé et le *repo* tripartite. Le premier se produit lorsque le mobile de l'opération n'est pas l'acquisition de liquidités, mais de titres ; le second lorsqu'intervient une tierce partie (par exemple, une centrale de compensation) chargée d'exécuter les termes du contrat *repo*.

On ne dispose pas de données officielles concernant l'importance quantitative du marché du Repo aux États-Unis. Cependant, d'après Gorton [2009, p. 570 ; 2010, p. 134] qui s'appuie lui-même sur des estimations de Geithner, le Secrétaire au Trésor du Président Barak Obama, les opérations sur repo, repo inversé et repo tripartite atteignaient en 2007 douze billions de dollars. Un chiffre à mettre en rapport avec les onze billions de crédits octroyés par l'ensemble des banques commerciales américaines lors de la même période.

Paniques bancaires « parallèles »

Il en va des institutions du système parallèle comme des banques commerciales, elles sont sujettes à des *paniques*, quoique sous des formes spécifiques que l'on va à présent examiner et détailler.

Prenons l'exemple d'une banque d'investissement – supposée représenter à soi seul la totalité du système parallèle – qui s'approvisionne en liquidités sur le marché du Repo. Pour ce faire, ainsi qu'on vient de l'expliquer, elle apporte un collatéral comme garantie et reçoit en échange, pour un terme déterminé, sa contrepartie monétaire. Le bilan de la banque et donc du système parallèle prend la forme suivante – Gorton [2010] présente un schéma similaire :

Actif		Passif	
Actifs financiers	50	Fonds propres	5
		Dettes à long terme	20
		Repo	25
Total	50	Total	50

Ainsi qu'on l'a signalé, l'acheteur d'une obligation *repo* peut dans certaines occurrences, notamment lorsqu'il existe une incertitude sur la valeur de marché de l'obligation, ne remettre au vendeur qu'une fraction de cette valeur de marché sous forme de liquidités. Il a donc *décote* de l'obligation. C'est par le biais de telles décotes que se produit l'équivalent des ruées vers les guichets. En effet, à l'occasion de ces décotes, l'acheteur « retire » en quelque sorte des liquidités au vendeur.

Pour fixer les idées, supposons que le *haircut*, la décote sur les obligations *repo* soit de 20%. En conséquence, toujours sur base de l'exemple choisi, le poste Repo au bilan de la banque d'investissement se réduit à 20 (soit 25-5). Ce bilan est en déséquilibre, puisque la valeur de l'actif reste égale à 50, tandis que celle du passif n'est plus que de 45. Le rééquilibrage bilantaire nécessite que la banque vende une part de ses actifs financiers pour regarnir sa trésorerie et équilibrer ses comptes.

En cas de panique, toutes les institutions du système parallèle connaissent un manque de liquidités dû aux décotes généralisées. Elles sont toutes obligées de vendre des titres pour tenter de retrouver des liquidités. Ce faisant, elles déclenchent un mouvement de baisse de ces titres. Il s'ensuit que le bilan du système parallèle est désormais le suivant :

Actif		Passif	
Actifs financiers	40	Fonds propres	0
		Dettes à long terme	20
		Repo	20
Total	40	Total	40

La baisse du cours des titres utilisés comme collatéraux a donc pour effet d'aboutir à un nouvel « équilibre » caractérisé par des fonds propres nuls. (Ces derniers représentent l'actif net d'une banque, c'est-à-dire la différence entre ce qu'elle possède – l'actif total – et ses dettes.) En d'autres termes, la banque, donc le système parallèle, est proche de la faillite, ce qui amène bien sûr de nouvelles décotes avec corrélativement de nouvelles baisses du prix des titres « collatéraux », une réduction des liquidités et finalement, la faillite du système tout entier.

La panique spécifique au système bancaire parallèle suit donc le cheminement représenté par la séquence causale suivante :

Accroissement des décotes → vente de titres *repo* → baisse de la valeur de ces titres → diminution des fonds propres → menaces de faillite → accroissement des décotes → etc.

La banque des banques et ses fonctions

On a déjà à deux reprises insisté sur le rôle que joue la Réserve fédérale – *Federal Reserve System* –, la banque centrale américaine, pour stabiliser l'ensemble du système financier des États-Unis. On reprend maintenant la question de manière plus systématique.

Caractéristiques institutionnelles

La Fed, comme on l'appelle en bref, a vu le jour assez tardivement, précisément le 29 décembre 1913 en application du *Federal Reserve Act*. En fait, il s'agit d'un véritable système composé de douze banques de réserve fédérées : dans l'ordre alphabétique, Atlanta, Boston, Chicago, Cleveland, Dallas, Kansas City, Minneapolis, New York, Philadelphie, Richmond, San Francisco et Saint-Louis. (La plus importante est évidemment celle de New York, compte tenu du rôle que joue cette dernière ville comme place financière internationale.)

Chaque Banque de Réserve est un organisme quasi-public, ce qui signifie que même si elle est légalement « possédée » par les banques commerciales du district correspondant, elle sert des objectifs exclusivement publics et est supervisée par le Conseil des Gouverneurs (*Board of Governors*) de la Réserve Fédérale, une entité exclusivement gouvernementale. De plus, les organismes privés actionnaires des douze Banque de Réserve n'ont pas les droits habituels des actionnaires : par exemple, leurs dividendes sont fixés à six pour cent par la loi.

Le Conseil des Gouverneurs est composé de sept membres nommés par le Président des États-Unis et après qu'un vote du Sénat américain ait validé ces choix. Leur mandat est de quatorze ans ; il n'est pas renouvelable. Parmi les « sept », le Président des États-Unis nomme également un Président et un Vice-président du Conseil des Gouverneurs dont le mandat est de quatre ans, mais renouvelable à volonté. C'est ainsi qu'Allan Greenspan a occupé le poste de Président pendant pas moins de dix-neuf ans. Lui a succédé le 31 janvier 2006 Ben Bernanke, qui a remis son tablier en janvier 2014. (Pour nos besoins, il suffit de citer ces deux noms.)

Il existe également trois conseils consultatifs destinés à informer les Gouverneurs sur des matières particulières, mais surtout le *Federal Open Market Committee* (F.O.M.C.). Ce dernier est un Comité de politique monétaire – son appellation est intraduisible en français, même si littéralement, elle donnerait « Comité fédéral pour la politique du marché ouvert ». (En fait, l'« open market policy » – la politique du marché ouvert – consiste en la gestion du taux des fonds fédéraux, de sorte qu'il est justifié d'appeler le FMOC un Comité de politique monétaire.)

Le Comité est constitué par les sept membres du Conseil des Gouverneurs, le président de la Banque de Réserve de New York (une preuve de l'importance de cette dernière !) et quatre autres membres choisis par rotation annuelle parmi les présidents des douze Banques de Réserve. Ce Comité se réunit habituellement huit fois par an et publie à l'issue de ses réunions un communiqué indiquant les éventuels changements de sa politique monétaire, en l'occurrence un relèvement ou un abaissement du taux d'intérêt sur les fonds fédéraux.

Au total, la Fed est indépendante du pouvoir politique, même si elle est une institution quasi-publique, formellement « possédée » par des actionnaires privés. Un de ses anciens présidents, Bill Martin, résumait toutes les ambiguïtés de l'institution en affirmant qu'elle était « indépendante à l'intérieur du gouvernement » !

Fonctions de la réserve fédérale

Le *Federal Reserve Act*, modifié en octobre 1978 par le *Humphrey-Hawkins Full Employment Act*, définit comme suit les objectifs de la Fed : « Maintenir en moyenne une croissance des agrégats monétaires et de la quantité de crédit compatible avec le potentiel de croissance de la production, de manière à tendre vers les objectifs suivants : un taux d'emploi maximum, des prix stables et des taux d'intérêt de long terme faibles ». Cette citation suffit à montrer que la Réserve fédérale poursuit au moins autant un objectif de plein emploi que de stabilité des prix. (Elle diffère ainsi de la Banque Centrale Européenne qui est statutairement astreinte au seul contrôle de l'inflation.)

Ses fonctions principales sont au nombre de trois : supervision et régulation des institutions financières ; fourniture de services aux institutions qui reçoivent des dépôts et au gouvernement ; conduite de la politique monétaire. Cette dernière fonction est spécialement importante et on s'y attardera donc. (Pour plus de précisions, on renvoie à Meulendyke [1998], ouvrage qui date un peu, mais qui reste d'une grande valeur, et dans une perspective davantage historique, à Axilrod [2011].)

La Fed dispose de trois instruments principaux pour conduire sa politique monétaire :

1. l'imposition de réserves aux banques commerciales, réserves qui sont directement conservées à la Fed ;
2. l'utilisation du guichet de l'escompte (*discount window*) ;
3. les opérations d'*open market*.

Pour voir comment ces différents instruments peuvent être mis en œuvre, commençons par examiner la structure du bilan de la Fed en juillet 2007, c'est-à-dire juste avant le déclenchement de la crise financière.

Tableau 1.1 Le bilan de la Réserve fédérale en juillet 2007 (milliards de dollars)

Actif		**Passif**	
Titres Fermes Repo	 790,6 30,3	Capital (fonds propres)	34,1
Prêts escomptés	0,19	Billets de la Réserve fédérale	781,4
Réserves de change	20,8	Encaisse des banques commerciales	16,8
Or	11,0	Dépôts du Trésor US et étrangers	42,4
Autres actifs	27,5	Autres dettes (FMI, Nations Unies,etc.)	5,7
Total	**880,4**	**Total**	**880,4**

Source : Cecchetti [2009, p. 53].

Il n'est pas nécessaire de commenter outre mesure ce tableau si ce n'est pour relever l'importance quantitative des titres détenus par la Fed à l'actif et de la monnaie en circulation au passif. (Notez à cet égard que les deux postes se balancent presque exactement.) Pour le reste, du point de vue de la politique monétaire, trois postes nous intéressent plus particulièrement.

Le premier est celui des encaisses liquides constituées par les banques commerciales auprès de la banque centrale américaine : ce sont les réserves des banques, d'un montant de 16,8 milliards. Comme elles ne sont pas rémunérées, on peut se demander pourquoi les institutions bancaires y ont recours. Il y a à cette question une raison de bon sens : elles sont obligatoires. S'y ajoute un argument qui relève de l'expérience : n'importe quelle banque de dépôts s'est aperçue qu'elle doit seulement en conserver une fraction sous forme liquide en vue de faire face à des retraits ou de solder ses transactions avec les autres banques. Pour autant, une des spécificités des banques commerciales américaines réside dans la réduction de leurs réserves à un minimum. (Le montant de 16,8 milliards de dollars est d'après Cecchetti [2009, p.53] dix fois inférieur à celui détenu par les banques centrales de l'eurosystème.) En faisant varier le niveau des réserves obligatoires, la Fed est en mesure de réduire ou d'accroître la quantité de monnaie en circulation. On admettra cependant qu'il est difficile d'utiliser un tel instrument au jour le jour ! Et de fait, comme le rapporte Meulendyke [1998, p. 18], aucune modification du niveau des réserves n'a été effectuée durant les années quatre-vingt dans le but de faire varier l'offre de monnaie. Lors de la décennie suivante, en 1990 et 1992, les exigences en réserves ont été abaissées, mais avec l'objectif de réduire les coûts bancaires. On s'est cependant rendu compte qu'il était plus simple de transférer une partie de la charge de ces coûts sur les déposants et les emprunteurs. La morale de toute l'histoire, c'est que la variation du niveau des réserves ne constitue pas réellement un instrument de politique monétaire dont se servirait la Fed...

Le deuxième poste qui nous intéresse directement est celui des « prêts escomptés ». Sa valeur est extrêmement faible, puisqu'elle se monte seulement à 0,19 milliard de dollars. Certes, le maniement du taux de l'escompte est une vieille pratique des banques centrales qui consiste essentiellement à jouer sur ce taux de court terme, pour faciliter ou au contraire, dissuader l'accès des banques commerciales aux prêts de la banque des banques. Les emprunts escomptés sont collatéralisés, c'est-à-dire que des titres doivent être apportés en nantissement. Néamoins, comme l'indique Cecchetti [2009, p. 57], la Fed « acceptera virtuellement n'importe quelle titre comme collatéral.» Malgré ce quasi-laxisme, le chiffre cité le prouve, l'instrument ne fait plus recette. Deux facteurs expliquent ce phénomène. D'une part, pendant les années quatre-vingt, quelques banques commerciales en grande difficulté financière avaient lourdement frappé au guichet, de sorte que pour les banques saines, emprunter des liquidités par ce canal revenait à jeter un doute parmi les déposants sur leur santé et leur solvabilité financières. D'autre part, comme le relève Axilrod [2011, p. 48-49], nombre de banques s'étaient retirées du capital de la Fed déjà sous l'administration Johnson et ne voyaient plus l'utilité de recourir au guichet de l'escompte eu égard au développement du marché interbancaire qui les approvisionnait abondamment en liquidités.

Il reste en conséquence un seul instrument qui est largement utilisé par la Réserve fédérale : la politique d'*open market*. Les postes correspondants de son bilan sont ceux des titres fermes et des titres repo. Les premiers représentent 90% de l'actif de la Fed et les seconds 3,2%.

D'une manière générale, cette politique consiste pour une banque centrale à vendre ou à acheter des titres, essentiellement publics, sur le marché interbancaire. Les effets en sont double : 1) réduire ou accroître les liquidités à la disposition des banques de second rang ; 2) orienter à la hausse ou à la baisse le prix des titres en question selon que la banque centrale est acheteuse ou vendeuse. Dans ce dernier cas, l'effet sur la liquidité bancaire est indirect, puisqu'une hausse (baisse) du prix des titres équivaut à une baisse (hausse) du taux d'intérêt et donc *in fine* à une plus grande (moins grande) facilité pour les banques de se refinancer.

Néanmoins, les opérations d'*open market* menées par la Fed sont plus complexes que ce que cette présentation générale peut laisser penser. D'une part, la technique de l'*open market* sur les titres fermes, i.e. ceux dont la Réserve fédérale est propriétaire, n'est pratiquée que dans des situations de crise ou à l'occasion d'événements inhabituels. D'autre part, celle mise en œuvre **au jour le jour** s'appuie quasi exclusivement sur la technique du repo, donc de la prise ou de la mise en pension de collatéraux. C'est pour cette dernière raison que l'on va à présent donner quelques précisions sur la pratique de la Fed en la matière.

En premier lieu, la Réserve fédérale n'accepte que trois types de collatéral pour une transaction repo : les titres du Trésor US (bons ou T-bills ; billets ou T-notes ; obligations ou T-bonds) ; les titres émis par des agences telles Fannie Mae et enfin, les *Mortgage-Backed Securities*, en abrégé, MBS – on reviendra sur ces produits un peu plus loin dans ce chapitre – sous la condition que ces titres MBS soient notés triple A, i.e. AAA.

En second lieu, toutes les banques n'ont pas accès au marché de l'*open market*. La Fed a dressé une liste des établissements qui y sont autorisés et qu'elle appelle des «*primary dealers*». (Le terme est intraduisible en français, mais il désigne en fait une banque (commerciale ou d'investissement) ou une maison de courtage en titres (*broker-dealer*[1]).) Voici une liste de ces *primary dealers* telle qu'elle a été établie par la Banque de Réserve fédérale de New-York au 31 juillet 2006.

Tableau 1.2 Liste des *primary dealers* (31 juillet 2006)

Origine géographique et statut	**Appellations**
Banques d'investissement US (ou nord-américaines)	Goldman, Sachs & Co. Bear Stearns & Co., Inc. Lehman Brothers Inc. Merrill Lynch Government Securities Inc. Morgan Stanley & Co. Incorporated Cantor Fitzgerald & Co. CIBC World Markets Corp. (Canada)
Banques commerciales US	Bank of America Securities LLC Citigroup Global Markets Inc. J. P. Morgan Securities Inc
Maisons de courtage US	Countrywide Securities Corporation

1 Un *broker* désigne une personne engagée dans des transactions sur titres pour le compte d'autrui, tandis qu'un *dealer* réalise des opérations d'achats et de ventes de titres pour son propre compte. Un *broker-dealer* est donc un établissement qui est engagé dans des opérations sur titres, que ce soit pour lui-même ou pour ses clients.

Banques et maisons japonaises	Daiwa Securities America Inc. Mizuho Securities USA Inc. Nomura Securities International, Inc.
Banques européennes	ABN AMRO Bank, N.V. Deutsche Bank Securities Inc. BNP Paribas Securities Corp. Barclays Capital Inc. Greenwich Capital Markets, Inc. (division de la Royal Bank of Scotland) HSBC Securities (USA) Inc. Credit Suisse Securities LLC UBS Securities LLC
Autre	Dresdner Kleinwort Wasserstein Securities LLC.

Source : Federal Reserve Bank of New York ; classement par l'auteur.

Plusieurs remarques méritent d'être formulées concernant ce tableau. D'abord, les *primary dealers* ne sont pas très nombreux – 23 au total dont dix établissements seulement sont américains. Ceci nous amène à une autre constatation capitale, à savoir le haut degré d'internationalisation des intervenants sur le marché de l'*open market*. En effet, pas moins de onze *primary dealers* sont japonais ou européens. Parmi ces derniers, on dénombre un Hollandais (AMRO), un Français (BNP), un allemand (Deutsche Bank), deux Suisses (Crédit Suisse et UBS) et trois Anglais. Ensuite, il faut également remarquer que les banques d'investissement purement américaines sont et de loin les intervenants les mieux représentés. Enfin, signalons la présence de la maison de courtage Countrywide, qui est liée à la société du même nom, spécialisée dans le crédit hypothécaire, dont on verra qu'elle jouera un rôle considérable dans le déclenchement de la crise des *subprime*.

Pour en terminer avec les opérations de la Fed, il faut apporter quelques précisions quant à la manière dont elle pratique sa politique d'*open market*. (Sur ce point, voyez Cecchetti [2009, pp. 54-55]) La banque centrale américaine donne en fait ses ordres quotidiens via le desk (la table) de la Banque de Réserve fédérale de New York. Le desk s'engage alors dans des transactions repo en envoyant un message à chacun des *primary dealers*, message qui leur précise la maturité de la transaction ainsi que le type de collatéral admis. Sur cette base, les *primary dealers* envoient leurs propres offres sous le triple rapport des quantités, des prix et du collatéral apporté en garantie. La dernière étape pour la Banque de Réserve de New York consiste à opérer un tri parmi les offres (la plupart du temps formulées pour un terme d'un seul jour) et à n'en retenir qu'une partie.

Produits dérivés et titrisation

On commencera par introduire la notion de dérivé avant d'en donner les principales formes. On étudiera ensuite le phénomène de titrisation après quoi on se tournera vers une espèce particulière de produit dérivé : les dérivés de crédit.

Dérivés et sous-jacents

Pratiquement, un produit dérivé est un *instrument financier*, achetable et vendable, qui est assis sur un autre produit financier préexistant, produit qu'on appelle, pour cette raison, un *sous-jacent*. Autrement dit, un produit dérivé « dérive » d'un sous-jacent, d'un autre produit financier. La plupart du temps, ces sous-jacents sont des instruments classiques tels qu'actions ou indices boursiers, obligations, devises, matières premières, etc.

Les produits dérivés se traitent sur deux types de marchés : les *marchés organisés* qui, comme les bourses de valeurs, fonctionnent selon des règles très précises et les *marchés de gré à gré* (en anglais, *over the counter* : en abrégé, *OTC*). Les premiers se sont développés d'abord aux États-Unis après 1973. Ce sont des marchés où sont échangés des produits standardisés, ce qui signifie qu'un opérateur n'a que très peu de choix quant aux caractéristiques des produits en question : dates d'échéance, prix d'exercice, espèces de sous-jacent, etc. La standardisation offre l'avantage d'une très grande liquidité du marché : les opérateurs n'ont aucun mal à revendre ou à racheter un contrat. De plus, sur ces marchés, tous les ordres d'achats et de ventes passent par un organisme central : une ***chambre de compensation***. Cette chambre de compensation va exiger des garanties financières (« appels de marge », « dépôts de garantie ») de la part des intervenants, de sorte que les marchés organisés présentent une grande sécurité et qu'un opérateur est toujours assuré de recevoir ses gains éventuels. Les plus importants d'entre eux sont :

- *Chicago Board of Trade – CBOT* ;
- *Chicago Board Options Exchange – CBOE* ;
- *Chicago Mercantile Exchange – CME* ;
- *London International Financial Futures and Options Exchange – LIFFE* ;
- *Singapore International Monetary Exchange – SIMEX* ;
- *Deutsche Termin Börse – DTB* ;
- *Marché à terme International de France – MATIF ;*
- *Tokyo International Financial Futures Exchange – TIFFE* ;
- *Belgian Futures and Options Exchange – BELFOX* ; etc.

À l'opposé, les marchés de gré à gré sont plus souples que les précédents : les produits traités n'y sont pas forcément standardisés et présentent beaucoup de variations dans leurs caractéristiques. Les transactions s'effectuent directement entre opérateurs (appelés principaux – *principals* en anglais). Ils sont surtout animés par les banques (pour ce qui concerne les changes et les actifs financiers) et par des sociétés de négoce pour les marchandises. Les gains qui y sont obtenus sont beaucoup plus aléatoires et dépendent de la capacité des contreparties à faire face à leurs engagements.

Parmi les contrats dérivés de base, « non structurés » – que l'on qualifie en anglais de « (plain) vanilla », ce qui peut se traduire en français par « simple », de « base », etc. –, on retiendra quatre grands types : les futures, les forwards, les swaps ou contrats d'échange (de devises, de taux d'intérêt, etc.), qui sont tous des contrats à terme, et enfin, les options.

Les ***futures*** sont des contrats à terme négociés sur des marchés organisés dotés d'une chambre de compensation. Ils prévoient de livrer (pour le vendeur du contrat) ou de recevoir (pour l'acheteur) une quantité déterminée d'un bien ou d'un actif financier à une date spécifiée et à un prix fixé le jour où le contrat a été négocié. Ils ne comportent pas de risque de contrepartie, puisque cette contrepartie est précisément la chambre de compensation (le risque est en fait couvert par un dépôt de garantie exigé des parties).

Les ***forwards*** sont pour leur part des produits à terme négociés de gré à gré sur base de spécifications librement convenues entre parties. Ces contrats, à la différence des futures, n'éliminent pas du tout le risque de défaut d'un des deux contractants. Ils sont donc nettement plus « risqués ».

Les ***swaps*** ou ***contrats d'échange*** sont eux aussi négociés sur des marchés de gré à gré. Ils consistent fondamentalement en deux prêts réciproques, de même montant et de même durée, de deux actifs financiers – d'où le nom de contrat d'échange. Le sous-jacent peut être une devise, un taux d'intérêt, un indice boursier ou encore une matière première.

Une **option** est un *droit*, mais *pas une obligation*, d'acheter ou de vendre une certaine quantité d'un actif (une action, une obligation, une devise, un contrat à terme, etc.), donc du *sous-jacent*, à un prix convenu à l'avance, dit *prix d'exercice* de l'option. Une option *européenne* permet à l'acheteur du produit d'exercer son droit à une seule date : la *date d'échéance* de l'option. Par contre, dans le cas d'une option *américaine*, l'acheteur peut exercer ce droit à n'importe quel moment entre la souscription et la date d'échéance. (Une option d'achat est appelée un *call*, une option de vente un *put*. La valeur d'une option – son prix – est dite *prime* de l'option : elle est payée par l'acheteur au vendeur dès l'achat.)

À côté de ces produits « vanille », donc simples, il existe des **produits dérivés complexes** (dits « structurés ») dont le sous-jacent est lui-même un dérivé. On les qualifie aussi parfois d'« exotiques ».

Titrisation des actifs financiers

La titrisation concerne le processus par lequel des actifs tels que crédits hypothécaires, découverts des cartes de crédit, prêts à la consommation, prêts hypothécaires commerciaux, etc., sont transformés en titres financiers négociables sur des marchés, organisés ou non. (Valdez [2007] rapporte d'ailleurs que des actifs aussi étranges que les droits d'auteurs potentiels de David Bowie ou de Rod Stewart ont été titrisés !) Ces titres sont appelés des *Asset-Backed Securities*, en abrégé des ABS, ce que l'on peut traduire par « Titres adossés à un actif ».

Pour analyser le processus de titrisation, on se limitera ici à la considération des seuls prêts hypothécaires résidentiels. (Logiquement, puisque l'actif envisagé est une créance hypothécaire, on parlera de *Mortgage-Backed Securities*, MBS, i.e. de « Titres adossés à une hypothèque ».)

Supposons en conséquence qu'une banque commerciale compte parmi ses créances, donc à l'actif de son bilan, de tels prêts hypothécaires. Ces derniers sont accordés pour un terme très long – par exemple 20 ou 30 ans ; de plus, pendant toute cette période, les créances continuent à figurer au bilan et la banque est astreinte à respecter un ratio de solvabilité. L'idéal serait donc de pouvoir les en retirer et les revendre à d'autres, ce qui aurait le double avantage de lui procurer des liquidités additionnelles, source de nouveaux prêts, et d'annihiler au passage le risque de défaut du débiteur encouru par la banque. *A priori*, réaliser une telle opération relève de la quadrature du cercle, mais c'est pourtant ce que vont permettre les *Mortgage-Backed Securities*, les MBS.

Pour sortir les crédits immobiliers de son bilan, la banque va créer une structure *ad hoc*, dans laquelle seront logés les crédits en question. Cette structure est appelée *Special Purpose Vehicle* (SPV ; littéralement : Véhicule à objectif particulier, ce que l'on peut rendre par « véhicule dédié » ; le droit français a retenu la dénomination générique « fonds commun de créances », en abrégé FCC). Comme le font remarquer Aglietta [2008] et Lordon [2008], les véhicules SPV sont des entités juridiques équivalentes à des banques de marché, mais qui échappent à toute régulation ou supervision ; ils sont d'ailleurs généralement localisés dans des paradis fiscaux.

Les crédits immobiliers de la banque vont donc être regroupés en un paquet (un *pool*) et cédés, principal et intérêts, au véhicule ; ce dernier va, en contrepartie des crédits, émettre des titres, des obligations, qui seront alors vendus à des investisseurs (fonds spéculatifs, autres banques, etc.) Ces titres sont « structurés » en ***tranches***, trois ou quatre, différenciées selon leur degré de risque et donc également de rémunération. Tout au-dessus, on trouve la tranche *senior*, très peu risquée, qui bénéficie d'une notation AAA, AA ou A (dans certains montages, il existe parfois une tranche *supersenior*, réputée inexpugnable) ; plus bas, vient la tranche dite *mezzanine*, qui est davantage risquée (notation BBB ou BBB-) et donc mieux rémunérée que la *senior* ; enfin, tout en dessous, figure la tranche *equity* qui n'est pas notée, car trop risquée (plus exactement, elle est dite « *non-investment grade* »). C'est aussi elle qui procure les plus hauts rendements.

La notation (*ratings*) des tranches est réalisée par des agences spécialisées, tellement spécialisées qu'à trois – Standard & Poor's, Moody's Investors Service et Fitch Ratings –, elles représentent plus de 80% du marché mondial (donc pas seulement américain !) du *rating*. L'étape de la notation est importante, car l'obtention d'une note élevée par un titre facilite son placement auprès des investisseurs. Elle est aussi à haut risque, si l'on peut dire, et malaisée, compte tenu du caractère « tranché » des MBS.

La figure 1.3, inspirée en partie de Valdez [2007, p. 134], résume toute la procédure de confection d'un MBS :

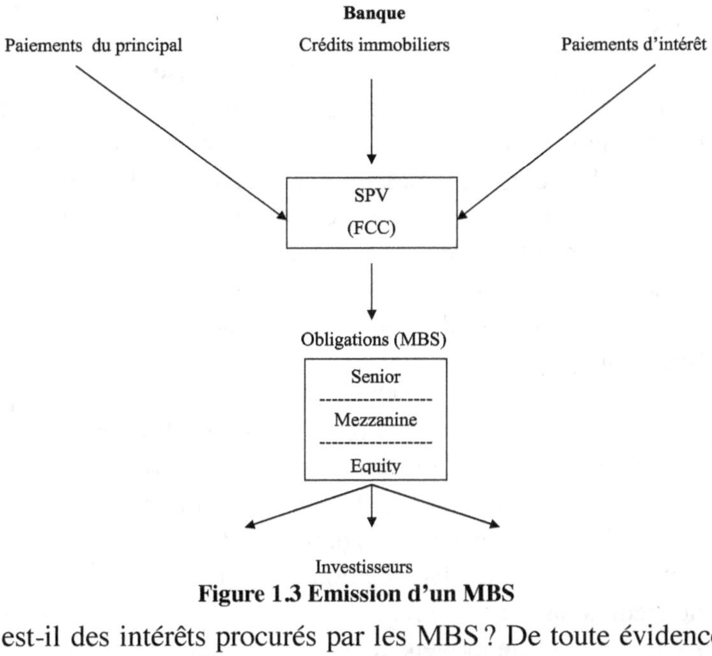

Figure 1.3 Emission d'un MBS

Qu'en est-il des intérêts procurés par les MBS ? De toute évidence, pour qu'un investisseur soit disposé à acheter une telle obligation, il faut que sa rémunération soit attractive. Du point de vue des gestionnaires du véhicule, il est impératif que toute l'opération dégage un profit, un écart (*spread*) positif entre les intérêts reçus par le véhicule et ceux versés aux investisseurs. La solution à ce problème consiste à pondérer la part de chaque tranche dans le total, avec la rémunération correspondante, de manière à dégager un profit positif. En pratique, cela implique que :

1. la tranche *senior*, la plus sûre et la moins rémunérée, soit épaisse et la tranche *equity*, la plus risquée et la mieux rémunérée, fine, la tranche *mezzanine* occupant une position intermédiaire à tous égards ;

2. en cas de défaut d'un débiteur initial, par exemple parce qu'il se trouve dans l'incapacité de rembourser son prêt, c'est la tranche *equity* qui supporte d'abord les pertes, puis si cela ne suffit pas, c'est au tour de la *mezzanine*, etc. ; de la sorte, la tranche *senior* est celle qui est la mieux protégée. (On nomme cette manière de procéder principe de *subordination* des actifs.)

On peut aller plus loin dans l'ingénierie financière : il suffit que l'opération d'émission de MBS que l'on vient de décrire soit reproduite à l'identique en remplaçant simplement les crédits hypothécaires par des *dérivés* hypothécaires, donc des MBS (*Mortgages-Backed Security*). Ainsi naissent les CDO, *Collateralized Debt Obligations*, qui sont en quelque sorte des dérivés des dérivés MBS, « tranchés » de manière semblable. Ensuite, nouveau degré de sophistication, on émet des CDO « synthétiques », puis des CDO de CDO, que l'on appelle encore des CDO au carré, etc.

Les dérivés de crédit

La banque traditionnelle (commerciale donc) utilise les dépôts qu'elle reçoit (et qui représentent une dette à court terme) pour octroyer des crédits sous différentes formes. De la sorte elle assume un risque, celui que la contrepartie, le débiteur, fasse défaut, c'est-à-dire qu'elle ne puisse rembourser son prêt ou même qu'elle soit carrément insolvable ou en faillite : c'est ce que l'on appelle le *risque de crédit* ou de *défaut*. Evidemment, la meilleure façon pour la banque de minimiser ce risque est de sélectionner soigneusement ses clients et de s'entourer de toutes les garanties possibles chaque fois qu'un prêt est accordé.

Cependant dans les années 90 du siècle précédent, les banques ont cherché à transférer leur risque de crédit à d'autres. Pour ce faire de nouveaux instruments financiers ont vu le jour : les *dérivés de crédit*. Leur utilisation vise à parer au risque de défaut – de défaillance – de la contrepartie, c'est-à-dire à l'incapacité d'un débiteur à faire face à ses obligations de paiement ou au risque de dépréciation de la qualité de sa signature. Les dérivés de crédit sont donc une réponse à la demande des banques (principalement) de disposer de moyens de se couvrir contre le risque de défaut en le dispersant. (Familièrement, la diversification d'un portefeuille est une application du vieux proverbe qui affirme : « on ne met pas tous ses œufs dans le même panier ».)

La grande majorité de ces dérivés prend la forme de *Credit Default Swap* (CDS), ce qu'en français, on peut traduire par « Contrat d'échange sur défaut » – et on peut même ajouter « de crédit » si l'on veut. Il reste que pour tout le monde, ce sont simplement des CDS. La question est donc : qu'est-ce qu'un CDS ?

Dans sa forme la plus simple, cet instrument fait intervenir trois acteurs : un *acheteur de protection* (la banque qui cède le risque associé à un crédit), un *vendeur de protection* (l'investisseur qui va assumer le risque transféré) et enfin une *entité de référence*, généralement une entreprise, parfois un État souverain – on peut en effet vouloir transférer le risque géopolitique associé aux prêts destinés à certains pays instables. Le schéma suivant, proche de ceux qui se trouvent dans Mengle [2007] et Mounfield [2009], permet de visualiser comment est mis au point un contrat CDS.

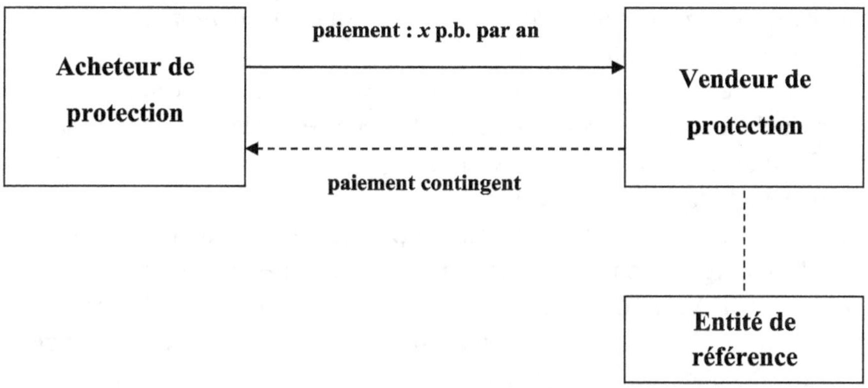

Figure 1.4 Mécanisme de base d'un contrat CDS

Le contrat CDS est passé entre l'acheteur et le vendeur de protection ; l'entité de référence n'en est pas une partie et son consentement n'est absolument pas requis. L'acheteur va payer un droit au vendeur pour la protection apportée contre le risque de défaut de l'entité de référence ; ce droit prend la forme d'une prime, communément appelée le *spread* du CDS, qui s'exprime en un certain nombre de points de base (p.b) – pour rappel 100 p.b sont égaux à un pour cent – du montant notionnel, c'est-à-dire de la valeur faciale de l'obligation ou du prêt consenti à l'entité de référence. Le spread, quoique calculé sur une base annuelle, se paie en fait chaque trimestre : les 20 mars, 20 juin, 20 septembre et 20 décembre. (Le calcul du spread d'un CDS est une matière très technique ; le lecteur intéressé par la question peut se reporter à Mounfield [2009, p. 51 et sq.], mais en sachant que ce dernier ouvrage n'est pas vraiment destiné à des débutants !)

Le paiement des flux d'intérêt se poursuit jusqu'à la maturité fixée par les parties ou jusqu'à ce qu'un « événement de crédit » survienne. Qu'est-ce qu'un événement de crédit ? Réponse : tout ce qui est susceptible de déclencher la protection du vendeur. Citons : l'incapacité de payer de l'entité de référence ; la faillite ou la restructuration de cette entité s'il s'agit d'une entreprise ; la répudiation ou un moratoire sur la dette pour un pays, etc. Les événements de crédit sont explicitement mentionnés dans le contrat de base. Lorsqu'un tel événement se produit – c'est pour cette raison que le terme de paiement *contingent*, c'est-à-dire de paiement conditionnel à l'occurrence de l'événement, apparaît sur la figure 1.3 –, la protection est activée et le vendeur indemnise l'acheteur de protection sous deux modalités principales :

- soit – c'est le règlement dit « physique » (*physical settlement*) – l'acheteur remet le titre obligataire au vendeur, qui lui paie la valeur nominale du titre (= valeur faciale, correspondant au montant notionnel prévu dans le contrat CDS).
- soit – c'est le règlement liquide (*cash settlement*) – le vendeur ne paie à l'acheteur de protection que la différence entre la valeur nominale de l'obligation et sa valeur post-défaut (afin de déterminer cette dernière une enchère est organisée).

Pour négocier les termes du contrat, les parties utilisent la plupart du temps le « Master Agreement » de l'Association Internationale des Swaps et des Dérivés (ISDA, abréviation pour *International Swaps and Derivatives Association*). Elles sont cependant libres de s'écarter de ce contrat-type.

Le CDS que l'on vient de décrire est dit « vanille », c'est-à-dire simple, ou encore uninominal, parce que l'entité de référence se réduit à une entreprise ou un pays. Mais l'innovation financière ne s'est pas arrêtée à ce stade élémentaire. Sont nés ensuite des CDS-panier (*basket CDS*), plurinominaux, où sont concernées entre trois et dix entités de référence, puis les CDS indiciels (en 2004 !), dont l'entité de référence est un indice composé de 125 entreprises, chacune de ces entités disposant d'une fraction identique du montant notionnel. (Les deux principaux indices sont l'indice CDX pour les États-Unis et l'indice iTraxx pour la zone euro.)

Surtout sont apparus les CDO (*Collateralized Debt Obligations*), déjà introduits à la subdivision précédente, en tant qu'instruments de titrisation, mais qui sont cette fois adossés à un ensemble de CDS homogènes et donc, qualifiés de dérivés de crédit « synthétiques » – pour cette raison, on les nomme parfois « *collateralized swap obligations* », CSO. Leur ont succédé des CDO à plusieurs tranches, véritablement synthétiques, qui sont constitués de portefeuilles de CDS, dont les flux d'intérêt sont « tranchés ». Ces tranches sont alors vendues à des investisseurs.

Signalons également qu'il existe d'autres dérivés de crédit, qui jouent cependant un rôle tout à fait mineur comparativement aux précédents produits ; sans entrer dans les détails disons simplement qu'il s'agit des *Total*

Return Swaps, des *Asset Swaps* et des *Credit Spread Options*, ces derniers n'ayant pas réussi à confirmer leur « percée » initiale.

Le marché des CDS

Les transactions sur CDS se concluent entre parties, qui se mettent d'accord sur un contrat individualisé. On a donc en quelque sorte affaire à du « sur mesure ». Certes, il y a un minimum de standardisation dans les contrats et les dates de paiement, mais n'existent sur ces marchés ni chambre de compensation (*clearing house*) ni dépôt de garantie ou d'appels de marge. Ce sont donc des marchés de gré à gré (*over the counter*, OTC en abrégé).

Comme on l'a déjà signalé, les dérivés de crédit, quoique de création récente, se sont diversifiés considérablement ces dernières années. Le tableau 1.3 fournit un aperçu de la gamme des produits qui ont été effectivement échangés sur les marchés de CDS et ce, pour les années 2000 et 2006.

Tableau 1.3 Catégories de dérivés de crédit (en pour cent)

	2000	2006
CDS uninominaux (single-name)	38	33
CDS-panier	6	2
CDS indiciels	-	30
CDS indiciels tranchés	-	8
CDO synthétiques (complètement financés)	-	4
CDO synthétiques (partiellement financés)	-	13
Autres	56	10

Source : British Bankers Association [2006]

Le tableau 1.3 montre d'abord combien les types de dérivés de crédit se sont multipliés entre 2000 et 2006. Ensuite, il est clair que si les CDS « vanille » constituent la catégorie de produits relativement la plus importante pour ces deux années de référence, leur part se réduit au fil du temps, tandis que celle des CDS indiciels et des CDO (avec financement complet ou partiel) devient notable en 2006 – respectivement 30 et 17 pour cent. Par ailleurs, les CDS-panier voient leur part se réduire et n'être plus que de deux pour cent en 2006 : en d'autres termes, ils sont tendanciellement en voie de disparition et supplantés par les produits d'indices.

Le tableau 1.4 permet de déterminer quels sont les acteurs – acheteurs et vendeurs de protection – qui interviennent sur le marché des CDS, ainsi que leurs poids respectifs (à nouveau, la comparaison porte sur les années 2000 et 2006).

Tableau 1.4 Les intervenants sur le marché des dérivés de crédit (en pour cent)

	Acheteurs de protection		**Vendeurs de protection**	
Types d'institution	**2000**	**2006**	**2000**	**2006**
Banques	81	59	63	44
dont portefeuille de crédits	-	20	-	9
Assureurs	7	6	23	17
Fonds spéculatifs	3	28	5	32
Fonds de pension	1	2	3	4
SICAV et fonds communs	1	2	2	3
Entreprises	6	2	3	1
Autres	1	1	1	1

Source: British Bankers Association [2006]

De la lecture de ce tableau, on peut tirer plusieurs enseignements intéressants :

1. Les banques constituent les principaux intervenants sur le marché des dérivés de crédit, même si leur part se réduit au fil du temps ; elles sont par ailleurs bien davantage acheteuses que vendeuses de protection, constatation qui vaut encore plus pour la gestion de leur portefeuille de crédits.
2. Les assureurs constituent un acteur important du marché surtout en tant que vendeur de protection, sous réserve cependant que même sous cet angle, leur part se contracte entre 2000 et 2006.
3. Les fonds spéculatifs (*hedge funds*) constituent le deuxième grand acteur du marché puisque leur part est, en 2006, de 28% en tant qu'acheteur et de 32% en tant que vendeur de protection ; leur poids relatif est de plus en forte expansion sur la période retenue. À l'inverse des banques, ils cherchent à offrir de la protection plus qu'à en demander, mais sans que le déséquilibre ne soit trop marqué.
4. Les autres acteurs – fonds de pension, SICAV et entreprises – représentent chacun une faible part des transactions sur dérivés de crédit. (Pour les deux premiers, l'explication se situe vraisemblablement du côté des contraintes de gestion et de prudence qui leur sont imposées, surtout en tant qu'acheteur de protection.)

La conclusion ultime qu'il faut donc tirer de cet examen, c'est que le marché des dérivés du crédit en 2006, à l'orée de la grande crise des *subprime*, a cessé d'être un marché dominé par les banques. Ces dernières doivent désormais compter avec la présence et l'intervention des fonds spéculatifs.

Une telle constatation est significative de transformations profondes de la sphère financière et de l'émergence d'un système bancaire parallèle.

Les « monolines » ou rehausseurs de crédit

Un(e) *monoline* – le terme exact est *monoline insurance company*[1] – est, aux États-Unis, une compagnie d'assurance qui, au départ, pratiquait l'assurance-crédit sur les obligations émises par des collectivités locales, les *municipal bonds*. Leur appellation *monolines* s'explique par le fait qu'elles ne sont actives que sur un segment limité du marché de l'assurance ; en cela, elles s'opposent aux *multilines* qui vendent plusieurs types de produits dans des domaines très variés : assurance décès, assurance contre les catastrophes, etc. Ce sont donc des assureurs spécialisés.

Dans la plupart des cas, ces *monolines* sont notées AAA (triple A selon *Standard & Poor's*) et elles font alors bénéficier les titres qu'elles assurent de leur haut *rating* : en un mot, ces obligations municipales obtiennent elles aussi la notation AAA. Les *monolines* permettent donc le rehaussement du crédit et pour cette raison, on les nomme en français des *rehausseurs de crédit*.

L'avantage pour les collectivités locales du recours aux rehausseurs est évident : obtenir une meilleure notation (*rating*) et dans cette mesure, verser aux détenteurs des obligations des taux d'intérêt moindres que ceux qu'elles auraient dû consentir faute de rehaussement.

Lorsque la collectivité locale fait défaut, le rehausseur se substitue à elle, de sorte que le détenteur d'obligations est assuré de recevoir le paiement des intérêts et du principal aux dates fixées par l'échéancier. Cette garantie vaut pour toute la durée de vie des titres ; elle est donc inconditionnelle et le rehausseur ne peut s'y soustraire.

À dater de 1985, les rehausseurs de crédit ont commencé à diversifier leurs activités. Ils l'ont fait en trois temps (Lautier et Simon [2008, pp. 305-306]) :

1. ils ont d'abord garanti des titres adossés à des crédits hypothécaires résidentiels, des MBS en bref (*Residential Mortgage-Backed Securities*), mais aussi des titres adossés à des prêts automobiles, à des cartes de crédit, etc., bref à ce qu'on appelle des ABS (*Asset-Backed Securities*).
2. ensuite, les *monolines* ont apporté leur garantie à des *Collateralized Debt Obligations* simples (« *vanille* ») de différents types : CBO, CLO[2], etc.

1 On trouve aussi parfois l'appellation « *financial guaranty insurer* ».

2 CBO : *Collateralized Bond Obligations* ; CLO : *Collateralized Loan Obligations*. Ce sont des espèces particulières de CDO, respectivement sur un portefeuille d'obligations ou de prêts.

3. enfin, ils ont assurés des CDO véritablement synthétiques, structurés, tels les CDO de MBS ou d'ABS, les CDO de CDO, que l'on appelle des CDO au carré, i.e. CDO^2.

Ici aussi, la garantie des rehausseurs de crédit permettait aux émetteurs de titres de bénéficier d'un bon rating (très souvent, triple A) et donc d'assortir ces titres d'un moindre taux de rendement.

Le processus de diversification des *monolines* ne s'est cependant pas arrêté à ce stade, car à la fin du second millénaire, les rehausseurs se sont mis à assurer différents investisseurs (fonds spéculatifs, assurances, fonds d'investissement, etc.) en titres CDO structurés et tranchés ainsi que les banques détentrices des mêmes titres, contre le risque de *déclassement*, c'est-à-dire de diminution de la note des tranches de CDO synthétiques. Elles l'ont fait en leur vendant des CDS – *Credit Default Swaps*. (Une petite restriction quand même: les CDS vendus par les rehausseurs différaient quelque peu du modèle original en ce que les premiers ne prévoyaient pas la livraison physique du titre en cas d'occurrence de l'événement de crédit spécifié dans le contrat; accessoirement, ces CDS n'étaient pas non plus émis par les rehausseurs eux-mêmes, mais par une de leurs filiales à 100% et cela, pour des raisons juridiques.)

Le marché du rehaussement américain présentait une structure oligopolistique marquée, puisque cinq sociétés seulement assuraient les deux tiers du total des encours. Il s'agissait de:

- *MBIA Insurance Corporation*;
- *Ambac Assurance Corporation*;
- *Financial Security Assurance Inc.* (FSA), à l'époque filiale de Dexia;
- *CFIG Assurance North America Inc.*, dont le principal actionnaire était en 2007 Natixis, elle-même filiale du groupe bancaire français BPCE (Banque Populaire et Caisse d'Epargne);
- *Financial Guaranty Insurance Company* (FGIC), dont la maison-mère est *PMI Group*.

D'après Lautier et Simon [2008, p. 306], pris collectivement, les rehausseurs, c'est-à-dire les cinq «grands», mais aussi les six «petits» que l'on n'a pas mentionnés explicitement, assuraient, en 2007, 2400 milliards de dollars, soit quasiment l'équivalent du PIB français exprimé en dollars!

Chapitre 2
La bulle immobilière aux États-Unis

Tous les observateurs s'accordent pour faire remonter le déclenchement de la crise des prêts *subprime* au premier semestre de 2007. Bien entendu, ce « moment » ponctuel apparaît comme le terme (provisoire) d'un long processus inséparable de la formation d'une bulle spéculative. Aussi cette crise serait-elle incompréhensible si on ne la replaçait dans l'évolution générale de l'économie américaine. Préalablement, on dira cependant quelques mots sur la notion de bulle spéculative et ses principales caractéristiques.

Spéculation et bulles

Le mieux, pour cerner le phénomène, est de partir d'un des premiers exemples connus : la tulipomanie hollandaise. Comme chacun le sait, les champs de tulipes sont, avec les moulins à vent, un élément du paysage des Pays-Bas modernes. Il en allait déjà de même au XVIIe siècle à l'époque où Amsterdam constituait la principale place commerciale et financière internationale.

La tulipomanie

C'est des années 1600 – une période décrite par Israël [1998, p. 231], comme un « premier Âge d'Or » – que datent la conception et la production de variétés toutes plus sophistiquées les unes que les autres de bulbes de tulipes. Vers 1630, l'engouement pour la fleur s'étend des classes bourgeoise et aristocratique à des couches nouvelles de commerçants, boutiquiers, cafetiers, fleuristes, horticulteurs, etc. Mais autant les premières pouvaient accéder à la bourse d'Amsterdam en plein essor, autant les secondes ne disposaient pas des sommes nécessaires. Aussi est-ce pour eux que s'est développé un véritable « pastiche de la bourse », sous la forme du commerce des bulbes de tulipe (Israël, [1998, p. 533]).

L'emballement des prix commence réellement en 1634 consécutivement à une demande exceptionnelle en provenance de la France. On peut, en s'inspirant de Garber [1989], retracer comme suit le processus de formation, de grossissement et d'éclatement de la bulle :

- dès 1634, le marché, limité jusque-là aux producteurs de bulbes, voit affluer de nouveaux acheteurs non professionnels, qui sont très souvent aussi des spéculateurs ; les prix commencent à grimper rapidement à partir de la mi-1635, tandis que la vente au poids (à l'*aas*, mesure qui correspond à un vingtième de gramme) est introduite ; les transactions à terme – il faut se souvenir que les achats et ventes au comptant ont lieu entre juin et septembre, mois de floraison, et que, pendant le reste de l'année, il s'agit forcément d'opérations à terme – se réalisent alors sous forme de contrats actés par un notaire. C'est évidemment sur ce segment du marché que la spéculation se développe.

- douze mois plus tard, c'est-à-dire vers le milieu de l'année 1636, apparaissent de véritables marchés à terme, c'est-à-dire des marchés sur lesquels le prix des bulbes est fixé aujourd'hui, mais où leur livraison intervient plus tard ; désormais, les négociants ne passent plus par les notaires, mais constituent des collèges qui se réunissent dans des tavernes et auberges ; quelques règles simples régissent le fonctionnement de ces collèges : les acheteurs doivent payer 2,5 pour cent sur chaque transaction avec un maximum de trois florins ; aucune garantie n'est exigée des parties et il n'y a pas non plus de chambre de compensation.
- à partir de novembre 1636, les transactions s'étendent aux bulbes communs ; les prix de toutes les variétés connaissent alors un mouvement prononcé de hausse ; pour en donner une idée, il suffit de se référer à l'indice dressé par Thompson [2006] : le 12 novembre 1636, celui-ci est à 10 ; il passe à plus de 100 le 1er décembre et à 180 le 12 décembre ; la hausse se poursuit jusqu'au début de l'année suivante, très exactement jusqu'au 3 février, jour où l'indice atteint un maximum de 202. Les prix ont donc été multipliés par plus de 20 en trois mois. La bulle se dégonfle alors rapidement, puisque le 1er mai 1637, l'indice retrouve son niveau du 12 novembre, soit 10.

Qu'est-ce qu'une bulle spéculative ?

L'analyse, fût-elle sommaire, de la tulipomanie permet d'isoler les trois éléments essentiels que l'on retiendra comme caractéristiques de toute bulle spéculative :

1. une hausse continue du prix de l'actif considéré – ici, les différentes variétés de bulbes – pendant une période suffisamment longue ;
2. un écart qui va s'accentuant entre les prix de marché de l'actif et ceux qui résulteraient du simple jeu des « fondamentaux » économiques – en l'occurrence, les coûts de production et de reproduction des bulbes de qualités diverses ;
3. la généralisation des comportements spéculatifs à des catégories de plus en plus étendues (dans le cas des Provinces-Unies hollandaises, le processus est concomitant de l'accession à une relative aisance de

nouvelles couches sociales, ainsi qu'on l'a fait remarquer à la suite de Jonathan Israël).

Cette dernière caractéristique mérite quelques développements. Et d'abord, que faut-il entendre par spéculation ? La réponse à cette question a été donnée dans l'article – classique – de Kaldor [1939, p. 1] : la spéculation se définit par « l'achat (ou la vente) de marchandises en vue d'une revente (ou d'un rachat) à une date ultérieure, lorsque le mobile d'une telle action est l'anticipation d'une variation des prix dominants ». En d'autres termes, si l'on généralise la définition en l'appliquant à un actif quelconque (une marchandise, un bien durable, un titre, etc.), on dira que le spéculateur ne s'intéresse pas principalement au rendement de l'actif, mais à la variation de son prix ou de son cours. Quand un tel comportement devient la norme, le marché concerné se transforme en un marché spéculatif, marqué par une « effervescence irrationnelle ». La spéculation se nourrit alors d'elle-même et la croyance en un accroissement indéfini du prix de l'actif se répand parmi l'ensemble des négociants et opérateurs du marché ou en tout cas, parmi la majorité d'entre eux. Les conditions « psychologiques » de la formation d'une bulle spéculative et de son grossissement sont désormais réunies...

Toute bulle, dès le moment où elle est avérée, fournit le terreau pour le développement de pratiques délictueuses telles les chaînes de Ponzi, plus connues dans le grand public sous le nom de chaînes pyramidales. (Charles Ponzi est un escroc, d'origine italienne, mais installé aux États-Unis, qui en 1920, proposait un placement rapportant un rendement de 50% sur investissement endéans 45 jours ; en réalité, il ne plaçait pas l'argent qui lui était confié ou seulement une faible partie ; il se contentait de payer les intérêts des clients les plus anciens avec les sommes fournies par les nouveaux et ainsi de suite. La chaîne ne peut évidemment se poursuivre qu'en lui ajoutant constamment de nouveaux maillons. Résultat : en six mois, Ponzi devint millionnaire... avant d'être emprisonné pour escroquerie.)

On aurait tort de penser que les chaînes de Ponzi constituent un élément anecdotique dans le développement d'une bulle. Elles lui sont en fait organiquement liées. L'exemple récent de Bernard Madoff, à côté de qui Ponzi fait presque pâle figure, en offre une illustration probante. La présence de telles procédures-limite était d'ailleurs parfaitement connue des anciens économistes. C'est ainsi qu'Adam Smith [1776, Vol.2, pp. 744-45], parlant de la Compagnie des Mers du Sud, autre exemple avec la tulipomanie de frénésie spéculative précoce, écrit qu'elle « avait un capital immense réparti parmi une multitude d'actionnaires. On devait par conséquent s'attendre à ce que la folie, la négligence et l'excès règnent dans la gestion globale de ses affaires. La filouterie et l'extravagance de ses opérations boursières sont suffisamment connues [...]» Il est difficile d'être plus sévère et plus explicite !

Croissance et récessions aux États-Unis

Les dernières années du vingtième siècle ont été marquées par une croissance soutenue aux États-Unis, au point que Blinder et Yellen [2001] ont pu parler d'une décennie prodigieuse (*fabulous decade*).

La décennie prodigieuse

Le plus simple, pour apprécier le caractère exceptionnel des années quatre-vingt-dix, est de les replacer dans leur contexte historique et de les comparer avec les décennies qui les ont précédées. De ce point de vue, trois grands indicateurs ont été retenus : 1. la croissance réelle, c'est-à-dire hors hausses des prix, du Produit Intérieur Brut, PIB en abrégé (on peut se représenter le PIB comme la valeur totale des biens et services produits aux États-Unis pendant une année déterminée) ; 2. le taux de chômage moyen sur chaque décennie ; 3. le taux d'inflation défini comme le taux annuel moyen d'augmentation de l'indice des prix à la consommation sur une période de dix ans.

Tableau 2.1 Performances de l'économie américaine (par décennie)

	Années 90		Années 80	Années 70	Années 60
	Totalité	2e moitié			
Croissance réelle	3,2	4,0	3,0	3,3	4,4
Taux de chômage	5,8	5,0	7,3	6,2	4,8
Taux d'inflation	2,9	2,4	5,1	7,4	2,5

Source : Bureau of Economic Analysis ; Bureau of Labor Statistics ; Blinder et Yellen [2001].

Plusieurs enseignements peuvent être tirés de la lecture du tableau. En premier lieu, la décennie 90, surtout dans sa dernière partie, ne se compare véritablement qu'avec les « Golden Sixties » : forte croissance, inflation maîtrisée, chômage bas sont dans les deux cas au rendez-vous. En deuxième lieu, cette décennie apparaît cependant assez hétérogène, dans la mesure où les bons résultats macroéconomiques valent surtout pour la seconde moitié de la période. Par contre et en dernier lieu, la décennie 90 se différencie nettement de celles immédiatement antérieures par un indicateur de performance au moins : le chômage dans les années 80 ; l'inflation lors des années 70.

Dans cet ensemble de résultats très positifs se glisse néanmoins un facteur qui ne l'est pas : le déficit de la balance courante des États-Unis. Celle-ci, qui est *grosso modo* égale à la différence entre les exportations et importations de biens et services, n'a pas cessé d'être déficitaire depuis

1982. C'est ainsi qu'au dernier trimestre de cette année-là, le solde négatif se montait à 14 milliards de dollars. Au dernier trimestre de l'an 2000, il se situait à hauteur de 420 milliards de dollars. Nul autre pays que les États-Unis n'aurait pu supporter pendant une période aussi longue un déséquilibre aussi conséquent, mais le dollar est, qu'on le veuille ou non, la monnaie de réserve internationale.

Toutefois, le panorama de la décennie serait pour le moins incomplet si l'on ne disait rien de la bulle spéculative – boursière en l'occurrence, liée principalement à l'Internet – qui s'est formée à la fin du xxe siècle. Pour se faire une idée de l'ampleur du phénomène, il suffit de se référer au graphique suivant qui retrace l'évolution de l'indice Standard and Poor's déflaté par l'indice des prix à la consommation entre 1929 et 2008. (Les explications sur la manière dont cet indice a été construit se trouvent dans Shiller [2005, pp.2-3 et note 3].)

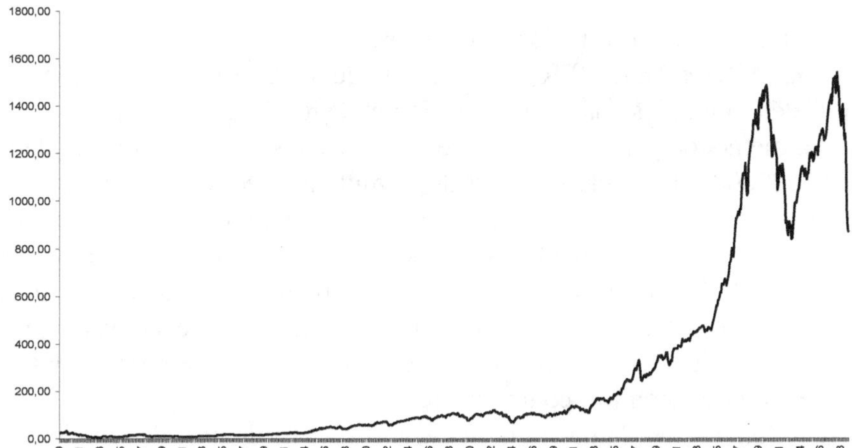

Graphique 2.1 Indice composite Standard & Poor's
Source: www.irrationalexuberance.com

La singularité de ces vingt dernières années y apparaît avec clarté: l'indice a connu une croissance vertigineuse après le krach boursier d'octobre 1987 et tout spécialement entre 1994 et 2000, c'est-à-dire durant la seconde moitié de la « décennie prodigieuse ». Sans doute les bons résultats macroéconomiques ont-ils favorisé ce mouvement de hausse, mais ils ne l'expliquent pas: par exemple, un simple calcul montre qu'une croissance de 4 pour cent poursuivie pendant cinq années au même taux aboutit à une augmentation globale du produit national (ou intérieur) de 21,6%, tandis que l'indice, lui, a été multiplié par trois et demi pendant le même laps de temps ! Une démonstration à l'identique pourrait être faite, sans difficultés, sur l'exemple des bénéfices des entreprises.

Il faut donc se rendre à la raison et admettre que la Bourse de New York, le Stock Exchange, a bel et bien connu la plus belle bulle spéculative de toute son histoire à la fin des années 90 du siècle précédent.

Encore les chiffres donnés sont-ils relatifs à un indice général, le Standard and Poor's 500. (Ce nombre est ajouté, parce que l'indice porte sur 500 valeurs.) Les évolutions seraient davantage accentuées si on se limitait au seul segment des valeurs technologiques. En effet, l'indice Nasdaq – Nasdaq est l'acronyme de National Association of Securities Dealers Automated Quotation – cotait à 751,96 en décembre 94 et à 4069,31 exactement cinq ans plus tard. Il devait ensuite atteindre un maximum de 4696,69 en février 2000, après quoi commençait la descente aux enfers – on y reviendra ! Dans la sphère réelle de l'économie, la récession n'était plus loin…

La récession de 2001

Aux États-Unis, c'est un organisme officiel – le National Bureau of Economic Research (NBER) – qui est chargé de dater le cycle, autrement dit de déterminer les phases d'expansion et de recul de l'économie.

La méthodologie mise en œuvre a été actualisée en dernier lieu dans NBER [2008]. En bref, l'institution définit une récession comme « un déclin significatif de l'activité économique, répandu dans toute l'économie, d'une durée supérieure à quelques mois, normalement constatable dans le PIB réel, le revenu réel, l'emploi, la production industrielle ainsi que les ventes en gros et en détail. Une récession commence juste après que l'économie ait atteint une pointe dans l'activité et se termine dès le moment où l'économie a connu un creux. »

Le Comité pour la datation du cycle du NBER a ainsi déterminé que l'économie américaine atteignit un pic en mars 2001, que la récession consécutive se prolongea jusqu'en novembre 2001, mois où se marqua un creux, et qu'ensuite s'ouvrit une nouvelle phase d'expansion. (Cette dernière devait durer jusqu'en décembre 2007, soit 73 mois.)

Plusieurs facteurs expliquent la survenance de la récession. L'éclatement de la bulle boursière, qui, on l'a vu, était historiquement sans précédent par son ampleur, est certainement le plus important d'entre eux. Concrètement, l'effondrement des cours boursiers se transmet à l'économie réelle via deux canaux essentiels :

- les détenteurs d'actions sont les premiers touchés par la baisse des cours boursiers ; logiquement, leurs dépenses de consommation doivent diminuer, mais très progressivement ; cet effet négatif sera d'autant plus prononcé que les ménages se sont endettés pour acheter des actions et qu'ils sont ainsi obligés de réduire leur consommation dans le seul but de rembourser leurs dettes ;

- la dégringolade boursière affecte ensuite les entreprises par deux canaux au moins : d'une part, pas mal de firmes, surtout dans le secteur des nouvelles technologies, particulièrement touché, voient leur actif se réduire fortement et se trouvent acculées à des restructurations et licenciements, voire à une forme ou l'autre de faillite ; d'autre part, le financement des investissements par émission d'actions est rendu beaucoup plus difficile ; il est certes possible d'utiliser d'autres sources de financement, telles le crédit bancaire ou l'émission d'obligations, mais les bilans dégradés des entreprises ne rendent aisé le recours ni à l'une ni à l'autre ; c'est pourquoi l'effet macro-économique le plus immédiat et le plus sensible du dégonflement de la bulle sera de tirer à la baisse la dépense d'investissements.

Dans ces conditions, le fléchissement des demandes de consommation et d'investissement doit nécessairement se répercuter négativement, moyennant un délai de quelques mois, sur le revenu national et l'emploi.

Voyons comment ces enchaînements macroéconomiques essentiels se sont combinés avec les effets d'autres facteurs pour conduire à la récession américaine de 2001 et lui donner sa forme particulière.

Au départ, c'est-à-dire en août 2000, intervient la baisse du NASDAQ et plus généralement des valeurs boursières. Jusqu'à là, l'expansion de l'économie était restée soutenue. Dès septembre, le dégonflement de la bulle produit ses premiers effets : l'investissement, spécialement dans les branches relevant des Nouvelles Technologies de l'Information et de la Communication (N.T.I.C.), marque le pas. Tout naturellement, la croissance, quoique toujours positive, se réduit également.

Quelques mois plus tard, en mars 2001, la deuxième phase de ralentissement s'ouvre. La diminution des investissements ne se limite plus à la « nouvelle économie » : elle se généralise à l'ensemble des secteurs, tandis que la consommation est à la traine, notamment pour tout ce qui a trait, dans un premier temps, à l'achat de biens durables de nature informatique, puis, dans un second temps, à l'automobile. (D'après l'OCDE, la diminution de l'actif net des ménages a été de 1,058 milliards de dollars en 2000 et de 648 milliards au premier semestre de 2001.)

Parallèlement l'appréciation du dollar sur les marchés des changes qui se prolonge jusqu'en juin-juillet 2001, réduit les exportations des entreprises américaines et creuse encore davantage le déficit externe des États-Unis.

À l'été 2001, toutes les composantes de la demande globale (consommation privée, investissement et solde commercial) sont orientées à la baisse. Il s'ensuit que la croissance réelle du Produit Intérieur Brut (PIB) devient négative au troisième trimestre de 2001. (Cette affirmation n'est pas du tout contradictoire avec la datation, par le NBER, du début de la récession en mars 2001, compte tenu que le NBER s'appuie essentiellement sur des données mensuelles pour élaborer son diagnostic.)

Surviennent alors les attentats du 11 septembre 2001, qui auront de nombreuses conséquences tant en matière politique qu'économique, mais qui vont surtout influer profondément sur le cours que prendra la sortie de la récession.

Les conditions permissives de la bulle immobilière

Les conditions pour la formation d'une bulle immobilière vont être, en partie, réunies à la faveur des mesures prises pour combattre la récession d'un côté, puis pour faire face au défi que représentent les attentats contre les « Twin Towers » de New York de l'autre.

La politique contracyclique

Puisque la récession est un recul de l'activité économique dû au fléchissement de la demande globale, il suffit, pour la contrer, d'utiliser l'arsenal des instruments de politique économique susceptibles de fouetter la demande : essentiellement la politique budgétaire et la politique monétaire.

La politique monétaire consiste, dans le cas présent, à jouer sur la gamme des taux d'intérêt, ce qui réalise par deux canaux au moins :

1. en abaissant ses taux, plus exactement son taux de référence, qui est celui des fonds fédéraux, la banque centrale américaine, la Réserve Fédérale (Federal Reserve System), est en mesure d'agir sur les dépenses d'investissement des entreprises, qui constituent par ailleurs la composante la plus volatile de la demande globale ; en effet, toute la gamme des taux d'intérêt (spécialement les taux longs déterminants pour l'investissement) s'adapte assez rapidement à la modification du taux des fonds fédéraux ; dès lors, puisque la décision d'investir dépend d'une comparaison entre le rendement d'un bien capital et son coût, les entreprises sont incitées à réaliser de nouveaux investissements.
2. la baisse des taux est également susceptible d'influer sur les dépenses de consommation privée, notamment par le biais du crédit à la consommation rendu moins cher ; cependant, il ne faut pas ignorer que cette baisse a aussi un effet sur la demande de logements par les particuliers, mais à moyen terme cette fois, dans la mesure où le crédit hypothécaire est rendu moins coûteux.

Dans des conditions « normales », c'est-à-dire lorsque la récession n'est pas trop grave, la politique monétaire est assez efficace pour relancer toute la machine économique. Une baisse prolongée des taux peut avoir toutefois des effets dérivés, franchement négatifs. Tout d'abord, comme cette diminution agit par le biais d'emprunts des agents économiques, elle contribue à augmenter l'endettement global de l'économie, avec tous les problèmes de désendettement futur qui peuvent en découler. Ensuite, il coule de source que plus la baisse des taux est conséquente et plus elle risque d'être efficace, mais tout dépend du niveau initial du taux de référence à partir duquel on opère cette baisse. À la limite, on peut se retrouver dans une situation « à la japonaise », où le taux d'intérêt est nul ou presque ; il n'est alors tout simplement plus possible d'utiliser la politique monétaire. (Techniquement, on parle de « trappe monétaire » pour désigner ce cas limite.)

La politique budgétaire quant à elle consiste à jouer sur les différents soldes budgétaires, c'est-à-dire les écarts entre recettes et dépenses gouvernementales, de manière à raffermir la demande globale. De ce point de vue, deux grands moyens d'action sont disponibles : diminuer l'impôt sur les personnes, ce qui accroît la demande de consommation privée, d'un côté ; augmenter les dépenses publiques sous leurs différentes formes, spécialement l'investissement, de l'autre. (Les « grands travaux » de l'État rentrent dans cette dernière catégorie.) Bien entendu, ces deux types d'action peuvent être utilisés conjointement.

Il en va de la politique budgétaire comme de la politique monétaire : toutes deux ont potentiellement des effets dérivés indésirables. Pour la première, les effets en question résultent de l'alourdissement de la dette de l'État qui peut, en cas de prolongation de la récession, devenir insupportable et nécessiter une cure budgétaire douloureuse. Le terme de « trappe budgétaire », même s'il n'est guère usité, désigne cette situation où l'endettement de l'État est tel qu'il rend la politique budgétaire inutilisable.

Voyons comment l'un et l'autre instrument de politique économique ont été utilisés aux États-Unis pour sortir de la récession.

La réserve fédérale, plus exactement, on l'a vu, son *Federal Open Market Comitee* (F.O.M.C), avait commencé à relever progressivement son taux directeur dès juin 1999 pour le porter à 6,5% en mai 2000. (Source : www.federalreserve.gov/fomc/fundsrate.htm) L'objectif était évidemment de calmer l'« exubérance irrationnelle » des marchés boursiers – l'expression a été employée par le président de la Fed, Allan Greenspan lui-même, lors d'un discours prononcé en décembre 1996 et resté, à juste titre, célèbre.

Dès septembre 2000, on l'a signalé, les premiers signes de ralentissement de l'économie apparaissent. La Fed va alors changer totalement de politique et ramener le taux des fonds fédéraux à

- 6% le 3 janvier 2001 ;
- 5,5% le 31 janvier 2001 ;
- 5% le 20 mars 2001 ;
- 4,5% le 18 avril 2001 ;

- 4% le 15 mai 2001 ;
- 3,75% le 27 juin et 3,5% le 21 août 2001.

Au total, en moins de huit mois, la Reserve fédérale a ainsi réduit de trois pour cent son taux de base, ce qui est considérable.

En matière de politique budgétaire, le changement de présidence aux États-Unis (Bill Clinton est remplacé par Georges Bush en janvier 2001) va se traduire par une politique de réduction des taux de taxation et donc par une relance de la consommation privée – entre autres.

Quelques éclaircissements et précisions supplémentaires sont ici indispensables. Les « années Clinton » (1993-2000) avaient en effet permis d'engranger, surtout au terme de la période, de substantiels excédents budgétaires, comme on peut le voir à la lecture du tableau 2.2.

Tableau 2.2 Solde budgétaire courant (4e trimestre ; en milliards de dollars)

1993	1994	1995	1996	1997	1998	1999	2000
-251,3	-215,6	-178,7	-108,7	-30,0	53,0	122,7	172,5

Source: NIPA

Dans son programme électoral, Georges Bush avait promis des réductions d'impôts généralisées (particuliers, entreprises, etc.), étalées sur dix années et d'un montant total de 1600 milliards de dollars. Aussi dès son accession à la Maison blanche, en janvier 2001, chercha-t-il à appliquer son programme. Après quelques passes d'armes avec le Congrès, le 7 juin 2001, le projet de Bush – moyennant des diminutions d'impôts cependant réduites à 1300 milliards de dollars – acquiert force de loi. Sans que cela soit intentionnel, il tombait donc au bon moment, puisque les baisses d'impôts allaient donner un gros coup de pouce à une économie américaine alors clairement en récession.

Mais à peine la loi était-elle votée que les énormes excédents s'évanouissaient à l'épreuve de la récession et de l'éclatement de la bulle boursière : la crise réduisait drastiquement les recettes publiques, si bien qu'en juillet 2001, le budget enregistrait son premier déficit ; il n'a plus cessé d'en accumuler de nouveaux depuis lors. Cela dit, les réductions d'impôt ont bien joué leur rôle contracyclique en stimulant fortement la demande.

Survinrent alors les attentats du 11 septembre…

Le 11 septembre et ses suites

Les attentats allaient avoir des conséquences importantes sur le plan politique et militaire, telles les lois contre le terrorisme, la guerre en Afghanistan, puis en Irak, etc. Du point de vue qui nous occupe ici, c'est-à-dire économique, leurs conséquences ne furent pas moindres.

L'administration Bush et la Réserve Fédérale réagirent très rapidement et à l'unisson :

- La Fed, par l'intermédiaire de son Comité d'Open Market (FOMC), abaisse de 50 points de base le taux des Fonds Fédéraux dès le 17 septembre ; elle le réduira encore le 2 octobre, le 6 novembre et le 11 décembre 2001, de sorte qu'à cette dernière date, il est ramené à 1,75%.
- Presque immédiatement, une loi approuvant des dépenses d'urgence pour un total de 40 milliards de dollars est approuvée par le Congrès ; par ailleurs, des aides d'un montant de 15 milliards de dollars (dont 5 milliards d'aides directes et 10 au titre de garantie des prêts des Compagnies d'aviation) sont octroyées aux compagnies en question.

Toutes ces mesures s'ajoutèrent à celles déjà prises précédemment et contribuèrent ainsi à renforcer les effets des politiques monétaire et budgétaire. Le résultat fut qu'à la fin de 2001, l'économie américaine était sortie de la récession, comme en témoigne l'évolution de son Produit Intérieur Brut (Graphique 2.2).

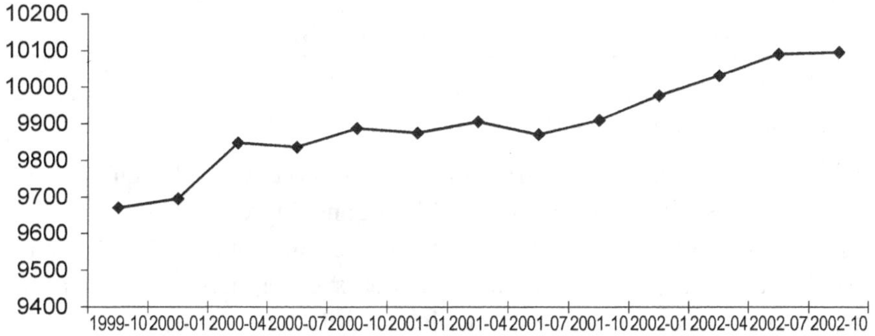

Graphique 2.2 Produit Intérieur Brut réel (en milliards de dollars)
Source : US Department of Commerce ; Bureau of Economic Analysis.

L'examen du graphique montre aussi que le Produit Intérieur a diminué au deuxième trimestre de 2001, s'est repris au trimestre suivant, avant de replonger au troisième et de se redresser au quatrième trimestre 2001, puis tout au long de l'année 2002. Au total, la récession de 2001 aura été peu profonde, puisque le PIB a même progressé d'environ 0,3% sur l'ensemble de l'année.

Plusieurs raisons viennent immédiatement à l'esprit pour expliquer le peu d'importance du recul de l'activité économique : l'ampleur et la rapidité de la réaction des autorités, le bon dosage des politiques monétaire et budgétaire, toutes deux résolument contracycliques, la réaction « patriotique » des ménages américains, dont la consommation a été fouettée par les attentats du 11 septembre, etc. Il faut cependant aller un peu plus loin dans l'analyse, en considérant les différentes composantes du Produit intérieur et en comparant la récession de 2001 à celles qui l'ont précédée. Le tableau 2.3 fournit les éléments d'une telle comparaison. (Pour bien en comprendre la signification, il faut garder présent à l'esprit que les contributions de chacune des composantes de la demande globale à la croissance du PIB réel sont des moyennes des contributions trimestrielles à la croissance du PIB réel en taux annuel sur la période couverte par la récession.)

Tableau 2.3 Contributions à la croissance du PIB réel (pourcentages)

Récessions	PIB	Cons. privée	Inv. fixe privé	Variation des stocks	Export. nettes	Cons. et inv. publics
1973(IV)-1975(I)	-1,68	-0,41	-1,92	-1,04	1,00	0,68
1981(III)-1982(IV)	-1,02	1,23	-1,04	-1,00	-0,68	0,46
1990(III)-1991(I)	-1,97	-0,84	-1,47	-1,09	1,03	0,40
Moyenne (6 récessions)	-1,42	0,11	-1,32	-1,42	0,84	0,37
2001(I-IV)	0,05	1,87	-1,14	-1,47	-0,10	0,91

Source: Bureau of Economic Analysis ; calculs OCDE.

Au vu des chiffres, il se confirme que la récession de 2001 a été la moins grave de toutes celles qui se sont produites dans l'après-guerre ; c'est d'ailleurs la seule qui soit caractérisée par la non-diminution du PIB sur la période couverte par la récession. Plusieurs enseignements supplémentaires peuvent encore être tirés du tableau 2.3. En premier lieu, la contribution du secteur public à la croissance est importante (+ 0,91%), bien plus élevée que ce qui fut observé, en moyenne, au cours des récessions antérieures. Une telle constatation traduit l'ampleur des dépenses publiques réalisées pour contrer le recul conjoncturel. En second lieu, à en juger sur base de la moyenne des récessions, la consommation (privée) est traditionnellement la composante de la demande globale qui résiste le mieux à la crise, bref qui s'avère la plus stable ; à l'inverse, l'investissement privé apparaît être la composante la plus instable (avec la variation des stocks). Cette double tendance se vérifie, mais en plus accentué, dans le cas de la récession de 2001 : la contribution de la consommation privée en particulier est tout à fait significative, puisqu'elle se monte à 1,87%, chiffre très largement supérieur à la contribution moyenne, soit 0,11%, à la croissance du PIB réel.

Le bon comportement de la consommation privée s'explique par plusieurs raisons :

1. malgré l'accroissement du chômage et la moindre augmentation des salaires et traitements, le revenu disponible des ménages a connu une croissance de plus de 3,5% en 2001 ; la cause de cette hausse, plutôt surprenante, doit en partie être cherchée du côté des mesures de réduction des taux de taxation.
2. à l'automne 2001, les constructeurs automobiles ont pratiqué des rabais importants sur l'achat de véhicules neufs, tout en octroyant des taux d'intérêt de faveur (ce qui a été rendu possible par la forte diminution du taux des fonds fédéraux qui a engendré une diminution générale de la gamme des taux) ; le résultat a été de doper la vente des voitures individuelles.
3. plus significatif encore est le fait que la baisse des taux hypothécaires, spécialement à la fin de l'année 2001, a donné un coup de fouet considérable à la demande de logements ; cette baisse a aussi poussé les ménages à refinancer leur immeuble, ce qui leur a procuré des liquidités nettes additionnelles, utilisées ensuite pour compléter le mobilier et les équipements ménagers liés à l'immobilier.

Il est capital de noter que la bonne tenue du marché du logement a été parallèle à un fort accroissement du prix des habitations. Comme l'indique le tableau 1.4, l'indice du prix réel, c'est-à-dire hors inflation, des habitations, qui était égal à 110,27 en 1995 et à 119,48 en 1999, est passé à 133,04 en 2001. De fait, on y reviendra bien sûr, la récession de 2001, loin d'entraîner une baisse ou à tout le moins une stagnation, du prix des logements, marque véritablement le début d'un processus de hausse continue du prix de l'immobilier.

Tableau 2.4 Indice du prix réel de l'immobilier

1995	1996	1997	1998	1999	2000	2001	2002
110,27	109,92	109,64	113,07	119,48	126,30	133,04	142,05

Source: Shiller [2008]

Tout aussi capital, pour la suite, est la continuation par la Fed de la politique de baisse de son taux directeur – ce dernier fut réduit à 1,25% le 6 novembre 2002 et à 1% le 25 juin 2003 –, alors même qu'elle ne se justifiait plus par la faiblesse de l'activité économique : la récession était en effet terminée depuis la fin de l'année 2001. Il faudra en fait attendre le 30 juin 2004 pour que la Réserve Fédérale relève son taux à 1,25%. Cela signifie que pendant cinq années consécutives (2000 à 2004), l'économie et spécialement le secteur du logement auront bénéficié de taux d'intérêt extrêmement bas, on peut même dire anormalement bas si l'on tient compte du taux de l'inflation.

Son président, Allan Greenspan [2007, pp. 298-99], donne les raisons de cette attitude dans ses mémoires : « Lors de la réunion du FOMC fin juin [en 2002 !], la déflation était le sujet n°1. […]. Nous voulions éviter définitivement tout risque de déflation corrosive ; nous étions prêts, en réduisant les taux, à courir le risque de provoquer une bulle, une flambée inflationniste […]. »

Vue avec le recul, cette justification est curieuse. Certes, la déflation, c'est-à-dire la baisse du niveau général des prix, est probablement l'état de l'économie le plus difficile à combattre, comme en témoigne l'expérience de la Grande Dépression des années trente du siècle précédent. Le phénomène n'était pas qu'une simple curiosité historique, puisque Allan Greenspan avait sous les yeux l'exemple du Japon des années quatre-vingt-dix. Pour autant, rien ne permettait de croire à l'existence de tendances déflationnistes au sortir de la récession, c'est-à-dire en 2002 et en 2003 : le graphique 2.3, qui représente l'évolution de l'indice des prix à la consommation entre 1995 et 2004, en fournit une démonstration plus que suffisante.

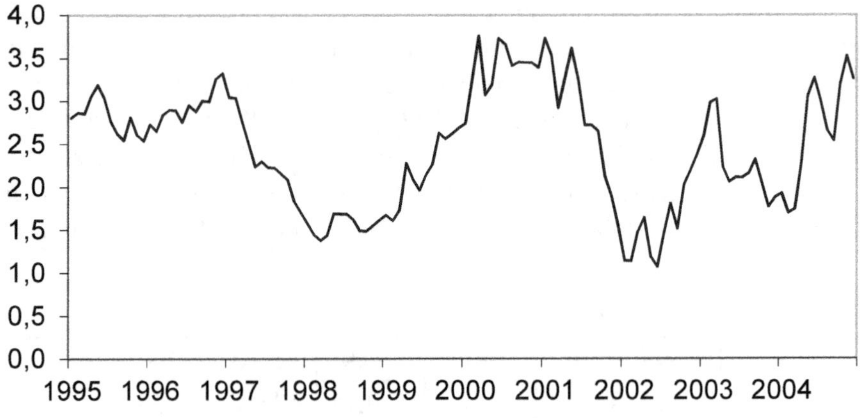

Graphique 2.3 Indice des prix à la consommation (variation en pour cent sur un an)
Source : Bureau of Labor Statistics

En résumé, le maintien des taux d'intérêt à des niveaux historiquement très faibles pendant quasiment cinq années successives aura constitué une condition permissive de la formation de la bulle immobilière. L'est tout autant la hausse des prix du logement observée pendant la récession de 2001 elle-même.

Le marché hypothécaire américain

On commencera par détailler les principales caractéristiques du marché hypothécaire aux États-Unis, après quoi on examinera le phénomène de titrisation des crédits hypothécaires par les banques et autres institutions financières.

Caractéristiques des marchés du logement

Le logement résidentiel est un bien de consommation durable (ou d'investissement). Aussi son acquisition nécessite-t-elle pour un ménage d'obtenir un financement, qui prend presque toujours la forme d'un emprunt hypothécaire contracté auprès d'un établissement de crédit. Le remboursement du prêt (principal et intérêts) s'échelonne sur 20 ans, 30 ans ou même plus. Il y a donc, sur une aussi longue période, un risque de défaut du débiteur, risque contre lequel le créancier se prémunit en prenant une hypothèque en garantie du paiement de la dette. Mais ce n'est pas tout, car l'établissement de crédit lie l'octroi d'un prêt à un ensemble de conditions, variables selon les pays. La qualité d'un emprunteur s'apprécie à travers un ensemble de critères tels que son revenu, son âge, la part de l'achat de l'immeuble qu'il peut financer sur ses fonds propres, l'absence de problèmes antérieurs de financement, etc.

Aux États-Unis, les meilleurs emprunteurs se voient accorder des crédits hypothécaires *prime*, c'est-à-dire de première qualité. Synthétiquement, les conditions pour obtenir un tel crédit sont au nombre de cinq:

1. le montant emprunté ne doit pas être supérieur à 417.000 dollars (chiffre valable pour 2007 et pour un ménage);
2. les versements mensuels au titre de remboursement du prêt ne peuvent dépasser 25% du revenu (mensuel bien sûr) de l'emprunteur;
3. le montant total des crédits à rembourser mensuellement (hypothécaire, prêts personnels, cartes de crédit, etc.) ne doit pas excéder 33% du revenu;
4. la somme empruntée est inférieure ou égale à 80% de la valeur de l'immeuble acheté;
5. l'emprunteur doit présenter un historique de crédit sans taches, en d'autres termes, il ne doit pas avoir connu de difficultés de paiement dans le passé.

Ces critères sont traduits dans un questionnaire informatisé qui permet d'attribuer une note, un score, au candidat acheteur – c'est le score FICO (abréviation de Fair Isaac Corporation, c'est-à-dire la société dirigée par Fair et Isaac qui a conçu le questionnaire). Est ainsi réputé être un emprunteur «prime», donc de bonne qualité, tout qui obtient un score supérieur à 620 sur une échelle allant de 300 à 850.

Les crédits de la qualité *prime* sont associés aux taux d'intérêt hypothécaires les plus intéressants, puisque le risque de défaut ou de non-remboursement est très réduit. De plus, dans leur grande majorité, ces taux sont fixes, donc non révisables.

Par comparaison avec les emprunts « prime », on pourrait imaginer que les prêts *subprime*, c'est-à-dire ceux qui se situent en dessous de la première qualité, sont attribués aux emprunteurs qui ont obtenu un score inférieur à 620 dans l'échelle FICO. En réalité, les choses sont un peu plus compliquées, car il faut encore opérer quelques distinctions supplémentaires parmi les prêts « non prime » :

- les emprunts hypothécaires sont dits *jumbo*, lorsque le montant du prêt est supérieur à 417.000 dollars ; ceux-ci peuvent être de bonne qualité ou au contraire de qualité médiocre ;
- moins sûrs que les *jumbo* ou surtout les *prime*, sont les crédits *Alt-A* (abréviation pour Alternative-A) ; si ce type de prêt est plus risqué, c'est essentiellement parce qu'il n'est pas conditionné par la vérification précise des revenus du candidat acquéreur ; par contre, on exige de ce dernier qu'il ait un historique sans tache, c'est-à-dire sans incidents de remboursement ;
- enfin, tout en bas de l'échelle, on trouve les crédits les plus risqués, qualifiés de « *subprime* », qui sont octroyés aux candidats ne répondant pas aux critères définis pour l'obtention d'un prêt *prime* ; en particulier, il n'est même pas nécessaire de ne pas avoir connu de problèmes de paiement dans le passé pour relever de cette catégorie d'emprunteurs.

Les taux d'intérêt qui grèvent les prêts *subprime* sont évidemment supérieurs à ceux exigés des emprunteurs *Alt-A* et *a fortiori* des emprunteurs *prime*. Surtout, les crédits *subprime* sont, pour 80% d'entre eux, assortis d'un intérêt variable ; on les appelle, pour cette raison, des crédits ARM (Adjustable-Rate Mortgages). Ils prennent très souvent la forme « 1/29 » ou « 2/28 », ce qui signifie qu'ils sont d'une maturité moyenne de 30 ans et sont accordés à un taux fixe la première ou les deux premières années, ce taux étant plus bas que le taux de marché. (On parle dans ce cas de « teaser rate », ce que l'on peut traduire par taux « aguicheur », mais attrape-nigaud ferait tout aussi bien l'affaire !) Pendant le reste de la période, donc 28 ou 29 années, le prêt est à taux variable. Les modifications de taux sont appelées le *reset*.

Prêts *Alt-A* et *subprime* sont également dits « non conforming » (littéralement : non conformes, mais il vaut mieux traduire par « non réglementés »), parce qu'ils ne sont pas éligibles au rachat par certaines institutions de crédit hypothécaires spécialisées, publiques ou semi-publiques.

Le marché hypothécaire et son financement

Un premier élément d'abord. Comme Case et Shiller [1989] l'ont montré, la trajectoire du prix du logement est hautement prévisible, dans la mesure où les hausses succèdent aux hausses et *vice versa*. Par là, ce marché se différencie nettement des bourses de valeurs sur lesquelles l'évolution du cours des actions ressemble davantage à une « marche aléatoire » (*random walk*) et est donc fondamentalement non prévisible : la hausse d'un jour est suivie d'une baisse la journée suivante, puis à nouveau d'une baisse le troisième jour, avant de repartir à la hausse le quatrième, etc. La conséquence de cette constatation est que les marchés immobiliers sont en principe moins sujets à des retournements brutaux de tendance.

Traditionnellement, c'est-à-dire jusqu'à la fin des années quatre-vingt du siècle précédent, le marché hypothécaire américain était dominé par les banques commerciales et surtout les établissements d'épargne (*saving banks* ou banques d'épargne et *Savings &Loans* ou caisses d'épargne). Pour trois raisons, ce marché va subir des bouleversements considérables à dater de 1980.

La première d'entre elles réside dans la crise que vont connaître les *Savings and Loans* durant toute cette décennie. Ces institutions d'épargne pouvaient recevoir des dépôts et sur cette base octroyait des crédits pour l'acquisition d'habitations, de voitures, etc. la crise fut telle que 747 des 3234 caisses d'épargne que comptaient les États-Unis tombèrent en faillite et que le gouvernement dût intervenir pour sauver une partie du secteur et ainsi protéger les épargnants à un coût non négligeable – autour de 100 milliards de dollars. Le résultat fut que les caisses d'épargne perdirent leur prédominance dans le financement du crédit immobilier.

Le deuxième facteur est lié à la constitution d'un marché *secondaire* des prêts hypothécaires et ce, dès les années trente. C'est ainsi que dans le cadre du *New Deal* fut instituée la *Federal National Mortgage Association*, mieux connue sous l'acronyme de Fannie Mae. Cette dernière avait comme objet de racheter les prêts hypothécaires aux établissements de crédit et de leur remettre la contrevaleur en espèces. De la sorte, les établissements en question pouvaient, en cédant leurs créances, retrouver des liquidités importantes. Cependant, Fannie Mae ne rachetaient que des prêts de qualité supérieure – des prêts *prime* – qui, pour cette raison, étaient dits « conforming », i.e. conformes ou mieux, réglementés.

En 1968, l'administration Johnson transforma Fannie Mae en une société par actions entièrement détenue par le secteur privé, mais soumise à certaines obligations d'intérêt public. Parallèlement, elle créait également la *Government National Mortgage Association* (en abrégé, Ginnie Mae), publique, dont l'objet était de gérer les crédits hypothécaires garantis par le gouvernement dans le cadre de divers programmes d'acquisition de logements. Enfin, en 1970, une autre institution, destinée à concurrencer Fannie Mae, vit le jour : la *Federal Home Loan Mortgage Corporation*, encore appelée Freddie Mac (à nouveau, il s'agit d'un acronyme).

De nos jours, le panorama des institutions publiques ou parapubliques intervenant sur le marché secondaire se présente comme suit :

- Ginnie Mae est une agence gouvernementale totalement publique, qui offre sa garantie aux prêteurs hypothécaires, de sorte que ces derniers obtiennent, sur le marché secondaire, un meilleur prix pour leurs prêts hypothécaires.
- Fannie Mae et Freddy Mac, en dépit du fait que leur capital est entre les mains du privé, constituent néanmoins des agences parapubliques (*Government Sponsored Enterprises*, en abrégé GSE), dans la mesure où elles sont astreintes par la loi à racheter des prêts octroyés à des ménages dont le revenu est faible ou modéré.
- Enfin, parmi les GSE, i.e. les sociétés à statut parapublic, on trouve également le Système des *Federal Home Loans Banks* (FHLB) ; celles-ci sont au nombre de douze et contrôlées par les caisses d'épargne et les banques commerciales qui en sont membres (en 1989, le Congrès américain a autorisé les banques commerciales à adhérer au Système à la condition expresse de détenir 10% de la valeur de leurs portefeuilles sous forme d'hypothèques sur immeubles résidentiels) ; pour les banques participantes, l'avantage est de pouvoir obtenir du Système des avances garanties de manière à accorder de nouveaux prêts au logement ; pour les particuliers, l'avantage est que les banques du Système octroient des crédits hypothécaires directs aux ménages et régions les moins favorisés.

Enfin, le troisième facteur qui explique le bouleversement du financement du crédit hypothécaire réside dans le développement de la titrisation des créances de toutes natures, dont les prêts immobiliers. Au chapitre 1 de ce livre, on a expliqué comment les crédits hypothécaires d'une institution financière – une banque bien sûr, mais aussi tous les établissements du système parallèle – pouvaient être sortis du bilan de l'institution et transformer en titres, en obligations, appelés *Mortgage-Backed Securities* (en abrégé MBS) – c'est le phénomène de titrisation des actifs financiers, en l'occurrence ici des crédits immobiliers. La caractéristique principale de ces MBS était d'être « tranchés », chaque tranche étant adossée à un paquet ou encore un lot – *pool* en anglais – de prêts individuels. (Voyez en particulier la figure 1.3 au chapitre précédent.)

En 1970, Ginnie Mae entamait le processus de titrisation des actifs hypothécaires, tandis que Fannie Mae et Freddy Mac, les fameuses GSE, lui emboîtaient le pas. Rapidement, des institutions financières privées entrèrent dans le mouvement, notamment la Bank of America qui en 1977 titrisait ses créances immobilières. Parmi ces institutions privées, il faut citer *Countrywide Financial*, dirigée par Angelo Mozilo, qui allait devenir un des principaux titrisateurs, et dont on a vu qu'elle était également un des 23 « primary dealers » disposant d'un accès au marché de l'*open market*. Mais on doit y ajouter New Century Financial, Indymac, Option

One, Ameriquest, etc., toutes sociétés de crédit privées qui constituent une composante significative du système bancaire parallèle.

Bien entendu, les sociétés de crédit hypothécaire privées ne titrisaient pas les mêmes prêts que les GSE: elles se concentraient sur les créances hypothécaires «*non conformable*», c'est-à-dire essentiellement les prêts *subprime* et *Alt-A*. C'est évidemment un élément important qu'il faudra garder à l'esprit lorsqu'il s'agira d'analyser la crise des *subprime*.

Voici à présent un tableau qui porte sur la période 1952-2005 et qui permet de voir la manière dont le financement de l'immobilier s'est profondément modifié durant toute cette période.

Tableau 2.5 Les sources de financement des prêts hypothécaires (en % du total)

	1952	1980	1990	2005
Banques commerciales	19,3	16,6	16,5	19,1
Etablissements d'épargne	40,2	50,0	22,9	10,2
Coopératives de crédit, assurances sur la vie et fonds de pension privés	20,9	2,5	2,7	2,7
Hypothèques détenues par les GSE	0,0	6,0	4,6	4,8
Lots (Pools) de créances titrisés par Ginnie Mae et les GSE	0,0	11,2	37,8	36,4
Lots de créances titrisés par les établissements privés	0,0	0,0	2,1	17,2
Autres	19,6	13,7	13,5	9,5

Source: Barth et al. [2009, p. 350].

Les éléments essentiels qui ressortent de ce tableau sont au nombre de trois: 1. le maintien des banques commerciales qui année après année, financent un cinquième des prêts hypothécaires; 2. l'effondrement des caisses d'épargne dont la part est divisée par cinq entre 1980 et 2005; 3. la montée en puissance des pools de créances titrisées aussi bien par les GSE que par les sociétés financières privées.

Ajoutons pour en terminer avec ce point que le recours à la titrisation par les sociétés financières privées – on les appelle en bref le «Nonagency» – s'est particulièrement marqué entre 1990 et 2005.

Titrisation et agences de notation

Le tranchement des lots de créances lors d'une opération de titrisation – rappelons à cet égard qu'un MBS (*Mortgage-Backed Security*) comporte en général trois ou quatre tranches: dans l'ordre de risque croissant, supersenior, senior, mezzanine et equity – doit permettre d'octroyer la note maximale, c'est-à-dire triple A, aux couches ou tranches supérieures. C'est à ce stade qu'interviennent les agences de notation.

Le problème est simple à exposer. Le risque d'un MBS est évidemment celui associé au sous-jacent (les créances hypothécaires) tout simplement parce qu'il peut se faire qu'un débiteur fasse défaut, i.e. soit dans l'incapacité de rembourser le prêt. Il s'ensuit qu'une agence de notation va d'abord tenter d'analyser et de noter la qualité du sous-jacent du point de vue du risque, donc de la probabilité de défaut des débiteurs. Si le débiteur est *prime* par exemple, la probabilité de défaut est moindre que si l'emprunteur est *subprime*. Lorsque l'on a un portefeuille, un lot de créances hypothécaires, mélange de prêts *prime* et *subprime*, il est à peu près certain que ce portefeuille ne pourra se voir attribuer la note maximale AAA. Pour attribuer cette note maximale aux titres ou du moins à une partie d'entre eux, adossés au sous-jacent, l'agence va demander que le titre MBS soit **structuré** de telle façon que la tranche supérieure – senior – puisse résister à des probabilités de défaut très importantes dans le sous-jacent. Cela s'appelle **rehausser** le portefeuille et cela passe par une subordination entre les tranches de manière à pouvoir noter AAA la senior, les tranches subordonnées servant à « amortir » le choc en cas de défauts importants des emprunteurs. Un petit schéma illustre deux possibilités de tranchage, mais il y en a beaucoup plus (disons d'emblée que les surfaces des différentes tranches sont sans rapport avec leur part dans la confection du MBS) :

Figure 2.1 Deux possibilités de tranchage d'un MBS

Senior (80%) Notée AAA	**Senior (80%)** Notée AAA
Mezzanine (17%) Notée A	**Mezzanine (15%)** Notée A
Equity (3%) Non notée	**Equity (5%)** Non notée

Il est clair à partir de ce schéma que l'on peut trancher des titres de diverses manières, la condition essentielle étant d'apprécier le risque lié à toutes les tranches situées en dessous de celle que l'on doit noter.
Les agences de notation ont bien sûr des outils, statistiques notamment, pour mesurer les probabilités de défaut, mais elles ne disposent que de séries rétrospectives, fondées sur les défauts passés. C'est là que le bât blesse, parce que la bulle immobilière est sans équivalent historique et

qu'en conséquence, on n'a pas pu observer dans le passé les effets de l'éclatement d'une bulle comparable – on y reviendra.

Toujours est-il que le tableau suivant permet de voir comment les trois plus importantes agences (la sainte trinité !) ont noté les titres qu'elles ont dus évaluer. (Pour la bonne interprétation de ces données, il faut se souvenir qu'en dessous de triple B, un titre est considéré comme spéculatif, i.e. très risqué ; dans ce cas, on considérera qu'il est non noté.)

Tableau 2.6 Distribution des notations des 3 agences relatives aux titres à revenu fixe (1 janvier 2000-30 septembre 2008)

Standard and Poor's			**Moody's**			**Fitch**		
AAA	16907	45%	Aaa	15289	42%	AAA	8273	29%
AA+	240	1%	Aa1	437	1%	AA+	694	2%
AA	2098	6%	Aa2	3865	11%	AA	2319	8%
AA-	3414	9%	Aa3	3434	9%	AA-	3188	11%
A+	2623	7%	A1	1520	4%	A+	3594	13%
A	2602	7%	A2	2557	7%	A	3718	13%
A-	2027	5%	A3	1456	4%	A-	939	3%
BBB+	903	2%	Baa1	1801	5%	BBB+	1485	5%
BBB	1371	4%	Baa2	1688	5%	BBB	1626	6%
BBB-	1359	4%	Baa3	728	2%	BBB-	431	2%
Tous titres notés	**33544**	**90%**	**Tous titres notés**	**32775**	**89%**	**Tous titres notés**	**26627**	**92%**

Source : Bloomberg ; Barth [2009, pp. 154-155]

Le tableau est suffisamment parlant pour que l'on se dispense de trop de commentaires. Notons simplement que la proportion de titres notés « non spéculatifs » tourne autour de 90% pour les trois agences, mais que Fitch est plus sévère dans l'attribution des notations AAA que les deux autres agences.

Cependant, le processus de titrisation des créances ne devait pas s'arrêter à la confection de simples MBS – plus généralement d'ABS (*Asset-Backed Securities*). L'ingénierie financière allait mettre au monde des produits plus sophistiqués encore, les *Colletarized Debt Obligations* ou CDO (littéralement : titres adossés à des dettes et obligations). La chaîne de la titrisation s'enrichissait ainsi de nouveaux maillons.

Pour comprendre comment ces maillons ont été élaborés, considérons la figure 2.2, inspirée de Gorton [2010], qui s'appuie lui-même sur une étude de l'UBS suisse, et Barth [2009].

Au premier stade, les prêts *subprime* ont servi à la confection d'un MBS. Les tranches notées AAA, AA et A sont alors réutilisées pour constituer un CDO à haute notation. De plus, les tranches inférieures – de triple B jusqu'à non noté – vont entrer dans la confection d'un CDO **mezzanine** (ainsi nommé parce que ce lot comporte une part importante de titres notés BBB). On remarquera qu'au passage, il y a rehaussement de la notation. Mais le processus ne s'arrête pas là, car les tranches AA et A entrent ensuite dans la structuration d'un CDO du CDO mezzanine, ce que l'on appelle un CDO **au carré**. Ici aussi, on améliore la note globale du CDO au carré, de sorte que l'on a fabriqué nombre de titres AAA à partir d'obligations moins bien notées. On peut même pousser plus loin la structuration en confectionnant des CDO de CDO au carré, c'est-à-dire des **CDO au cube**, etc.

C'est ainsi que se constitue une véritable **chaîne de la titrisation** qui conduit à la dissémination du risque lié aux créances *subprime* dans l'ensemble du système bancaire et financier des États-Unis.

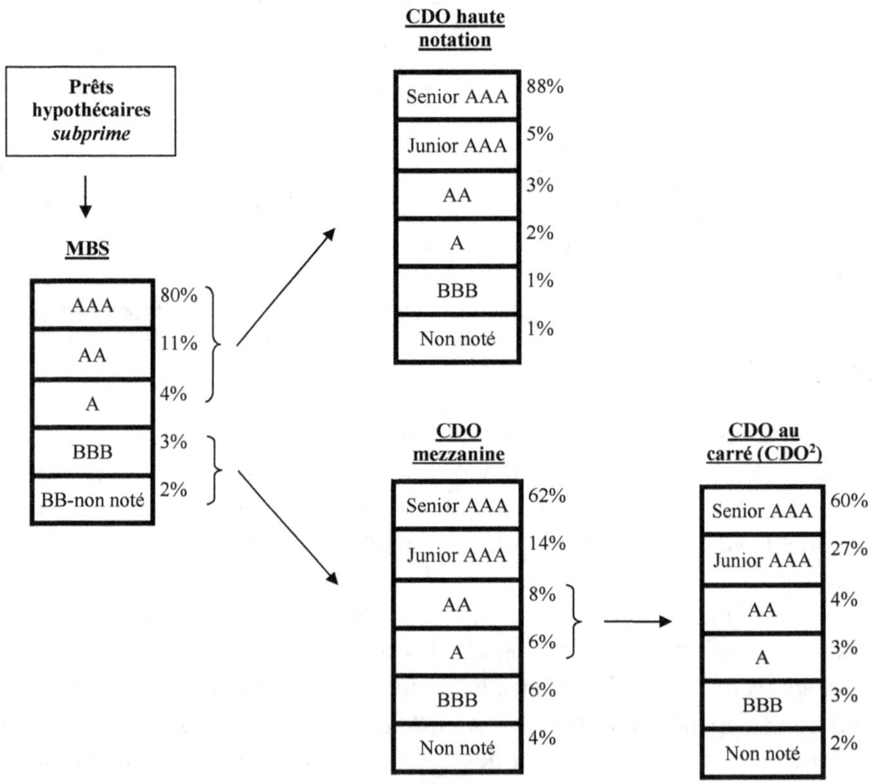

Figure 2.2 Des MBS aux CDO

Histoire de bulles

Nous sommes à présent en mesure d'expliquer comment la bulle immobilière s'est réellement constituée et comment aussi elle s'est conjuguée à une nouvelle bulle boursière pour former une « superbulle ».

Les facteurs agissants

Trois facteurs principaux constituent en quelque sorte la trame, l'arrière-fond, sur lequel la bulle immobilière américaine va croître. Deux d'entre eux ont déjà été identifiés : le maintien de bas taux d'intérêt entre 2000 et 2004 ; l'amplification du mouvement, déjà perceptible depuis l'année 1997, de hausse du prix de l'immobilier pendant la récession de 2001, consécutivement à la politique mise en œuvre pour contrer le recul de l'activité économique.

Un troisième facteur a aussi été évoqué, mais en passant, sans que toutes ses conséquences en aient été tirées : le creusement des deux déficits « jumeaux », du budget et des comptes extérieurs. On a vu à cet égard que lorsque Georges W. Bush a été installé comme président en janvier 2001, le déficit extérieur se montait déjà à 420 milliards de dollars. Par la suite, il devait encore s'aggraver comme l'indique le graphique 2.4.

Graphique 2.4 Solde de la balance des comptes courants (milliards de dollars)

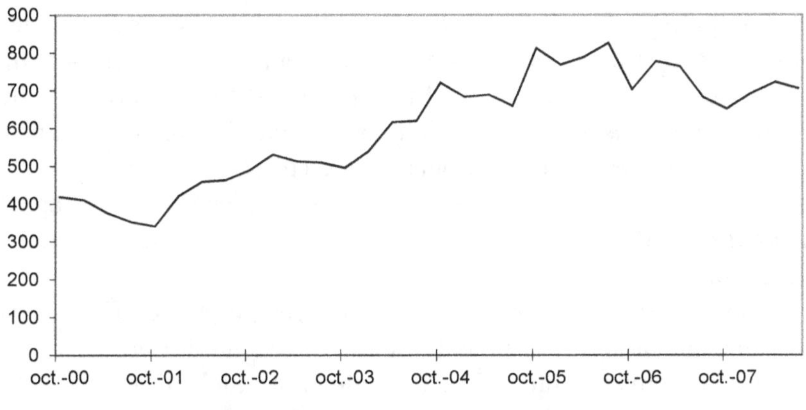

Source : US Department of Commerce : Bureau of Economic Analysis

De l'examen du graphique, il ressort clairement que le déficit s'inscrit tendanciellement à la hausse, malgré quelques retournements comme, par exemple, lors de la récession de 2001 ou en 2007, à la suite de la baisse du dollar par rapport à d'autres monnaies, notamment l'euro. C'est ainsi qu'il se situe à hauteur de 812 milliards de dollars en octobre 2005, soit presque un doublement de celui observé en 2000. Pour donner une idée de l'importance de ce chiffre, il suffit de dire que le Produit Intérieur Brut (PIB) américain était de 12.455 milliards de dollars en 2005 et donc que le déficit de 812 milliards n'en représentait pas moins de 6,5 %.

L'existence d'un tel déficit signifie que les États-Unis consomment davantage qu'ils ne produisent. Il a par ailleurs sa contrepartie dans les excédents d'autres pays, aux premiers rangs desquels il faut citer les producteurs de biens de consommation tels la Chine, et les producteurs de

Les agrégats monétaires

- La **base monétaire** (parfois appelée M0) désigne la monnaie créée par le Système de Réserve Fédéral. Elle comprend les pièces et billets en circulation de même que des réserves des banques commerciales et celles constituées auprès de la Réserve Fédérale.
- Le **stock monétaire** M1 est constitué de la base monétaire, des chèques de voyage, des dépôts à vue dans les banques commerciales et des dépôts sur les autres comptes chèques.
- Le **stock monétaire** M2 comprend, en plus de M1, les comptes d'épargne, les dépôts à terme de moins de 100.000 dollars, les soldes des fonds du marché monétaire (les SICAV ou fonds communs de placement).

pétrole, singulièrement les monarchies du Golfe. Ces derniers, disposant de dollars en quantité considérable, ont alors replacé leurs excédents sous forme de prêts ou d'achats de titres aux États-Unis, via notamment les fonds souverains qui sont des fonds de placements financiers – actions, obligations, etc. – détenus par des États. Il s'en est suivi un afflux de liquidités aux États-Unis, ce qui a conduit, par l'intermédiaire des mécanismes bien connus de création de la monnaie de crédit, à un accroissement sans précédent de la masse monétaire au sens large. (L'encadré « Les agrégats monétaires » ci-dessus rappelle les définitions de la masse monétaire qui sont en usage aux États-Unis.)

Ce phénomène d'expansion monétaire n'est pas propre aux États-Unis. Il est véritablement mondial, mais c'est en ce pays qu'il a pris sa forme la plus pure et la plus accentuée. Voici un graphique qui l'illustre en retraçant la trajectoire des trois grands agrégats monétaires entre 1990 et 2008.

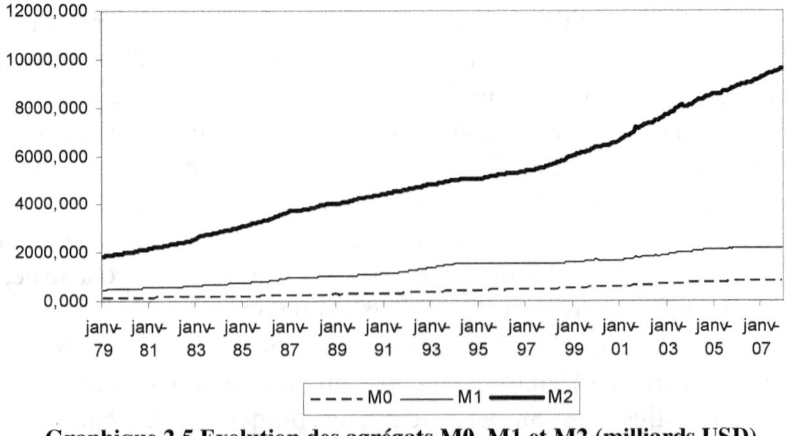

Graphique 2.5 Evolution des agrégats M0, M1 et M2 (milliards USD)
Source : Board of Governors of the Federal Reserve System

Ce qui est particulièrement remarquable dans ce graphique, c'est l'accroissement de l'agrégat M2 à partir de 1997 : celui-ci double quasiment sur les dix années qui suivent. Comme la masse monétaire M1 est stable sur la période en question, l'augmentation provient donc, dans une faible mesure, de la base monétaire, et pour une large part, de la prolifération de ce que l'on pourrait appeler les « quasi-liquidités » : comptes d'épargne, comptes à terme et titres (très liquides) du marché monétaire.

Au total, l'abondance des liquidités constitue bel et bien un des éléments majeurs qui va conditionner le développement de la bulle immobilière.

Les bulles jumelles

Comme l'indique le graphique 2.6, le processus de hausse du prix de l'immobilier entamé en 1997 devait se poursuivre de manière accélérée jusqu'à l'été 2006. (Le Case-Shiller Home Price Index est utilisé ; signalons cependant qu'il existe également un autre indice du prix de l'immobilier, celui de l'OFHEO ; ce dernier est toutefois moins représentatif que le précédent dans la mesure où il ne porte que sur les immeubles financés par les agences parapubliques, telles Fannie Mae et Freddy Mac ; en d'autres termes, il néglige toutes les propriétés financées par des prêts subprime. C'est pour cette raison essentielle que l'on s'est basé sur le premier indice.)

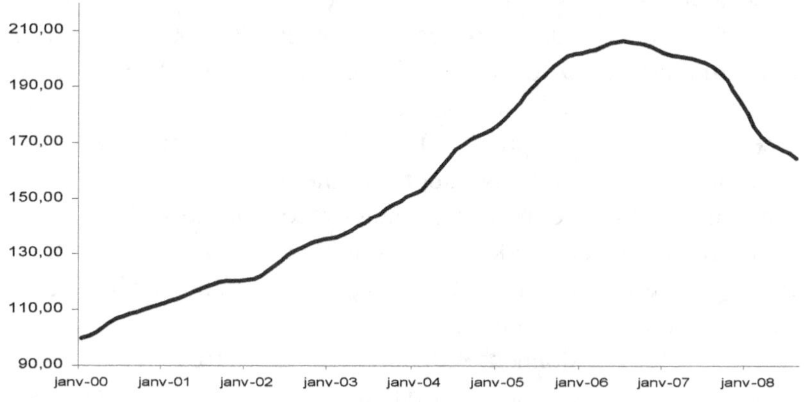

Graphique 2.6 Indice Case-Shiller du prix de l'immobilier (janvier 2000 = 100)
Source : Standard & Poor's / Case-Shiller

La hausse de l'immobilier est proprement vertigineuse : entre 2000 et 2005, il a vu ses prix augmenter de plus de 68% ; un an plus tard, par rapport à la même période de base, l'accroissement était de 88% !

Il ne suffit pas bien sûr d'une hausse, même prolongée, de la valeur d'un actif pour conclure à l'existence d'une bulle. Comme on l'a signalé au début de ce chapitre, deux autres conditions au moins doivent être réunies : un « décrochage » des prix par rapport aux « fondamentaux » économiques ; la généralisation des comportements spéculatifs.

En ce qui concerne le premier point d'abord, il est clair que le facteur principal qui détermine le prix d'un immeuble est son coût de réalisation. En conséquence, une hausse de l'immobilier serait pleinement justifiée en cas d'accroissement correspondant du coût de la construction.

Pourtant, il suffit de comparer – voyez le tableau 2.7 – l'évolution des indices du prix de l'immobilier et du coût de la construction pour se convaincre que rien de tel ne s'est produit aux États-Unis. (La hausse du dernier a été à peine de 3% entre 2000 et 2006 et elle a même été négative entre 2000 et 2003.)

Tableau 2.7 Prix et coûts réels de l'immobilier

	2000	2001	2002	2003	2004	2005	2006
Prix	126,2996	133,0421	142,0489	153,0958	168,3678	189,1465	202,8297
Coût	78,722	76,64016	76,81354	76,31544	80,77303	82,79485	82,72701

Source: Shiller [2005, 2008]

Pour comprendre comment la hausse continue du prix du logement a généré presque automatiquement des comportements spéculatifs, imaginons un petit exemple en supposant qu'un particulier achète un immeuble pour un montant de 200.000 euros, dont il emprunte 90%. Si la hausse du prix des immeubles est de 50% en quatre ans – ce qui correspond à ce qui a été observé aux États-Unis –, alors notre particulier pourra revendre sa maison au terme des quatre années et en obtenir 300.000 €. Puisque son apport initial est de 20.000 €, il rafle donc au passage 80.000 €. Il peut alors acheter une nouvelle maison à un prix, disons de 400.000 €, qu'il va financer par un apport propre de 10%, prélevé sur son gain de 80.000 €, et pour le surplus, par un emprunt auprès d'une banque.

Quatre ans plus tard, notre particulier recommence le même petit jeu, vend son immeuble pour 600.000 €, rembourse la banque et peut songer à acheter une autre habitation, etc. Lors de cette deuxième phase, son gain net est égal à quatre fois sa mise initiale, soit 160.000 €.

De tels chiffres donnent littéralement le vertige. Ils montrent en quelque sorte ce qu'est la spéculation en acte, comment le processus nourrit les comportements spéculatifs, c'est-à-dire la recherche systématique de l'augmentation du prix de l'immobilier, et comment ces comportements sont renforcés et confortés par la persistance des hausses.

En principe, tout un chacun sait qu'une bulle doit nécessairement éclater et que les prix ne peuvent croître indéfiniment. Que cette issue arrive fatalement est une proposition de bon sens, confirmée d'ailleurs par toutes les expériences connues, de la tulipomanie au krach boursier des valeurs Internet.

À l'opposé cependant, les épisodes spéculatifs – Shiller [2005] les a étudié en détails dans *Irrational Exuberance* – sont presque invariablement marqués par la croyance contraire : celle de la progression de long terme du prix de l'actif concerné. De tels épisodes sont empreints d'une euphorie et d'un optimisme généralisés, qui relèvent davantage de la contagion psychologique que de la simple raison. C'est dans ces périodes que fleurissent les « nouvelles ères » économiques (Shiller [2005], chapitres 6 et 7).

Tous les éléments de définition distingués se retrouvent donc dans la bulle immobilière et ce, dès 2002-2003. Pourtant, comme le remarque à nouveau Shiller [2008, p. 39], mais cette fois dans *The Subprime Solution*, les autorités américaines ont nié l'existence d'une telle bulle. Par exemple, le président de la Fed, Alan Greenspan, s'exprime comme suit sur le sujet : « Je disais [...] que nous faisions face non pas à une bulle, mais à une écume – de nombreuses petites bulles locales qui ne croîtraient jamais jusqu'à menacer la santé de l'économie dans son ensemble. » (Greenspan [2007, 2008, p. 301], traduction française modifiée.)

Malgré toutes les dénégations officielles, la réalité, elle, allait être profondément affectée par le développement de la bulle et ses conséquences.

L'anatomie de la bulle immobilière

Il est temps à présent de reprendre et de synthétiser les fils de l'analyse. Au départ, c'est-à-dire en 1997, il y a la hausse du prix de l'immobilier, qui, au contraire de ce qui a été observé dans le passé, se poursuit durant la récession de 2001. Les marchés boursiers fléchiront dès août 2000 et poursuivront leur descente aux enfers jusqu'en mars 2003. L'éclatement de la bulle Internet est donc quasiment concomitant de la récession. Pour enrayer cette dernière, la Réserve Fédérale entame un mouvement de baisse de son taux directeur (taux des fonds fédéraux) qui passe de 6% au début de janvier 2001 à 1% en juin 2003. (Il faudra attendre juin 2004, donc encore un an, pour que la Fed interrompe cette politique de baisse et relève son taux à 1,25%.)

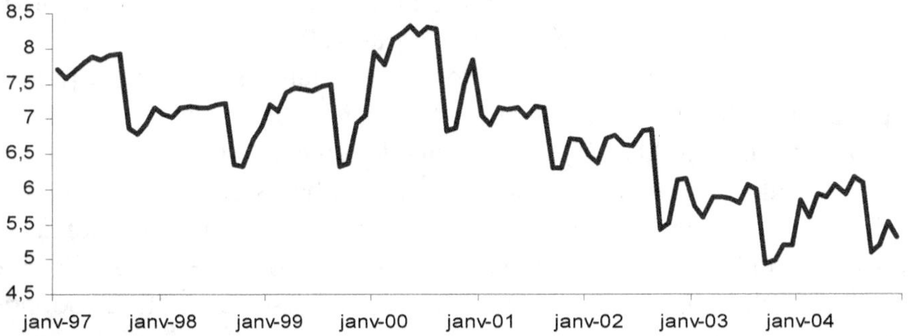

Graphique 2.7 Taux d'intérêt effectif (Prêts sur maisons unifamiliales)
Source : Federal Housing Finance Board ; Monthly Interest Rate Survey

La diminution prolongée du taux des fonds fédéraux va se répercuter sur toute la gamme des taux d'intérêt, en particulier sur ceux des prêts hypothécaires. On constate en effet à la lecture du graphique 2.7 que ces derniers connaissent une décrue dès janvier 2001. (Ils se situent à un niveau de 7,85% en décembre 2000 et de 5,32% en décembre 2004.)

Les bas taux d'intérêt hypothécaires vont évidemment donner un coup de fouet à la demande de logements, tandis que la hausse du prix de l'immobilier continue sur sa lancée jusqu'à l'été 2006 – on l'a signalé en commentant le graphique 1.6. Résultat: le pourcentage d'Américains qui ont accès à la propriété, passe de 65,4% en 1997 à 69,2% au dernier trimestre de 2004. Mais plutôt que de se limiter à des chiffres globaux, il vaut mieux tenter de voir quelles catégories sociales sont devenues propriétaires. On dispose à cet égard de l'étude de Mian et Sufi [2008], qui s'appuient sur des données très désagrégées, puisque leur échantillon porte sur 3.014 localités définies à partir des codes postaux (*zip codes*) et réparties dans 166 comtés. Leurs trois résultats essentiels – à ce stade – sont les suivants:

- l'expansion de l'offre de crédits hypothécaires est le grand responsable de l'endettement des ménages américains dans les années 2000; elle a bénéficié avant tout aux emprunteurs *subprime*;
- durant la période 1992-2007, on observe une corrélation positive entre la croissance du prix de l'immobilier et celle du revenu, sauf entre 2002 et 2005, où cette corrélation est négative; ce dernier résultat traduit le fait que le prix du logement s'est accru dans les zones où la croissance des revenus était négative, c'est-à-dire les zones les plus pauvres;
- enfin, la hausse des crédits *subprime* accordés entre 2001 et 2006 a été la plus marquée dans les zones géographiques pour lesquelles existait précédemment (c'est-à-dire entre 1996 et 2000) une demande non satisfaite de logements.

De cette étude, fine et précise, on peut donc tirer une conclusion ultime: l'octroi des prêts *subprime* s'est opéré en faveur des ménages les moins solvables, qui ont de surcroît connu une détérioration relative et parfois absolue, de leurs revenus pendant la période 2002-2005.

Quelques chiffres (source: Autorité des Marchés Financiers [2008]) permettent d'illustrer la croissance du crédit hypothécaire et de sa part *subprime*. Entre 2000 et 2006, l'encours des crédits hypothécaires – c'est-à-dire la valeur totale des sommes restant à rembourser à un moment déterminé – est passé de 4.800 milliards de dollars à quasiment 9.800, soit à peu près un doublement. Pour la même période, l'encours des prêts *subprime* a été multiplié par trois, de sorte que ceux-ci représentaient, fin 2006, près de 12% du total des prêts hypothécaires, soit 1.170 milliards de dollars.

La multiplication des prêts hypothécaires à risque s'est accompagnée, au fil du temps, de pratiques de démarchage de plus en plus douteuses.

Comme le rapporte par exemple Morris [2008], certains courtiers proposaient des prêts couvrant, en plus des commissions, 100% de la valeur de l'immeuble, tandis que les commissions elles-mêmes devenaient exorbitantes, égales ou supérieures à 20.000 dollars la transaction, quand elles n'étaient pas camouflées dans le principal. D'autres courtiers présentaient même des contrats à « amortissement négatif », ce qui veut dire que les premiers remboursements n'incluaient pas les intérêts qui étaient alors ajoutés par la suite au principal et accompagnés de taux usuraires. Il est impossible de faire la liste des procédés utilisés pour placer à toute force et à n'importe quelles conditions des crédits hypothécaires. Une formule résume bien ce genre de pratiques : prêts NINJA (No Income, No Job, No asset), autrement dit des crédits octroyés à des ménages « sans revenu, sans travail, sans actifs (financiers) ».

On a vu qu'il existait aux États-Unis un marché secondaire des crédits hypothécaires tenu par les GSE, les « *Government Sponsored Enterprises* ». Cependant, on a également signalé que des sociétés de crédit hypothécaire, totalement privées celles-là, telles Countrywide, New Century, etc., étaient entrées en force sur ce marché, spécialement dans les années 2000. Le graphique 2.8 illustre parfaitement cette tendance. (Pour sa bonne compréhension, « GSE » désigne, de manière un peu abusive, toutes les sociétés publiques ou parapubliques et « private », celles qui sont purement privées.)

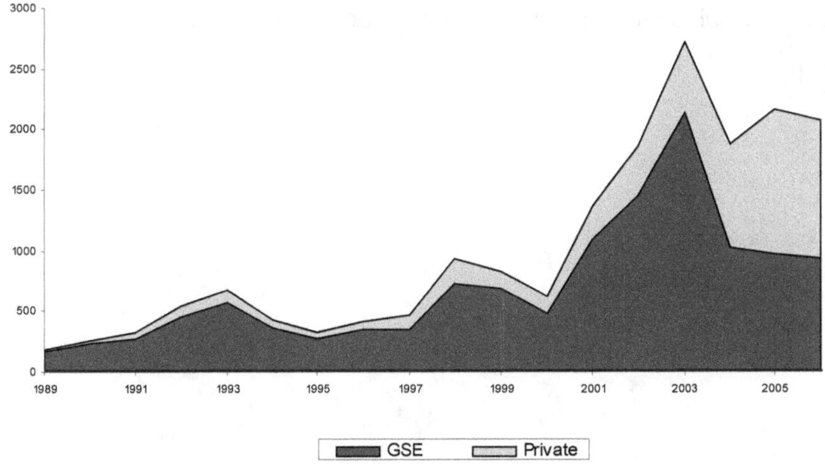

Graphique 2.8 Marché secondaire des crédits hypothécaires (milliards de dollars)
Source : Department of Housing and Urban Development, GNMA, Fannie Mac, Freddy Mac, OHHEO, Inside MBS & ABS.

Le graphique est suffisamment parlant pour ne pas nécessiter de longs commentaires. Il fait voir comment les sociétés privées se sont littéralement jetées sur le marché secondaire au point qu'en 2006, elles en représentent 55% ! Ajoutons que la multiplication des crédits entre les mains de ces dernières va conduire à un processus accéléré de titrisation des prêts sous la forme de MBS et de CDO.

Enfin, dernier élément pour compléter l'analyse, dès 2002, i.e. à la sortie de la récession, le marché du logement a été fortement marqué par des comportements spéculatifs, et ce pour deux raisons au moins : d'une part, à la faveur de l'effondrement de la bourse, spécialement des valeurs technologiques, la « brique » était devenue l'actif par excellence sur lequel les spéculateurs professionnels pouvaient exercer leurs talents ; d'autre part, la persistance de la hausse du prix des logements a fait le lit d'une spéculation de « masse », aiguillonnée bien sûr par les courtiers et autres agents de prêts immobiliers.

À partir de l'été 2003 cependant, les cours boursiers repartent à la hausse et vivement. Les produits titrisés adossés aux crédits hypothécaires tels les MBS et CDO affluent sur les marchés de valeurs. Une nouvelle euphorie, boursière cette fois, s'installe et gagne les places internationales. Bulles boursière et immobilière vont alors se renforcer mutuellement et interagir. Les pratiques spéculatives, l'euphorie des marchés et l'exubérance irrationnelle sont à leur zénith. Les possibilités d'expansion économique semblent illimitées.

L'été 2006 voit cependant la hausse des prix de l'immobilier s'interrompre. La tendance se renverse. Nul ne le sait encore, mais la fête est terminée. La « superbulle », désormais inextricablement boursière et immobilière, ne va plus tarder à éclater. La crise des *subprime* est proche !

Partie II

Sturm und drang

L'objet de cette partie est de brosser un tableau, nécessairement complexe, de l'enchevêtrement des trois crises – financière, boursière et réelle – qui ont affecté à des degrés divers l'économie mondiale en 2007 et au début de 2008.

Le chapitre 3 développe d'abord un modèle de la crise financière avant d'examiner dans le détail comment l'éclatement de la bulle immobilière, c'est-à-dire la baisse du prix des logements, a fini par conduire, en août 2007, à la paralysie des marchés du crédit, donc à un phénomène de « credit crunch ».

Le chapitre 4 traite des prolongements de la crise financière d'août 2007 aux États-Unis et en Europe. Il s'arrête en mars 2008, le mois où la banque d'investissement américaine Bear Stearns est sauvée de la banqueroute par l'État.

Chapitre 3
Le tsunami financier se prépare

Établir une chronologie des événements qui vont conduire à une véritable crise financière en août 2007 et en septembre 2008 est assurément chose utile. Il en est d'ailleurs de très complètes telles celles de la BRI [2008, 2009], de Lybeck [2011] ou de Gorton [2009, 2010]. Mais la recension des faits ne peut dire comment ces événements se sont agencés pour conduire à la crise. Si l'on veut dépasser une approche purement descriptive et mettre au jour les enchaînements de nature causale, il n'est d'autre possibilité que d'utiliser un modèle. C'est ce dernier que l'on va maintenant développer sur un plan qualitatif, c'est-à-dire sans avoir recours à la formalisation mathématique ou économétrique.

Le modèle de la crise financière

Comme on l'a expliqué dans l'introduction à ce livre, le fondement de l'analyse repose sur l'hypothèse d'instabilité financière due à Hyman P. Minsky. Concrètement, cela signifie que la formation et le gonflement de la bulle immobilière traduisent exactement la prédominance de la finance spéculative et de celle de Ponzi dans un segment (au moins) des marchés du crédit – l'immobilier –, prédominance qui conduit tôt ou tard à une crise sous la forme d'un effondrement du prix des actifs et d'une pénurie de liquidités. L'objectif du modèle est alors de déterminer les enchaînements qui ont conduit de l'éclatement de la bulle à la crise d'août 2007, lors de laquelle les unités économiques et les investisseurs ont été contraints de vendre en catastrophe leurs actifs financiers pour se procurer des liquidités, tandis que le marché interbancaire s'asséchait littéralement – le *credit crunch* pour reprendre l'expression anglo-saxonne. À cet égard, le modèle repose sur les interactions entre deux grands mécanismes : la titrisation des actifs immobiliers et l'utilisation du levier par le secteur financier de l'économie américaine.

Leviérisation…

Le levier (*leverage*) d'une unité économique ou financière indique le degré d'endettement auquel cette unité a dû avoir recours pour financer ses activités. Il se mesure par le rapport, le ratio, entre l'**actif total** de l'unité et ses **fonds propres**. (On adoptera les conventions terminologiques suivantes :

l'anglais (*de*)*leveraging* sera rendu par (dé)leviérisation et (*de*)*leveraged* par (dé)leviérisé.)

Pour illustrer la définition, prenons l'exemple d'un fonds spéculatif dont le levier est de 20 et l'actif de 100 milliards de dollars. Dans ces conditions, sa dette se monte à 95 milliards de dollars.Son bilan se présente alors sous la forme :

Actif		**Passif**	
Titres	100	Fonds propres	5
		Dettes	95

Le recours à l'effet de levier démultiplie la rentabilité des capitaux propres d'une société, du moins lorsque les actifs acquis voient leur cours s'accroître. Il est en effet toujours intéressant de s'endetter dès lors que le taux d'intérêt sur la dette est inférieur au taux de rendement des actifs, d'autant que plus le prix des actifs s'accroît et plus leur rendement augmente également. À l'inverse, en cas de baisse du prix de ces actifs, le processus de déleviérisation conduit à l'accumulation de pertes de plus en plus lourdes.

Afin de visualiser ce phénomène, reprenons l'exemple de notre fonds spéculatif et supposons qu'une baisse de 1 milliard de la valeur des titres se produise. Comme le capital du fonds est de 5 milliards, il subit en conséquence une perte de 20% sur ses fonds propres, qui se réduisent alors à 4 milliards. À levier constant – les prêteurs souhaitent bien sûr que l'endettement ne s'alourdisse pas –, la société devra vendre des actifs pour une valeur de 20 millions de dollars, puisqu'elle ne pourra s'endetter qu'à hauteur de 4 × 20 = 80 milliards. Le nouveau bilan du fonds se présente alors comme suit :

Actif		**Passif**	
Titres	80	Fonds propres	4
		Dettes	76

En soi, une telle baisse n'a rien de catastrophique, du moins si elle n'est que temporaire. Par contre, si elle est perdure, elle pourra enclencher une véritable spirale déflationniste. En effet, le prêteur – une banque d'investissement par exemple – inquiet quant à la capacité du fonds à remplir ses obligations va procéder à un appel de marge, c'est-à-dire exiger un apport de liquidités dans le but de se couvrir contre l'éventuel défaut du fonds. Pour faire face à cette demande, le fonds devra soit lever de nouveaux capitaux, ce qui exige du temps et des conditions économico-financières favorables, soit vendre une partie des actifs en sa possession. Naturellement, en cas de vente forcée, les chutes de prix s'accentuent.

De surcroît, lorsque d'autres fonds ou institutions se trouvent dans la même situation, il s'ensuit une course générale à la liquidité. À la limite, tout le monde veut se désendetter et vendre ; personne ne désire acheter, de sorte que le prix des actifs concernés s'effondre. C'est la **spirale de la déleviérisation** dans toute sa splendeur !

… et exposition aux prêts subprime

Quelles sont les sociétés financières américaines qui recourent à l'effet de levier ? Quelle est le niveau du levier pour le secteur de l'économie américaine qui l'utilise ainsi que pour ses composantes ? Le tableau 3.1 permet de répondre à cette double question :

Tableau 3.1 Niveaux du levier en 2007 (milliards USD ou proportion)

	Actif	Passif	Fonds propres	Levier (Actif/ Fonds)
Banques commerciales	10793	9693	1100	9,8
Courtiers/Fonds alternatifs	5397	5226	171	31,6
GSE	1633	1587	66	24,7
Autres	2662	2346	316	8,4
Total du secteur leviérisé	**20485**	**18804**	**1681**	**12,2**

Source : Greenlaw et al. [2008, p. 35]

Note : le poste « Autres » comprend les institutions d'épargne et les coopératives de crédit (Credit Unions)

Ainsi qu'on le constate, le secteur leviérisé comprend essentiellement les banques commerciales, les fonds alternatifs, i.e. spéculatifs, et les courtiers de titres, i.e. les banques d'investissement – ils forment statistiquement une seule catégorie – et enfin les GSE, en d'autres termes Fannie Mae et Freddie Mac. Le levier le plus important est celui de la deuxième catégorie pour laquelle il atteint la valeur de 31,6 ; viennent ensuite les GSE, faiblement capitalisées, et enfin les banques commerciales. En ce qui concerne le secteur leviérisé dans son ensemble, son levier agrégé se monte à 12,2, soit un rapport entre son actif et ses fonds propres de 12 à 1.

La question cruciale qui se pose à présent est celle de savoir si le secteur leviérisé détenait des obligations et des titres *subprime* et dans quelle proportion, en d'autres termes s'il était susceptible d'être affecté par l'éclatement de la bulle immobilière. À lire le tableau 3.2, la réponse est indubitablement positive.

Tableau 3.2 Exposition aux prêts *subprime*

	Exposition (milliards USD)	Exposition en pour cent
Banques commerciales	250	18
Banques d'investissement	75	5
GSE	112	8
Fonds spéculatifs	233	17
Compagnies d'assurance	319	23
Sociétés financières	95	7
Fonds de pension	57	4
Secteur leviérisé	671	49
Autres	697	51
Total	**1368**	**100**

Source : Goldman Sachs ; Greenlaw et al. [2008, p. 2].

De ce tableau, il ressort d'abord que le secteur leviérisé est à près de 50 pour cent, 49 très exactement, exposé aux créances *subprime*. Il faut également relever qu'à l'intérieur de ce secteur, les composantes les plus susceptibles d'être affectées sont les banques commerciales (18%) et les fonds spéculatifs (17%). Les deux autres institutions du secteur le sont moins, les GSE à hauteur de 8% et les banques d'investissement de 5%. À noter cependant que les assurances, une branche de l'économie non leviérisée, est de loin la plus impliquée dans le *subprime* avec un taux d'exposition record de 23 pour cent.

Une synthèse des enchaînements

Puisque le secteur leviérisé est profondément impliqué dans le financement de l'immobilier et spécialement de son segment *subprime*, le modèle explicatif fera fond sur les interactions entre leviérisation et chaîne de la titrisation. Nous en donnons une présentation synthétique en figure 3.1 à la page suivante.

Tel est le fil conducteur qui guidera l'analyse de la panique d'août 2007 et par la suite, celle de la grande crise financière de septembre 2008. Il reste maintenant à mettre de la chair et du sang sur ce qui n'est encore qu'un squelette.

À cette fin, on commencera par analyser les circonstances dans lesquelles la bulle immobilière a cessé d'enfler et d'embellir pour finir par éclater en 2006.

Figure 3.1 Schéma des enchaînements de nature causale

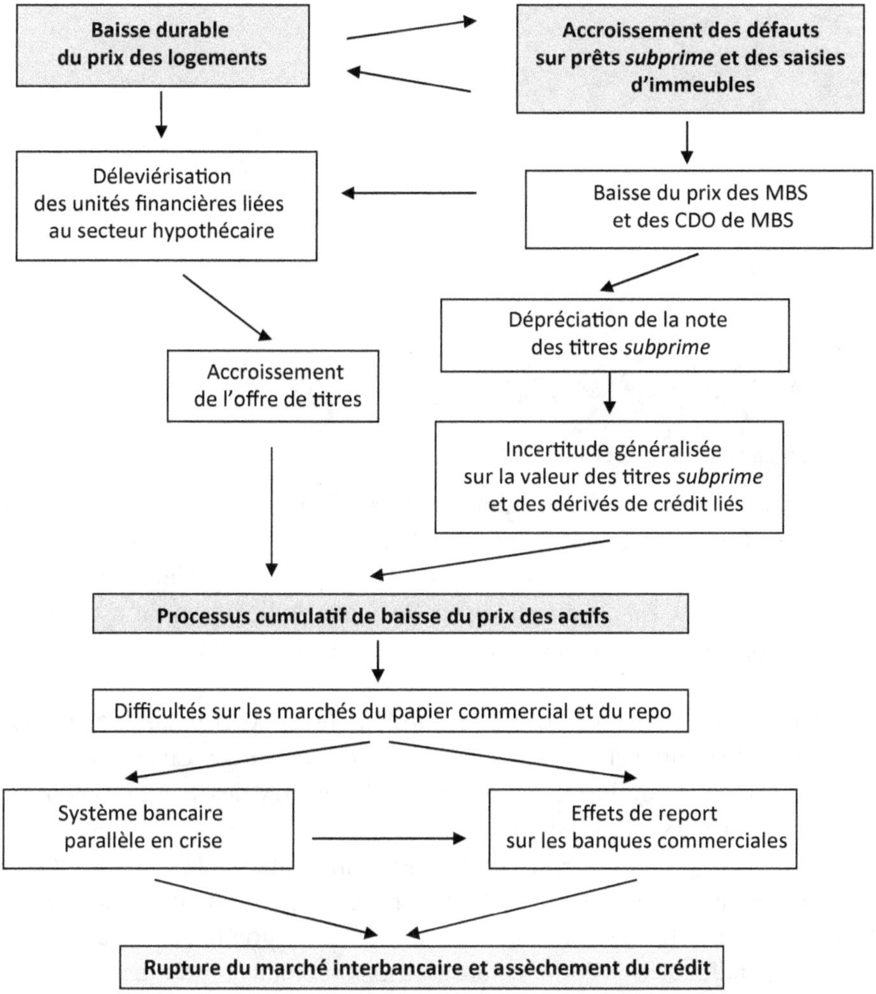

L'éclatement de la bulle

C'est à partir de l'été 2006 que le prix des maisons cesse de croître. La bulle immobilière va alors se dégonfler rapidement et produire un ensemble d'effets qui s'articuleront selon le modèle qui vient d'être exposé synthétiquement.

Le diagnostic

Si l'on se réfère à l'indice Case-Shiller – voyez également le graphique 2.6 au chapitre précédent –, voici comment a évolué le prix de l'immobilier américain entre 2006 et 2010:

Graphique 3.1 Indice Case-Shiller (janvier 2000=100)

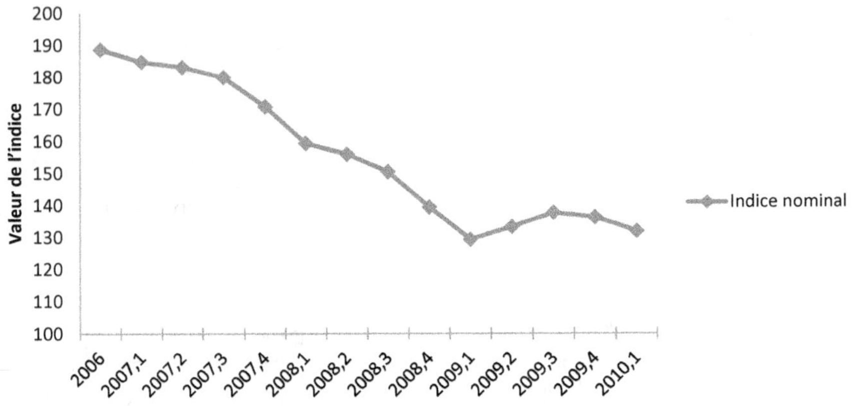

Source: Standard & Poor's ; Case-Shiller

Rappelons d'abord l'impressionnant accroissement de l'indice qui est passé de 100 en 2000 à 188 six ans plus tard. La dégringolade sera plus rapide encore, puisqu'au premier trimestre de 2009, la valeur de l'indice est revenue à 129. En deux ans, le prix de l'immobilier, tel qu'il est mesuré par l'indice Case-Shiller, aura donc diminué de quasiment un tiers – 31,4% pour être plus précis.

Pour trouver une baisse d'une ampleur presque comparable, il faut remonter à la grande crise des années trente du XXe siècle. En effet, d'après le recensement immobilier réalisé en 1940, le prix des habitations avait alors, mais sur dix ans, chuté de 48% !

La perception de la réalité de la bulle immobilière était très limitée – seuls quelques économistes dont Shiller, furent convaincus de son existence. Il en alla bien sûr de même lors de son dégonflement. La mesure utilisée (l'indice Case-Shiller) était d'ailleurs connue de peu de monde et publiée forcément avec retard. De plus, elle ne représentait qu'une moyenne des observations sur une partie des États (fédérés) américains. Aussi y eut-il nécessairement un décalage entre la chute du prix statistiquement confirmée et sa perception sur une échelle de masse – disons cinq à six mois.

En soi, une baisse des prix des habitations, fût-elle d'un tiers en moyenne, n'est pas de nature à provoquer une catastrophe. Paradoxalement, on aurait même pu en attendre quelques corrections sur le marché de l'immobilier, l'élimination des « imprudents » tant du côté des emprunteurs que des prêteurs et *in fine*, un accroissement de la demande de logements résidentiels, devenus plus abordables en raison de la diminution des prix. Ç'eut été le scénario idyllique.

Raisonner de la sorte, c'était oublier que l'on avait affaire à une véritable bulle avec un caractère spéculatif marqué et que la baisse des prix n'était pas un simple retournement passager du marché, mais une inversion de tendance.

Effets immédiats…

La première conséquence de l'éclatement de la bulle immobilière et de la baisse (prolongée) du prix du logement fut de multiplier le nombre d'emprunteurs défaillants et de saisies sur immeubles. Le tableau 3.3 illustre le phénomène tout en précisant qu'il ne prend en compte que des prêts *prime* et *subprime*, négligeant par la même, provisoirement, d'autres formes de crédit: Jumbo, Alt-A, etc . (Pour la bonne compréhension du tableau, il faut savoir que le « taux de défaillance » mesure le nombre de prêts pour lesquels il existe des retards de paiement de 90 jours (au moins) ou qui font l'objet d'une procédure de forclusion[1], aboutissant la plupart du temps à la saisie du logement et à sa vente par l'organisme prêteur, le tout rapporté au total des prêts octroyés.)

Tableau 3.3 Taux de défaillance (en pour cent)

	Prêts « prime »		**Prêts « subprime »**	
	Taux fixe	**Taux variable**	**Taux fixe**	**Taux variable**
Juin 06	0,92	0,63	5,1	7,72
Juillet 06	0,93	0,66	5,11	8,21
Août 06	0,92	0,68	5,11	8,53
Septembre 06	0,91	0,71	5,2	9,1
Octobre 06	0,91	0,75	5,2	9,46
Novembre 06	0,93	0,8	5,24	10,1
Décembre 06	0,87	0,82	5,36	10,7
Janvier 07	0,87	0,85	5,35	11,01
Février 07	0,86	0,89	5,4	11,31
Mars 07	0,81	0,89	5,12	11,31
Avril 07	0,8	0,94	5,15	11,76

Source : LoanPerformance

Le tableau des défaillances livre au moins quatre conclusions importantes:

1. que ce soient pour les prêts « prime » ou « subprime » à taux fixe, il n'y a pas de tendance nette, sur la période envisagée, à l'accroissement du taux de défaillance tel qu'il a été défini ; au contraire, s'il fallait

1 Forclusion est la traduction française du terme juridique américain de « *foreclosure* », qui désigne l'action ou la procédure, d'une durée d'un an en moyenne, à l'issue de laquelle l'organisme prêteur devient propriétaire de l'habitation concernée et peut alors la vendre.

absolument tirer un enseignement des données, ce serait plutôt que ce taux est orienté à la baisse.

2. malgré tout, dès le début des observations, on doit noter que le taux de défaillance relatif aux prêts *subprime* à intérêts fixes est loin d'être négligeable, puisqu'en juin 2006, juste avant le retournement à la baisse du marché immobilier, il se montait déjà à 5,1%, soit un crédit hypothécaire sur vingt.
3. les taux de défaut sur les prêts *prime* et *subprime* à intérêts variables manifeste une tendance à la hausse, mitigée pour les premiers, nette pour les seconds.
4. la progression des défaillances – retards de paiement et saisies – est spécialement marquée pour ce qui regarde les prêts *subprime* à taux variable ; sur 10 mois, le taux correspondant est passé de 7,7% à près de 12%, ce qui représente un accroissement de plus d'un tiers.

En bref, on retiendra que l'éclatement de la bulle immobilière s'est traduit presque immédiatement par une augmentation des défauts sur les prêts *subprime* à taux variables, cette tendance se vérifiant également, mais sur une échelle incomparablement plus faible, pour les prêts *prime* du même type. Or, comme on l'a déjà signalé au chapitre 2, les prêts à taux variable – dits ARM, c'est-à-dire *Adjustable-Rate Mortgages* – représentaient 80 pour cent du total des prêts *subprime*. Autre élément à considérer : le taux de défaillance sur les prêts ARM se situait à un étiage déjà fort élevé (près de 8%) avant même que la bulle immobilière n'éclate en juillet 2006. Une constatation fort similaire vaut pour les prêts à taux fixe, qui en juin 2006, enregistraient un taux de défaut de 5,1%, ce qui est loin d'être négligeable.

... et hausse des taux d'intérêt

Alors que les défauts se multipliaient, un facteur nouveau allait faire sentir ses effets : le relèvement général des taux d'intérêt. On a souligné – voyez le graphique 2.7 au chapitre précédent – que ces taux s'étaient nettement abaissés entre 2002 et 2004. C'est exactement l'inverse qui s'observe en 2005 et 2006, comme on peut s'en apercevoir en prenant connaissance du graphique 3.2.

La hausse du taux d'intérêt effectif – qui représente une moyenne, ne l'oublions pas – est évidemment liée au relèvement du taux des fonds fédéraux intervenu à partir de 2005 : ce dernier passe en effet de 2,28% le 01/01/2005 à 5,25% deux ans plus tard. (Source : Board of Governors of the Federal System.)

Compte tenu de tous ces éléments, voici quels sont les effets immédiats produits par le retournement du prix du logement.

Graphique 3.2 Taux d'intérêt effectif (maisons unifamiliales)

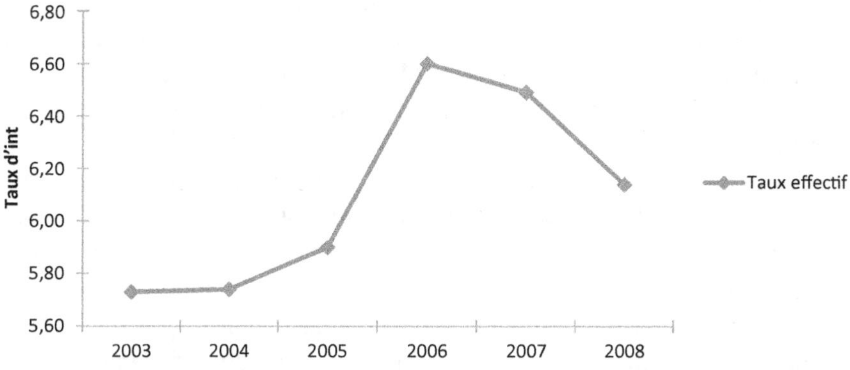

Source : Federal Housing Finance Board ; Monthly Interest Rate Survey

Pendant la croissance de la bulle immobilière, les défaillances sur *subprime*, déjà conséquentes, étaient masquées par les comportements *spéculatifs* qui permettaient aux débiteurs en défaut de revendre leur bien immobilier, puis de rembourser le prêt associé et enfin, d'obtenir un nouveau crédit hypothécaire tout en réalisant même, au passage, un bénéfice.

La chute du prix des logements signe la fin de tels comportements ; désormais, la vente d'une habitation procure au débiteur défaillant une somme qui peut être inférieure au montant du prêt contracté antérieurement et restant à rembourser ; il ne subsiste alors pour ce dernier qu'une seule possibilité, du moins s'il n'arrive pas à obtenir un refinancement : cesser tout remboursement et tomber sous le coup de la procédure de forclusion (*foreclosure*).

Un deuxième facteur explicatif, hors la baisse des prix, de l'accroissement des saisies d'immeubles est relativement indépendant du dégonflement de la bulle du logement. Il est en fait lié aux caractéristiques des emprunts *subprime* qui sont dans leur très grande majorité – on y a suffisamment insisté – des prêts à taux variable. De plus – voyez le chapitre 2 –, ces derniers prenaient très souvent la forme 1/28 ou 1/29 pour une maturité de trente ans, ce qui veut dire qu'après un an ou deux, le passage de taux faibles, plus bas que ceux prévalant sur les marchés, à des taux nettement plus conséquents se marquait par un accroissement sensible des défaillances. Cet effet est d'autant plus marqué que les taux d'intérêt hypothécaires effectifs ont fortement augmenté en 2005 et 2006. En pratique, comme le signalent Mayer et al. [2009, p. 45], la modification des taux – le *reset* – se soldait par un accroissement des mensualités à rembourser de l'ordre de 150 à 250 dollars.

Un processus cumulatif

Les conséquences immédiates de l'éclatement de la bulle immobilière ont été identifiées, mais ce qu'il importe maintenant de bien saisir, c'est la manière dont s'est enclenché un véritable **processus cumulatif**, une spirale si l'on préfère, d'accroissement des défauts et de baisse du prix du logement.

Pour expliquer le processus, supposons une première diminution significative des prix. Elle se traduit par une augmentation du taux de défaillance sur crédits hypothécaires, *subprime* en l'occurrence. L'accroissement des saisies démultiplie le nombre d'habitations entre les mains des sociétés hypothécaires (privées). Celles-ci vont s'efforcer (ce n'est pas acquis !) de les vendre – forcément à perte par suite de la chute des prix. Par ailleurs, elles vont réagir de deux manières : 1) durcir les conditions d'octroi de nouveaux prêts, c'est-à-dire peu ou prou se comporter comme Fannie Mae, Freddie Mac, etc. et ne prêter qu'à des emprunteurs de qualité, « sûrs » ; 2) bloquer de plus en plus le refinancement des emprunteurs *subprime* défaillants et donc multiplier les ventes forcées d'immeubles. Le premier effet aboutit à une baisse de la demande de logements ; le second à un accroissement de l'offre. Résultat : le prix de l'immobilier enregistre une nouvelle chute ; la baisse appelle la baisse et génère à son tour un nouvel accroissement du taux de défaut.

Le processus qui vient d'être décrit peut alors recommencer. Il est véritablement auto-entretenu. Le marché du logement devient ainsi durablement baissier, tandis que le nombre de défauts poursuit sa progression avec une belle régularité. Le tableau 3.4 illustre la continuité de ce dernier phénomène pour le seul secteur des prêts *subprime*.

Tableau 3.4 Taux de défaillance (en pour cent)

2006-4	**2007-1**	**2007-2**	**2007-3**	**2007-4**
13,33	13,77	14,82	16,31	17,31

Source : Mortgage Banker Association ; Gorton [2010, p. 118].

Sur un marché structurellement baissier, les défauts ne se limitent pas au seul segment des prêts *subprime* ; ils gagnent tôt ou tard d'autres compartiments de l'emprunt hypothécaire, notamment les prêts Alt-A[1]. Le graphique 3.3 fait voir l'évolution du taux de défaillance – en fait, il s'agit du taux des « *serious delinquencies* », i.e. des retards de paiement de plus de 90 jours, taux qui s'avère toutefois presque identique à celui des défauts – pour différentes générations (des millésimes) de prêts Alt-A.

1 On sait depuis le chapitre 1 que les prêts Alt-A constituent une catégorie intermédiaire entre les prêts *prime* et *subprime* et qu'ils présentent des risques importants, puisqu'ils sont accordés sans vérification précise des revenus de l'acquéreur, même si ce dernier est supposé être un emprunteur de confiance et avoir un historique sans taches.

Graphique 3.3 Pourcentage des crédits Alt-A défaillants

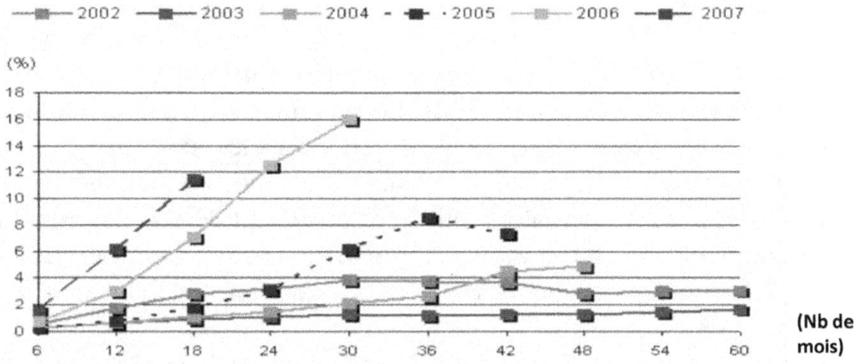

Source : Standard & Poor's

L'accroissement des défauts par millésimes successifs est visible sur le graphique. Alors que le taux correspondant est au maximum de 5 pour cent pour les générations antérieures à 2006, il bondit à 16% pour le millésime 2006 après 30 mois et quasiment à 12% pour le millésime 2007 après seulement 18 mois.

Il s'ensuit *in fine* que la totalité de l'immobilier résidentiel est entraînée, selon une temporalité spécifique à ses différents segments, dans la spirale baisse des prix-augmentation des défauts.

Premières secousses

La baisse du prix de l'immobilier va se répercuter sur les divers maillons de la chaîne de titrisation, qui peu ou prou, dépendent des emprunts *subprime*, puis dans un second temps, sur les sociétés ou banques actives tout au long de cette chaîne.

La titrisation...

Tant au premier qu'au deuxième chapitre de ce livre, on a explicité la manière dont une véritable chaîne de la titrisation s'est mise en place, spécialement à l'occasion de la formation de la bulle immobilière. Rappelons à cet égard quels en sont les éléments principaux :

- d'abord ont été créés sur base de paquetages d'emprunts hypothécaires, des *Mortgage-Backed Securities*, titres plus connus sous leurs initiales MBS, tranchés de manière à obtenir la notation maximale (triple A) pour la couche supérieure *senior* et comportant comme sous-jacent des prêts *subprime* ;
- ensuite, ces MBS ont servi à constituer des CDO, des *Colletarized Debt Obligations*, c'est-à-dire des titres également tranchés, dont les sous-jacents sont des MBS, mais aussi plus généralement des ABS

(*Assets-Backed Securities*) adossés à des prêts automobiles, des cartes de crédit, des prêts étudiants, etc.; ces CDO sont de deux types: 1. les CDO à haute notation confectionnés à partir de tranches notées de AAA jusqu'à A; 2. les CDO mezzanine, ainsi appelés parce que des tranches de MBS notées BBB (la note minimale avant d'être jugé comme un investissement spéculatif) ont servi à les confectionner;

- certaines tranches des CDO mezzanine – les tranches intermédiaires notées AA et A – sont alors retitrisées et servent de sous-jacent à la structuration de CDO au carré, après quoi des tentatives de confectionner sur base des tranches AA et A de ces derniers des CDO au cube, CDO^3;
- enfin – et sans cela le panorama des maillons de la chaîne ne serait pas complet –, des dérivés de crédit ont vu le jour qui permettaient de transférer le risque de crédit associé à un produit déterminé – par exemple les prêts *subprime* – à un acheteur de protection et ce, via un *Credit Default Swap*, soit un contrat d'échanges sur défaut (un défaut, est une incapacité de remboursement des mensualités, une vente forcée de l'immeuble, etc.) ; ajoutons un degré de sophistication et d'ingénierie supplémentaires, des CDS ont eux-mêmes été incorporés dans des lots de CDO pour constituer des CDO dits **synthétiques**.

On a déjà cité quelques chiffres relatifs aux montants des titres concernés par le processus de titrisation. En voici d'autres empruntés à Hu [2007], qui s'appuie lui-même sur des données en provenance de la banque commerciale JPMorgan Chase: en 2005, le total des émissions de MBS *subprime* se montait à 515 milliards de dollars et celui des émissions globales de CDO (y compris donc les titres synthétiques) à 492 milliards de dollars USD. Un an plus tard, les proportions respectives étaient de 296 et 508 milliards de dollars américains. Signalons aussi que toujours d'après Gorton [2010, p. 103], pour les millésimes 2005 et 2006, le total des CDO toutes catégories atteignait respectivement 290 et 468 milliards de dollars. De plus, au sein de cet ensemble, les CDO mezzanine et à haute notation représentaient respectivement 50 milliards et 100 milliards des 468 milliards de 2006.

Quant aux dérivés de crédit proprement dits, leur marché est véritablement colossal: le *survey* 2006 de la *British Bankers Association* estimait le montant notionnel à 20,207 billions de dollars (i.e. 20.207 milliards), tandis que l'enquête réalisée par l'*International Swaps and Derivatives Association* à la mi-2007 avançait le chiffre astronomique de 45,25 billions de dollars américains. Pour sa part, un service administratif US évaluait, toujours à la mi-2007, le montant notionnel à 10,2 billions – voyez Gorton [2010, p. 133] – pour les seules banques commerciales américaines. (À titre de comparaison, le marché américain des obligations d'entreprises ne pèse que 5,7 billions de dollars à la même époque.)

De ces données, il faut tirer la conclusion qu'à la veille de l'éclatement de la bulle immobilière, les CDO « structurés » et les dérivés de crédit avaient décidément le vent en poupe.

Mais la question véritablement importante qui se posait était de savoir dans quelle mesure les maillons « dérivés » de la chaîne de titrisation pouvaient être affectés par la baisse durable du prix de l'immobilier et la multiplication des défauts et des saisies hypothécaires qui, on l'a observé, lui était lié.

... et les prêts subprime

Le tableau 3.5 permet de déterminer dans quelle mesure et sous quelle forme les prêts hypothécaires de basse qualité ont été titrisés :

Tableau 3.5 Prêts *subprime* octroyés et titrisation (milliards de dollars)

	Prêts *subprime*	**Part du total des prêts hyp.**	**MBS adossés aux prêts *subprime***	**Part des prêts *subprime* titrisés**
2002	231	8%	121	52,7%
2003	335	8,5%	202	60,5%
2004	540	18,5%	401	74,3%
2005	625	20,0%	507	81,2%
2006	600	20,1%	483	80,5%

Source : Gorton [2010, p. 83]

Le grand enseignement livré par le tableau 3.5, c'est que la part des crédits *subprime* dans le total des prêts hypothécaires va croissante et qu'il en est de même pour la proportion des crédits *subprime* titrisés : en 2006, un cinquième des prêts sont *subprime* et quatre cinquièmes d'entre eux sont titrisés sous la forme de *Mortgage-Backed Securities*[1](MBS).

Pour ce qui concerne l'exposition des CDO aux crédits *subprime*, les statistiques sont rares, voire inexistantes. Toutefois, une étude sur un échantillon de 420 CDO d'ABS, réalisée par l'Union de Banques Suisses (UBS), a montré que la part des obligations MBS *subprime* dans ces CDO était significative. Le tableau 3.6 fournit un résumé quantitatif des résultats de cette étude. (Pour sa compréhension, les « seconds liens » représentent des prêts hypothécaires à privilège de second rang, c'est-à-dire des prêts garantis par une hypothèque, dont le privilège est d'un rang inférieur au privilège d'une autre hypothèque ; ces prêts sont la plupart du temps utilisés pour verser un acompte sur l'achat d'une propriété et ont une maturité de 15 ans.)

1 Pour être précis, il s'agit en fait des *Residential Mortgage-Backed Securities* (RMBS), c'est-à-dire les titres adossés à des prêts hypothécaires obtenus par des particuliers. Les prêts relatifs à l'immobilier commercial donnent lieu à des *Commercial Mortgage-Backed Securities*.

Tableau 3.6 Nombre de prêts *subprime* dans 420 CDO d'ABS

Millésime	*Subprime*	Alt-A	Seconds liens	*Prime*	Total
2003	215	63	7	144	429
2004	371	252	25	188	836
2005	488	452	62	209	1211
2006	522	487	69	142	1220
Total	1596	1254	163	683	3696

Source: U.B.S ; Gorton [2010].

De toute évidence, même s'il est hasardeux de généraliser les résultats d'une enquête par échantillon à l'ensemble de la population – c'est-à-dire les CDO de toutes espèces –, il reste qu'à coup sûr, le virus *subprime* s'est bel et bien disséminé dans l'ensemble des maillons de la chaîne de titrisation.

Il s'ensuit que la baisse des prix de l'immobilier devait nécessairement se répercuter à tous les niveaux de cette chaîne de titrisation. Les mécanismes théoriques en sont bien connus. D'abord, les MBS subissent de plein fouet les effets du retournement du marché du logement et ce, à deux égards : d'une part, l'accroissement des défauts sur prêts *subprime*, puis Alt-A, se répercute inévitablement sur la rémunération des différentes tranches ; d'autre part, compte tenu que le paquetage (*pooling*) des crédits immobiliers se réalise à partir de créances du même millésime et de la même zone géographique, la corrélation des défauts en est relevée d'autant. Les conséquences ne se font pas attendre : les pertes probables sur les titres tranchés s'accroissent et les MBS eux-mêmes se déprécient fortement.

À un deuxième stade, la dépréciation des tranches MBS se transmet elle-même aux tranches des CDO constituées de titres adossés à ces actifs hypothécaires, ce qui va aboutir à des pertes pour les investisseurs de loin supérieures à celles qui avaient été estimées par les différents modèles des agences de notation :

- l'absence d'indépendance entre les paquets ou lots titrisés – mêmes localisations et mêmes millésimes – relève les perspectives de corrélations de défauts, elles aussi nettement plus élevées que celles prédites par les modèles de valorisation ;
- la probabilité de défaut global est également amplifiée par le relèvement des corrélations, de sorte qu'elle apparaît finalement bien supérieure à celle qui résulte de la simple détérioration de la qualité du crédit des emprunteurs *subprime* ;
- les valeurs anticipées de revente des immeubles saisis se sont avérées nettement moindres que celles prédites formellement ; en cause : les ventes « forcées » (*fire sales*) réalisées dans la hâte et à bas prix, ainsi que la spirale dépressive baisse des prix / hausse des défauts.

Qu'en est-il des CDS ?

Les dérivés de crédit tels les CDS et les CDO de CDS synthétiques encore davantage, sont difficilement valorisables. Certes, ces instruments permettent la dispersion du risque de crédit associé aux actifs sous-jacents parmi (en principe) de nombreux investisseurs. Comme tels, on pourrait penser qu'ils exercent un rôle stabilisateur du point de vue financier. Cependant, ces produits recèlent également un risque propre, qui est double : 1) le risque de corrélation ; 2) le risque de modèle. Expliquons-nous.

Le risque de corrélation surgit parce que CDS et CDO sont adossés à un portefeuille composé de nombreux actifs et qu'ils sont en général émis par tranche. Il en résulte que pour analyser le risque de chaque tranche, il faut procéder en deux étapes : d'abord, évaluer la probabilité de défaut de chacun des actifs inclus dans le portefeuille ; puis estimer, sur base de la détermination des corrélations entre ces actifs, la probabilité de défaut du portefeuille dans son ensemble. Le calcul de ces corrélations joue un rôle crucial dans l'analyse.

Le risque de modèle s'explique par le fait que ces produits sont en général non standardisés, donc non cotés à quelques exceptions près. Puisqu'ils n'ont pas de valeur de marché, il s'ensuit que les investisseurs doivent calculer leur prix théorique en se servant d'un modèle de valorisation. Or, ces modèles sont d'une complexité telle qu'ils sont inutilisables par des investisseurs expérimentés, voire même par des experts.

Cependant, un événement majeur était intervenu au début de l'année 2006, qui résolvait en partie la question de la valorisation des CDS : le lancement des indices ABX. Un tel indice a comme sous-jacent un ensemble de 20 transactions sur MBS (*Mortgage-Backed Securities*) pondérées exactement de la même manière. De plus, il y a également cinq sous-indices qui se réfèrent à la notation attribuée aux différentes tranches de ces mêmes 20 transactions, soit AAA, AA, A, BBB et BBB-. Prenons un exemple – on ne reproduira ici les données que pour deux tranches : la mieux et la moins bien notée – pour apprécier l'apport en information véhiculé par cet indice :

Tableau 3.7 Indice ABX 23 février 2007

Version	**Coupon**	**Prix**	**Plus haut**	**Plus bas**
ABX-HE-AAA 06-1	18	99,54	100,38	99,54
ABX-HE-BBB- 06-1	267	85,17	102,19	85,17

Source : Markit

Quelques mots d'explication sur la signification des données de ce tableau. La **version** d'abord, c'est la référence à la date de lancement de l'indice ; ainsi 06-1 a été lancé le 19 févier 2006, 06-2 le 19 juillet 2006, 07-1 le 19 janvier 2007, etc. (HE est une abréviation pour *Home Equity*, c'est-à-dire les prêts hypothécaires.) Le **coupon** (propre à une tranche) est le pourcentage du montant assuré que l'on doit payer annuellement au vendeur de protection ; il est fixé à la date de lancée de l'indice. (Notez qu'il est exprimé en points de base et que 100 points de base = 1 pourcent.) Le **prix** n'en est en réalité pas un, il représente simplement un plus ou un moins (en pourcentage) sur le coupon : il est toujours égal à 100 initialement, puis varie à la hausse ou à la baisse selon que le risque associé au sous-jacent, les crédits hypothécaires diminue ou s'accroît. (Dans le cas donné, le risque s'accroît puisque le prix est respectivement de 99% et 84%.) Enfin, le **plus bas** (le **plus haut**) est la plus faible (la plus forte) valeur enregistrée depuis la date de lancement de l'indice version 06-01.

On peut déjà tirer de cet exemple la conclusion que la tranche la plus risquée, i.e. celle notée BBB-, a vu son prix sérieusement décroître, ce qui traduit la perception d'un risque croissant associé aux prêts *subprime* sous-jacents. Le graphique 3.4 ci-dessous, relatif au millésime 06-2, corrobore entièrement cette observation.

Graphique 3.4 Indice ABX millésime 06-2

Tranche AAA **Tranche BBB-**

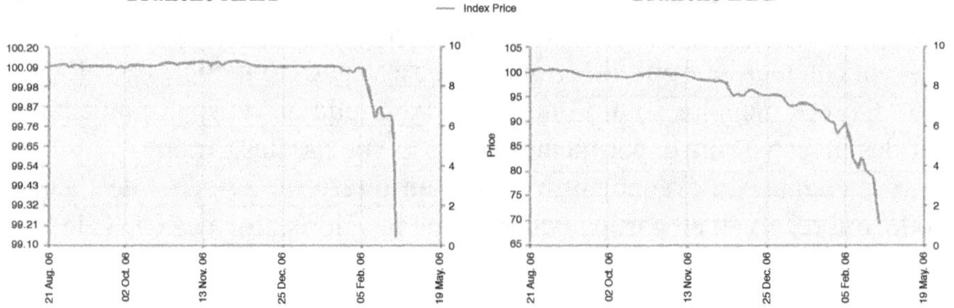

Source : Markit

On constate que l'indice des tranches BBB- a considérablement baissé, puisqu'il se situe à la valeur 69,39 le 23 février 2007 ; son déclin s'est particulièrement manifesté à partir de ce même mois. On peut donc en inférer que les prêts *subprime* – répétons que ces derniers sont associés à la notation triple B – ont été perçus comme de plus en plus risqués, ce qui se reflète dans le fait que la prime pour s'assurer contre les risques de défaut a considérablement augmenté. (Un petit calcul à titre d'illustration : supposons qu'une banque ait pour 10 millions de dollars de prêts *subprime* dans son portefeuille, alors pour s'assurer le 23 février contre le risque de ces prêts via un CDS, elle devra payer, en plus du coupon, un montant additionnel considérable, soit (100% – 69,39%) × \$10 millions = \$3.061.000.)

La situation est meilleure pour les tranches AAA – évidemment moins risquées –, quoique là aussi, mais dans une moindre ampleur, le « prix » de

ces tranches a entamé à partir de février 2007 un mouvement de repli passant à 99,15 le 23 février.
En définitive, le marché des indices ABX – marché de gré à gré, donc non règlementé – a permis de mesurer le risque lié aux crédits *subprime*. Son évolution négative à partir de février 2007 indiquait à coup sûr que ce risque allait croissant...

Des faillites en cascade

Les premières entreprises qui ont été touchées par le retournement du marché immobilier sont les *sociétés de prêts hypothécaires privées*. La plupart d'entre elles vont soit tomber en faillite soit fermer leurs portes ou être reprises par d'autres sociétés, financièrement plus solides. Le mécanisme qui les conduit à leur perte est simple à comprendre. Rappelons d'abord qu'elles étaient les seules à avoir accordé des prêts *non prime* – les GSE (*Government Sponsored Enterprises*) étant contraintes de se limiter aux emprunteurs de qualité, *prime*. La multiplication des défauts et des saisies d'immeubles les affectent directement ; elles accumulent alors des créances douteuses dont la valeur va diminuant, ce qui les conduit à provisionner ces dépréciations dans leurs bilans. Mais un autre effet va jouer négativement : les conséquences de la titrisation des prêts *subprime*. Comme on l'a vu – reportez-vous au tableau 3.4 –, une grande partie des créances hypothécaires, de qualité ou pas d'ailleurs, avait été transformée en titres qui étaient alors vendus à des investisseurs via *Wall Street*. Ces derniers, au vu des défauts des emprunteurs *subprime* qui se généralisent, se posent inévitablement des questions sur la valeur des titres qui y sont adossés. Il s'ensuit la fermeture progressive du marché de la titrisation pour les sociétés hypothécaires privées. Mais s'il ne leur est plus possible de titriser les créances qu'elles détiennent en portefeuille, c'est le sous-marché des *subprime* qui leur est fermé à son tour. Résultat, elles se retrouvent alors prises en tenaille : d'une part, les créances douteuses s'accumulent à leur bilan ; d'autre part, elles ne réussissent plus à se procurer des liquidités. L'issue ne fait alors plus de doute : c'est la faillite ou la recapitalisation par le biais de l'absorption par une entreprise plus solide.

Entre novembre 2006 et septembre 2007, plus de 80 sociétés hypothécaires privées, dont 25 rien que pour la Californie, vont fermer leurs portes. (Source : le *Wall Street Journal Online*, http://online.wsj.com/public/resources/documents/info-subprimeloans0706-sort.html.) La première d'entre elles est la *Meritage Mortgage*, Oregon, qui avait « originé » 2,6 milliards de prêts en 2005[1] suivie de *Netbank* d'Atlanta. Plus important, le 07/12/2006, *Ownit Mortgage Solutions*, basée en Californie, 11e entreprise

1 Dans ce qui suit, lorsqu'on citera le chiffre d'activité d'une société, il désignera le montant, en milliards de dollars, des prêts hypothécaires originés par cette société en 2005.

du secteur par son chiffre d'affaires, 8,3 milliards de dollars de prêts en 2005, est en faillite. Quelques semaines plus tôt, elle était dans l'incapacité de rembourser ses lignes de crédit auprès de JPMorgan et de Merrill Lynch. De plus petites sociétés font la culbute durant le mois de décembre.

Le 2 janvier 2007, une des sociétés du top cinq, *Mortgage Lenders Network USA*, qui avait originé 3,3 milliards de prêts au cours du troisième trimestre de 2006, tombe en faillite. Le même jour, *First Franklin*, 29 milliards de dollars, est vendue à *Merrill Lynch*. Le lendemain *MortgageIT Holdings* de New York, une filiale de la *Deutsche Bank*, 30 milliards de prêts, est vendue. Une dizaine d'autres sociétés, en général petites, ferment leurs portes ou sont vendues durant le reste du mois de janvier 2007.

Le mouvement se poursuit, mais sans s'accélérer, pendant le mois de février 2007. Le 3 mars, *Fremont Investment & Loan*, de Californie, 36 milliards de prêts en 2005, est fermée et revendue progressivement. Le 9 mars, coup de tonnerre, le numéro deux du secteur, *New Century Financial*, basée à Irvine en Californie, 56 milliards de prêts hypothécaires en 2005, se met sous la protection du chapitre 11 et sa faillite sera prononcée au début d'avril 2007. Ses actions seront retirées de la cote au New York Stock Exchange. Le 16 mars, un autre grand – *Ameriquest Mortgage*, 80 milliards – doit fermer. Le 17 avril, c'est au tour de *Option One Mortgage*, Californie, 31 milliards, de prendre le même chemin. Le 3 juin 2007, une des sociétés indépendantes les plus prudentes du marché, qui contrôlait soigneusement ses émissions, *Accredited Home Lenders Holding*, annonce qu'elle cesse d'octroyer des prêts hypothécaires. Commence alors une longue agonie qui se terminera en août 2007 par des licenciements massifs.

L'étau se resserre maintenant autour du numéro un du secteur, *Countrywide Financial*, dont on a vu qu'il comptait parmi les *primary dealers* à l'accès direct aux titres du Trésor et aux opérations d'*open market*. Pour situer son importance, il suffit de signaler qu'à elle seule, cette société représentait en 2005, 17 pour cent des 2900 milliards de dollars brassés par le marché hypothécaire.

Certains fonds spéculatifs ou « alternatifs » (*hedge funds*), particulièrement exposés aux crédits *subprime*, vont aussi commencer à connaître des problèmes durant cette période. C'est ainsi que UBS – l'Union de Banques Suisses – ferme le 3 mai 2007 son fonds *Dillon Read Capital Management*. (Accessoirement, ce simple fait donne déjà une idée du caractère véritablement international de la crise financière qui se prépare.)

Le plus dur est cependant à venir...

Un été 2007 mal engagé

La spirale baisse des prix / accroissement des saisies d'immeuble accompagnée par la faillite de quasiment tout le secteur des sociétés hypothécaires privées spécialisées dans le *non prime* va finir par gagner l'ensemble du marché du logement et au-delà, la sphère financière dans sa totalité.

Agences de notation et déclassement des titres

Les agences de *rating* – la Sainte Trinité, constituée de Moody's, Standard & Poor's et Fitch – avaient été généreuses dans l'attribution des notes triple A aux produits titrisés. En effet, selon Fitch Ratings [2007, p. 14] elle-même, 60 pour cent du total des produits structurés avaient été notés AAA, alors même que seul un pour cent des émissions d'obligations d'entreprises se voyait attribuer le précieux label !

Pourquoi une telle générosité ? On peut bien sûr incriminer de simples intérêts matériels dans le chef des agences. Ce sont en effet les émetteurs de titres qui rémunéraient ces agences par le biais de commissions. Or, ces dernières étaient loin d'être négligeables. Par exemple, d'après He et al. [2011, p. 131], en 2006, au moment du retournement du marché immobilier, la notation des produits financiers structurés par Moody's lui fournissait 44 pour cent du total de ses revenus. C'est donc un élément d'explication du comportement des agences, mais certainement pas le plus important.

La vérité, c'est que les agences de notation, en l'absence de prix de marché pour les produits structurés, ne savaient pas plus que les investisseurs comment valoriser lesdits produits. Par ailleurs, elles étaient prises comme tout un chacun dans le tourbillon de la bulle immobilière. Elles ne soupçonnaient même pas que cette bulle pût un jour éclater et elles tablaient sur la poursuite de la hausse de l'immobilier. À cet égard, Coval et al. [2009, p. 20] rapportent qu'en mars 2007, la société *First Pacific Advisors* s'était rendue compte que « Fitch utilisait un modèle qui reposait sur l'appréciation supposée constante du prix de l'immobilier ». En d'autres termes, le principal problème des modèles de valorisation utilisés par les agences ne résidait pas tant dans les erreurs d'hypothèse commises que dans le fait de ne pas avoir envisagé la possibilité d'une baisse du prix du logement et encore moins, d'une baisse prolongée.

Cela étant, la réalité devait reprendre ses droits. La diminution prolongée des prix de l'immobilier était bel et bien observable au premier trimestre de 2007, les saisies de logements et les faillites des sociétés hypothécaires privées également. Les agences de notation devaient alors nécessairement remettre leur travail sur le métier.

Il est difficile, voire impossible, de rendre compte de l'ensemble des actions entreprises par les trois agences et de leurs résultats. Heureusement, une étude sur échantillon due à l'Autorité des Marchés Financiers [2008] livre un tableau très représentatif de ces actions et des dégradations de notes associées. Il s'agit en fait d'un échantillon de MBS (*Mortgage-Backed Securities*) constitué à partir des MBS adossés à plus de 50 pour cent à des prêts de basse qualité – notation B/C. Cet échantillon *subprime* comprend donc l'ensemble des notations de tranches des MBS modifiées par les agences au cours de la période du 1er janvier 2005 au 30 octobre 2007.

En analysant cet échantillon, plus particulièrement sur l'année 2007, on constate d'abord que le calendrier des dégradations diffère selon les agences : Moody's et Standard & Poor's ont effectué leurs dégradations à raison d'un tiers pendant l'été et à plus de 60 pour cent pendant le mois d'octobre ; Fitch lui a procédé de manière plus lisse durant toute cette période. Voici un tableau qui reprend les actions des trois agences – très majoritairement des déclassements – au cours des quatre journées décisives de l'été 2007 :

Tableau 3.8 Actions des agences

		10 juillet 2007	12 juillet 2007	19 juillet 2007	16 août 2007
Fitch	**Perspectives négatives**	-	7	-	209
	Changements de note	4	2	-	5
Moody's	**Perspectives négatives**	30	-	-	5
	Changements de note	258	12	-	285
Standard & Poor's	**Perspectives négatives**	276	8	-	-
	Changements de note	73	311	169	-

Source : AMF [2008, p. 30]

Sur l'ensemble de la période, donc de 2005 à octobre 2007, à voir le tableau 3.9, on peut conclure que le nombre de tranches dégradées (une fois ou plus) s'est considérablement accru en 2007 et que de plus, si l'on tient compte des multi-notations, il s'agit incontestablement d'un mouvement de déclassement commun aux trois agences. (Le terme multi-notations signifie qu'une tranche est dégradée et/ou mise en perspective négative par deux au moins des trois agences.)

Tableau 3.9 Dégradations et multi-notations

	Tranches dégradées une fois ou plus	**Tranches dégradées par**	
		une seule agence	**plusieurs agences**
2005	50	34	16
2006	263	184	79
2007 (oct.)	4616	3010	1606

Source : Bloomberg ; calculs AMF

Dernier élément d'appréciation : le sens et l'ampleur des dégradations. À cet égard, en comparant l'avant-dernière notation à la dernière, 79 pour cent des tranches notées BBB et BBB- sont passées dans la catégorie « spéculative », i.e. BB, B et CCC à D. Les dégradations ont cependant également touché les tranches les mieux notées. Ainsi – voyez AMF [2008, p. 33] –, sur les 1364 tranches AAA, AA et A, 676 d'entre elles, soit 49 pour cent, ont été déclassées et ont obtenu une note spéculative. Incontestablement, de tels chiffres traduisent la sévérité et la brutalité des modifications opérées, mais aussi, bien involontairement et par ricochet, une certaine légèreté des agences dans leur travail antérieur de notation ! Répétons-le, elles n'avaient jamais, même dans leurs scénarios les plus pessimistes, envisagé une baisse durable et prononcée du prix de l'immobilier. Logiquement aussi, la confiance en la notation des agences devait en prendre un coup...

La généralisation de l'incertitude

Des dégradations aussi massives des titres MBS ne pouvaient manquer de se reporter sur les CDO (*Colletarized debt Obligations*) qui leur étaient adossés, sans parler des CDO au carré. Certes, les agences de notation n'avaient pas en juillet et août revu sur grande échelle les notes de ces produits structurés – cela viendra quelques mois plus tard. Il n'empêche que pour deux raisons au moins, toute analyse un peu poussée de leur mode de confection devait aboutir à un double constat :

- d'une part, malgré l'ingéniosité des assemblages de MBS constitutifs des CDO, il reste que le risque de défaut associé aux seconds n'était pas moindre que celui des premiers dès le moment où la qualité des crédits hypothécaires sous-jacents était basse, voire franchement mauvaise ;
- d'autre part, le processus de sélection des créances hypothécaires aux fins de les assembler ensuite en lots titrisés était tout ce que l'on veut, sauf aléatoire ; tout au contraire, les créances en question provenaient en fait de zones géographiques identiques et de millésimes également identiques ; il s'ensuivait naturellement une forte corrélation des probabilités de défaut — on l'a vu.

De l'examen du mode de constitution des CDO, Coval et al. [2009, pp. 16] ont ainsi pu conclure que « *tous* les facteurs déterminant les pertes moyennes (*expected*) sur les tranches des CDO (...) ont été biaisés en défaveur de l'investisseur ».

En ce qui concerne les CDO^2, confectionnés, rappelons-le, sur base de CDO mezzanine, donc notés BBB ou BBB-, il est bien clair que le fait de les reclasser triple A à la faveur d'un nouveau montage ne faisait en aucun cas disparaître le risque qui leur était inhérent. De plus, comme Coval et al. l'ont montré par simulation, un CDO au carré pouvait enregistrer de fortes pertes, même dans l'hypothèse de petites variations dans les probabilités de défaut et les corrélations entre actifs sous-jacents.

Au total, on était donc fondé à conclure que les effets des déclassements opérés par les agences en matière de notation des titres *subprime* ne se limiteraient pas à ce seul secteur, mais se répercuteraient, par contagion, sur l'ensemble de la chaîne de titrisation.

Plus concrètement, eu égard au bouleversement des notations, c'est une incertitude sur la valeur des produits titrisés adossés aux prêts *subprime* qui se répand chez tous les acteurs concernés. Comme le dit excellemment Orléan [2009, p. 74], « [...] la remise en cause des conventions d'évaluation déclenche un mouvement généralisé de réestimation des risques qui touchent tous les actifs en particulier ceux dont on peut supposer qu'ils sont étroitement corrélés au risque qui est à l'origine de la crise ».

Le résultat principal des modifications des notations des titres *subprime* couplées à une incertitude généralisée quant au risque des produits de la chaîne allait être de démultiplier les difficultés de valorisation de ces produits. Pour tous les acteurs financiers exposés un tant soit peu au risque *subprime*, la question était à présent : que valent les dérivés de la chaîne et comment les comptabiliser au bilan ?

La question était d'autant plus lancinante qu'une modification des normes comptables était intervenue aux États-Unis en 2006 via le *Financial Accounting Standards Board Rule* 157 – en plus court, FAS 157. En bref, la règle était à présent d'utiliser la comptabilisation à la valeur de marché (*Mark to Market*) présentée comme la juste valeur (*fair value*). Cette dernière était définie comme « le prix, à la date de mesure, de la vente d'un actif ou du transfert d'une dette à l'occasion d'une transaction régulièrement ordonnée entre les participants au marché. » (En Europe, des normes équivalentes étaient consignées dans l'*International Financial Reporting Standards*.) Ces nouvelles règles comptables devaient entrer en application pour les exercices postérieurs au 15 novembre 2007. Beaucoup d'entreprises avaient cependant choisi d'anticiper la règlementation et présentaient donc, dès 2007, une comptabilité « marquée au marché ».

Comment toutefois appliquer le principe de la juste valeur aux instruments financiers titrisés ? Par conception, ces nouveaux produits n'avaient pas de valeur de marché établie – on l'a déjà signalé –, tout simplement parce qu'ils résultaient de transactions de gré à gré. Les seuls éléments de prix disponibles étaient les indices ABX (*Asset Backed Index*), que l'on a déjà longuement présentés et utilisés dans ce chapitre. (Rappelons que cet indice s'accompagnait de cinq sous-indices qui se référaient à la notation attribuée aux différentes tranches, soit AAA, AA, A, BBB et BBB-.)

Or, si on examine le comportement de la version la plus récente de l'indice, celle du millésime 07-1, émise donc le 19 janvier 2007, on décèle immédiatement une baisse inquiétante de la valeur de toutes les tranches notées. (On avait déjà fait le même constat pour le millésime 06-2 ; voyez le graphique 3.4.)

Graphique 3.5 Indice ABX 07-1

Tranche AAA

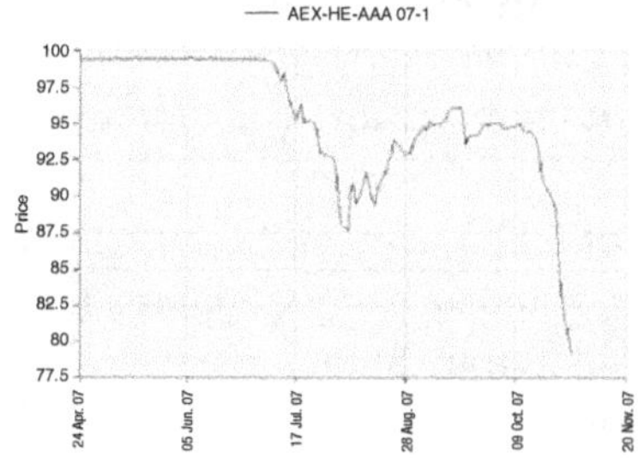

Tranche BBB-

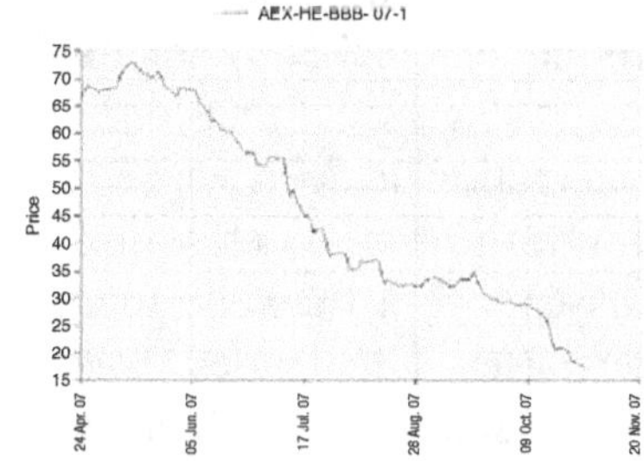

Source : Markit

De toute évidence, à dater de la mi-mai 2007, l'indice des tranches BBB- opère un mouvement de baisse continu qui l'amènera à la valeur 17,36, c'est-à-dire à quasiment rien, en novembre 2007. Une telle chute – presque régulière de surcroît – traduit bien la dépréciation des titres *subprime* et l'incertitude généralisée quant à leur valeur. Plus significative encore est la baisse de l'indice des tranches AAA, les plus sûres et les mieux notées. Là aussi, on constate un processus de baisse, qui démarre plus tardivement, en l'occurrence au début du mois de juillet. L'indice atteint un minimum local à la mi-août, puis marque une pause avant de repartir à la baisse, nettement, en octobre 2007. En novembre, la valeur de l'indice n'est plus que de 79,28. Pour mettre de la chair sur ces chiffres, reprenons un exemple déjà utilisé en supposant qu'une banque détienne pour 10 millions de dollars de titres notés AAA dans son portefeuille, alors pour s'assurer contre le risque via un CDS, elle devra payer, en plus du coupon, négligeable dans ce cas, puisqu'il est seulement de 9 points de base, une somme de plus de 2 millions de dollars. (Le calcul exact donne : (100% – 79,28%) × $10 millions = $2.072.000.)

L'énormité de cette « prime d'assurance » sur un produit qui n'est pas adossé à des prêts *subprime*, mais au contraire à des créances hypothécaires en principe sûres, témoigne de l'incertitude croissante accolée aux instruments titrisés et à leur valorisation. Elle reflète également le fait que tous les compartiments du marché hypothécaire sont à partir de juillet 2007 entraînés dans un mouvement de défiance généralisé. Mouvement qui devait ensuite gagner l'ensemble de la sphère financière à la fin de juillet et en août 2007.

La montée des tensions

Entre le mois de juin 2007 et le mois suivant, les événements vont s'enchaîner pour conduire en août à un commencement de panique et au gel des marchés interbancaires globaux, bref à un début de crise financière internationale.

Des turbulences d'emblée mondiales

On a déjà relevé que la banque UBS – Union de Banques Suisses – avait dû fermer le 3 mai 2007 son fonds *Dillon Read Capital Management* et qu'en soi, il s'agissait d'un événement significatif qui témoignait de la dimension internationale de la « crise du *subprime* ».
La réalité était en effet que les titres MBS et CDO avaient été largement disséminés à l'échelle mondiale et que de grandes banques japonaises, anglaises, allemandes, françaises, etc., étaient tout autant exposées au risque *subprime* que leurs homologues américains. Le tableau 3.10 fournit une illustration chiffrée du phénomène. (Précisons que ces données valent exclusivement pour le *subprime*, mais ne disent rien quant à l'exposition à d'autres types de prêts hypothécaires tels les crédits *Alt-A*, jumbo, etc. ; elles sous-estiment donc l'exposition totale au risque plutôt que de la surestimer.)

Tableau 3.10 Exposition aux prêts *subprime* des institutions non US

	Exposition	
	en niveau (milliards USD)	**en pourcentage**
Banques	262	19,1
Fonds alternatifs	58	4,3
Sociétés américaines	1048	76,6
Total	**1368**	**100**

Source : Goldman Sachs ; Greenlaw et al. [2008]
Notes : 1. le poste « banques » comprend 95 milliards de la filiale américaine de HSBC ; 2. celui des « fonds alternatifs » représente une estimation.

À la lecture de ce tableau, on s'aperçoit que près du quart du risque *subprime* était porté par des établissements non américains, en particulier par de grandes banques internationalisées. D'autres données, relatives celles-là aux pertes effectivement encourues par certains de ces établissements entre janvier 2007 et avril 2008, confirment le constat. Ainsi, sur les dix-sept groupes, toutes nationalités confondues, qui ont enregistré les dépréciations les plus marquées, dix d'entre eux sont non américains. Voici leur liste, dans laquelle les pertes respectives, classées par ordre décroissant, sont présentées comme de simples illustrations (voyez le tableau 3.11 ci-dessous).

Les chiffres de ce tableau se passent de commentaires. On relèvera cependant que l'Union de Banques Suisses est le numéro deux, immédiatement après Citigroup, des pertes subies. Etant donné une telle exposition aux prêts *subprime* et à leurs dérivés, on comprend mieux pourquoi *Dillon Read* a été parmi les premiers *hedge funds* à imploser.

Tableau 3.11 Pertes les plus lourdes (en milliards de dollars)

2. UBS	38,0	**13. Crédit Suisse**	6,3
6. HSBC	12,4	**14. Royal Bank of Scotland**	5,6
8. IKB Deutsche	9,1	**15. Mizuho Financial Group**	5,5
10. Deutsche Bank	7,5	**16. Canadian Imperial Bank**	4,1
12. Crédit Agricole	6,6	**17. Société générale**	3,9

Source: Bloomberg; Crouhy et al. [2008, p. 82]
Note: le numéro qui précède le groupe concerné fait référence au classement des pertes des 17 établissements.

Les acteurs et leurs interactions

Le système bancaire parallèle va être profondément ébranlé par la baisse du prix de l'immobilier et ses conséquences. Certaines de ses composantes ont d'ailleurs déjà en bonne partie disparu ; c'est le cas des sociétés hypothécaires privées, à l'exception de la principale d'entre elles, *Countrywide Financial*. D'autres, telles les GSE para-publiques, qui bénéficient de la garantie de l'Etat, ou encore les *Structured Investment Vehicules*, seront épargnées à ce stade. Par contre, le binôme fonds alternatifs/ banques d'investissement ou plus exactement fonds/*primary dealers*, va véritablement se trouver au cœur de la tourmente.

Les *primary dealers*, c'est-à-dire les négociants-courtiers qui ont un accès direct au marché de l'*open market*, sont peu nombreux – vingt-trois au 31 juillet 2006. On y trouve notamment – voyez le tableau 1.2 au chapitre 1 – les principales banques d'investissement américaines (Goldman Sachs, Lehmann, Bear Stearns, Morgan Stanley, Merril Lynch, etc.), qui en représentent la part la plus influente et la plus significative. (C'est pour cette raison que l'on a placé le binôme fonds alternatifs /banques d'investissement au centre du développement de la crise financière.) Y sont aussi incluses trois grandes banques commerciales américaines (Citigroup, JP Morgan, Bank of America), Countrywide Financial, ainsi que des banques européennes internationalisées telles la Deutsche Bank, Barclays, ABN AMRO et BNP Paribas.

Les négociants-courtiers sont également des intermédiaires obligés pour toutes les opérations de titrisation des prêts hypothécaires. Ce sont eux qui ont assemblé les lots de créances diverses pour confectionner les ABS-MDS, puis les CDO. Ils ont ainsi permis le formidable développement du marché des titres à revenu fixes observé à partir des années 2000. Mais ces *primary dealers* sont aussi les « banquiers » d'un acteur dont on n'a pas jusqu'ici dit grand-chose : les *hedge funds*, littéralement, les « fonds de couverture ».

Ces fonds alternatifs – on parlera indifféremment de fonds alternatifs ou spéculatifs – brassent à l'échelle mondiale des actifs financiers pour un montant estimé par Lo [2010] à un billion de dollars, en d'autres termes 1000 milliards de dollars américains. D'autres données sont fournies par Ferguson et Lasters [2007, p. 50] : à la fin du troisième trimestre de 2006, les fonds gèrent un total de 1400 milliards de dollars, dont 1000 milliards pour les fonds américains, 300 milliards pour les fonds européens et le reste pour les fonds asiatiques. Les plus gros d'entre eux – voyez Cartapanis et Teïletche [2008, p. 187] – avaient, en 2007, des portefeuilles de l'ordre de 20 milliards de dollars.

Le capital propre des fonds est fourni par des investisseurs institutionnels (les fonds de pension, les compagnies d'assurance, etc.), de riches particuliers, à quoi il faut ajouter une partie des avoirs de leurs gérants, qui se rémunèrent sur base de commissions calculées au prorata des performances réalisées. (D'après Cartapanis et Teïletche [2008], il est commun que la commission soit égale à 2% des actifs gérés à quoi sont ajoutés 20% des gains obtenus.)

Les fonds spéculatifs sont spécialisés en gestion alternative, ce qui signifie qu'ils jouent à la fois sur le long terme et le court terme. Techniquement, on dit qu'ils «couvrent» leurs positions longues, acheteuses, qui correspondent à l'anticipation de hausses de prix, par des positions courtes, vendeuses, les anticipations étant dans ce cas orientées à la baisse. Ceci précisé, les *hedge funds* utilisent une multitude de stratégies alternatives aux noms anglais, plus techniques et plus colorés les uns que les autres : *equity market neutral*, *equitity short sellers*, *global macro*, *emerging*, *event driven*, etc. Leur but est d'obtenir les gains les plus élevés possibles pour leurs clients, décorrélés de l'évolution des bourses. (Ceci veut dire qu'ils visent la performance absolue quelle que soient les hauts et les bas boursiers.)

Mais bien sûr, la caractéristique essentielle des fonds spéculatifs est le recours à l'effet de levier. On a vu à cet égard – reportez- vous au tableau 3.1 – que ce levier, c'est-à-dire le rapport entre les dettes d'une unité et ses capitaux propres, se situait à une valeur de 31 pour les *hedge funds* américains. On a vu également que si l'effet de levier démultiplie parfois les gains, il constitue aussi une machine à perdre de l'argent dans certaines circonstances bien particulières, par exemple lorsque le prix des actifs financiers est orienté à la baisse.

Les fonds spéculatifs, qui ont de gros besoins d'emprunt, s'adressent naturellement aux *primary dealers* pour les satisfaire et aussi bien sûr, pour mener à bien les montages de titrisation nécessités par l'utilisation des dérivés. Les seconds ouvrent ainsi de larges lignes de crédit aux premiers et prélèvent de surcroît des commissions sur la confection des dérivés de toute nature. Sans ces prêts continuellement renouvelés, un *hedge fund* risquait de devenir rapidement illiquide et de devoir réaliser ses actifs dans les pires conditions. À l'inverse, lorsqu'une banque connaît elle-même des problèmes de liquidité ou qu'elle a des doutes sur la qualité des actifs détenus par un fonds, elle aura tendance à lui fermer ses lignes de crédit en enclenchant par cela même un processus de déleviérisation qui conduira souvent à la faillite du fonds. C'est la dialectique classique entre fonds et banques. Ajoutons pour compléter le tableau que de nombreux négociants-courtiers ont créé leurs propres fonds spéculatifs internes, qui leur permettaient de développer des stratégies alternatives plus risquées sans trop impliquer financièrement la société-mère.

Les fonds spéculatifs étaient aussi de grands détenteurs de CDO adossés aux crédits *subprime*, comme l'indique le tableau 3.12.

Tableau 3.12 Détention de CDO par les *hedge funds* au début 2007 (en pour cent)

	Assurances	**Hedge funds**	**Banques**	**Asset managers**
AAA	6,9	12,1	14,5	5,8
AA	1,2	4,0	3,5	4,0
A	0,3	4,6	1,4	2,9
BBB	0,6	4,3	0,3	4,0
BB	0	2,3	0,3	0,3
Equity	0,9	19,1	4,9	1,7
Total	**9,8**	**46,5**	**24**	**18,8**

Source: Blundell et Wignall [2007]

Au total donc, les *hedge funds* avaient dans leurs portefeuilles 46% du total des tranches CDO, ce qui n'est pas rien. Cependant, comme on pouvait s'y attendre, ils détenaient une grande partie – approximativement 72% – des tranches *equity*, les plus risquées, mais aussi les plus rémunératrices. Ils étaient donc spécialement exposés à subir des pertes consécutivement à la baisse du prix de l'immobilier et à l'accroissement des défauts parmi les débiteurs hypothécaires.

Pour brosser le tableau complet des acteurs, il faut également signaler que certains grands courtiers-négociants tels Goldman Sachs et la Deutsche Bank avaient commencé à parier sur la baisse des obligations *subprime* dès 2006. (C'est un point délicat et controversé, mais qui paraît maintenant établi ; voyez dans ce sens Roche [2010, p. 73], ainsi que Lewis [2011, chapitres 2 et 3 notamment].) Il peut paraître bizarre *a priori* que ces banques émettrices ou vendeuses d'une multitude de titres adossés à des crédits hypothécaires de basse qualité, « shortent »[1] ainsi le marché. L'explication du paradoxe est simple : Goldman Sachs et Deutsche Bank tout en pariant

1 *Shorter* le marché, c'est vendre à un prix fixé aujourd'hui, un titre ou une action que l'on ne possède pas pour l'acheter à terme à un prix moindre. C'est ce que l'on appelle encore une *vente à découvert*.

sur la baisse des obligations *subprime* se couvraient en achetant des CDS (*Credit Default Swaps*) sur ces titres. Mais ici aussi un paradoxe surgit : pourquoi les deux compères achèteraient-ils une protection en payant un coupon sur une obligation d'une maturité de 30 ans ? La réponse est double : d'une part, le coupon à payer était faible, voire insignifiant du moins au départ (reportez-vous au tableau 3.6 ; même pour l'indice ABX-HE-BBB-, millésime 06-1, le coupon n'était que de 267 points de base (100 points de base = 1 pour cent)) ; d'autre part et surtout, les baissiers n'auront pas à attendre trente ans, puisqu'ils pariaient sur une augmentation rapprochée de la multiplication des défauts – qui s'est effectivement produite.

Les débuts de la panique

L'événement déclencheur de la panique surviendra officiellement le 9 août 2007, lorsque BNP Paribas gèle trois de ses fonds d'investissement. Toutefois, l'enchaînement des faits est complexe et il faut remonter un peu plus haut dans le passé pour le saisir…

Le film des événements

Dès le début du mois de juin, on l'a vu, les trois agences de notation lancent la première vague de révision de leurs notes. Les fonds spéculatifs se trouvent alors en grande difficultés, de même que le négociant-courtier *Countrywide*, par ailleurs – on y a suffisamment insisté – profondément impliqué dans l'octroi de prêts *subprime* et leur titrisation.

Le 20 juin, le bruit se répand que deux fonds internes à *Bear Stearns*, lourdement engagés dans les CDO adossés aux créances *subprime* – *Bear Stearns High-Grade Structured Credit Fund* et *Bear Stearns High-Grade Structured Credit Enhanced Leveraged Fund* – sont au bord de la faillite. Plus précisément, les deux fonds avaient précédemment racheté avec décote des prêts hypothécaires de basse qualité pariant sur une remontée des prix de l'immobilier. Mais ces derniers persistaient à fléchir de sorte que les deux fonds ont vu ces prêts perdre 10 à 20 pour cent de leur valeur. *Merril Lynch*, le numéro quatre du secteur, saisit alors 850 millions de dollars d'obligations investies dans ces fonds, mais il ne réussira pas à en vendre la totalité. Apparemment, JPMorgan et Lehman Brothers auraient menacé d'agir de la même manière…

Deux jours plus tard, le 22 juin, la grande banque d'investissement – *primary dealer* par ailleurs – injecte 3,2 milliards en prêts collatéralisés pour remettre à flot le premier de ces fonds et engage des négociations avec d'autres banques pour tenter de sauver le second. L'orage semble alors passé. Toutefois, le répit ne durera que quelques semaines et le 16 juillet, *Bear Stearns* doit annoncer que les deux fonds ont perdu la quasi-totalité de leur valeur.

Que *Bear Stearns* soit ainsi incapable de sauver ses propres instruments ne restera pas sans conséquences. D'une part, l'incertitude quant à la valeur des produits et titres *subprime* se renforce et se généralise. D'autre part, des investisseurs dans ces fonds engagent une action en justice contre la banque et sa direction leur reprochant d'avoir menti sur leur degré d'implication financière dans les fonds en question. La crédibilité de la banque en prend évidemment un coup et en septembre 2007, elle sera contrainte d'annoncer une réduction de 61% de ses profits consécutivement aux pertes subies par ses *hedge funds*.

Parallèlement, l'hécatombe des sociétés hypothécaires privées se poursuit. Le 8 juin, *Oak Street Mortgage* tombe en faillite. Le 15 et le 17 du même mois, respectivement *First Street Financial* et *The Mortgage Warehouse* ferment leurs portes. Le 16 juillet, l'*Alliance Bancorp* de Californie est déclarée en faillite. Plus significatif: le 31 juillet, *American Home Mortgage Investment*, le numéro dix du secteur de l'immobilier, annonce qu'il ne peut plus financer ses prêts. Une semaine plus tard, le 6 août très exactement, la société se met sous la protection du chapitre 11. (Elle sera plus tard profondément restructurée, dépecée, et abandonnera de fait toute activité dans le secteur immobilier.)

Plus grave encore, le 25 juillet, le géant du secteur de l'immobilier, *Countrywide Financial Corporation*, qui était aussi un des vingt-trois *primary dealers*, fait savoir que ses bénéfices sont en nette diminution et signale de possibles difficultés dans un futur proche. (Voyez Gorton [2008], appendix A.)

Ajoutons pour couronner le tout, qu'au début du mois d'août 2007, un mouvement de déleviérisation massif engendre des pertes considérables pour de nombreux fonds alternatifs (*hedge funds*) – phénomène sur lequel on a beaucoup insisté dans ce chapitre.

Cependant, le fait majeur est que l'ensemble de la planète financière est à présent affectée par les conséquences de la crise des *subprime* et de la titrisation correspondante. À cet égard, la banque allemande *IKB Deutsche Industriebank*, dont le siège social est à Düsseldorf, est le premier établissement européen à se trouver en difficulté. Le 30 juillet 2007, elle doit annoncer qu'elle a subi d'importantes pertes à l'occasion du retournement du marché hypothécaire aux États-Unis. Son conduit – retenez ce terme – *Rhinebridge* s'était révélé incapable de renouveler son papier commercial adossé à des actifs (ABCP), tandis qu'IKB ne pouvait lui accorder la ligne de crédit promise (Brunnermeiér [2009, p. 84]). L'ampleur des pertes de la banque allemande s'explique notamment par ses investissements massifs dans des CDO adossés à des prêts *subprime*. (On sait aujourd'hui qu'IKB – voyez le jugement en date du 16 avril 2010 sur www.sec.gov/litigation/complaints/2010/comp21489.pdf – fut une victime des agissements de

Goldman Sachs. Celle-ci avait en effet émis des tranches de CDO – sous le nom ABACUS 2007-AC1 – dont le sous-jacent était constitué de titres MBS. Comme le dit le jugement, « un grand fonds alternatif Paulson & Co. Inc. (...) joua un rôle significatif dans le processus de sélection du portefeuille. Après la sélection (...), Paulson prit des positions courtes (*shorted*) sur le portefeuille MBS en achetant des CDS à Goldman Sachs (...) Paulson avait été incité à choisir des MBS dont il s'attendait à ce qu'ils subissent des événements de crédit dans un futur proche. »)

Quoi qu'il en soit, devant l'ampleur des pertes subies par IKB, un fonds de sauvetage alimenté par l'actionnaire principal, *Kreditanstalt für Wiederaufbau* (IfW), et par plusieurs établissements privés ou publics, dont la Deutsche Bank, a dû injecter, le 1er août 2007, 3,5 milliards d'euros dans IKB, pour lui éviter la faillite et des répercussions en chaîne sur tout le système bancaire en Allemagne et plus largement, en Europe. On était passé, sans que l'on s'en aperçoive, à deux doigts du risque systémique !

C'est alors qu'intervient la décision de la première banque française, BNP Paribas, le 9 août 2007, de geler trois de ses fonds d'investissement. En cause : l'incapacité de valoriser d'une quelconque manière les produits *subprime* titrisés et structurés.

Vers l'assèchement de la liquidité

L'élément décisif, le facteur de crise qui a été isolé dans les pages précédentes, est la perte de confiance dans les dérivés *subprime* et corrélativement, l'impossibilité d'évaluer les prix des différents maillons de la chaîne de titrisation. L'incertitude fondamentale quant aux prix de ces actifs va conduire au grippage des différents marchés sur lesquels les acteurs financiers peuvent se procurer des liquidités, en particulier les marchés interbancaires, les marchés des prises et mises en pension (repo) et enfin, ceux du papier commercial. Rappelons également – on y a suffisamment insisté, revoyez par exemple le tableau 3.9 – que l'incertitude fut d'emblée « globalisée » à la planète financière internationale, compte tenu de la détention massive de dérivés et d'instruments structurés *subprime* par les grandes banques mondiales non américaines.

Les difficultés de valorisation des titres MBS et plus généralement des produits structurés affecteront donc nécessairement l'ensemble du système bancaire, officiel comme apparent, par divers canaux. D'abord, les banques commerciales et d'investissement sont fortement exposées au risque *subprime* et en conséquence, vu l'impossibilité de fixer un prix pour les instruments en question, elles se méfient les unes des autres et refusent de se prêter entre elles. En termes plus savants, chaque banque est confrontée au risque de contrepartie, c'est-à-dire au risque que son ou ses clients ne puissent la rembourser. Le marché interbancaire a dès lors tendance à se pétrifier et l'offre de liquidités à se réduire d'autant.

Ce phénomène d'assèchement du crédit est encore renforcé par ce que l'on a appelé la dialectique fonds spéculatifs (*hedge funds*) /négociants-courtiers (*primary dealers*). En effet, ces fonds détenaient de grandes quantités de CDO – 46,5% du total exactement, reportez-vous au tableau 3.9 –, dont beaucoup d'entre eux étaient purement spéculatifs, c'est-à-dire avait une note inférieure à BB. Comme ces titres ne valaient virtuellement plus rien en août 2007, les banques et autres *primary dealers* ferment l'accès au crédit pour les fonds. Ces derniers, vu le manque de liquidités, n'ont alors d'autre choix que de vendre des actifs, nécessairement à perte, enclenchant par là un mouvement de déleviérisation et de baisse concomitante de leurs prix.

On peut approximer les difficultés sur le marché interbancaire, aux États-Unis, en recourant à une mesure de l'écart (le *spread*) entre le LIBOR et l'*Overnight Indexed Swap* (O.I.S). Expliquons-nous sur chacun de ces termes. Le LIBOR – London Interbank Offered Rate, littéralement taux interbancaire offert de Londres – est en fait une gamme des taux d'intérêt pratiqués entre banques sur la place de Londres pour des maturités variables : un jour (taux *spot-next* ou *overnight*), une semaine, deux semaines, un mois, deux mois, trois mois, quatre mois, etc., jusqu'à douze mois. (Le plus important est celui à trois mois.) On l'établit, pour chaque maturité, à partir d'une moyenne des taux auxquels seize grandes banques internationales (dix-huit aujourd'hui) déclarent emprunter aux autres banques[1]. Le taux *Overnight Index Swap* – ce que l'on peut traduire par « Contrat d'échange indiciel de taux au jour le jour » – est, aux États-Unis, un swap, un échange de taux d'intérêt, dans lequel un taux fixe, celui des fonds fédéraux à un jour, mais payable dans 3 mois, est échangé contre un taux flottant indiciel qui est une moyenne géométrique des taux fédéraux quotidiens apparaissant au cours des trois mois à venir. Ce dernier est donc le taux des fonds fédéraux effectif ; il peut s'interpréter comme une mesure du taux des fonds fédéraux *anticipé*.

Le LIBOR et l'OIS sont comparables à la fois parce qu'ils portent tous deux sur des prêts non collatéralisés et qu'ils ont une maturité identique. La différence entre les deux taux est généralement minime, de l'ordre de cinq à dix points de base. La faiblesse du spread s'explique par les possibilités d'arbitrage : en effet, une banque peut emprunter une somme déterminée au taux LIBOR, puis prêter cette même somme pour trois mois tout en se couvrant, via un swap, contre le risque que le taux quotidien des fonds fédéraux n'évolue pas à la hausse ou à la baisse durant les trois prochains mois.

---

1 Les choses sont un peu compliquées, parce qu'en réalité, on calcule la moyenne des taux repris dans les deux quartiles centraux.

Si l'écart (LIBOR – OIS) se creuse, cela traduit l'existence de restrictions de l'offre de crédit sur le marché interbancaire. Cet écart est généralement inférieur à 10 points de base, soit 0,1%. Il s'accroît en août 2007 et dépasse alors 40 points de base. Par la suite, il fluctue beaucoup atteignant un pic (provisoire) de près de 100 en septembre.

La conclusion ultime à tirer de l'évolution du spread LIBOR-OIS est donc claire: le marché interbancaire se grippe dès le 10 août aux États-Unis. Le resserrement du crédit (*credit crunch*) est alors une réalité. (On verra au chapitre suivant que la même tendance affecte les marchés interbancaires européens.)

Cependant, le *credit crunch* touche également le système bancaire parallèle via son mode de financement principal: les prises en pension (le *repo*, contraction de «*sale and repurchase agreements*»). On a expliqué en détails au chapitre 1 de ce livre en quoi consistait la technique des prises et mises en pension de titres et comment le système bancaire parallèle pouvait connaître des «ruées» qui sont l'équivalent des retraits de dépôts pour les banques commerciales. Il suffira donc ici d'apporter simplement quelques précisions pour concrétiser le phénomène.

Dans une transaction repo «normale» – voyez la figure 1.2 au chapitre 1 –, le vendeur cède à l'acheteur pour un terme déterminé un titre, le collatéral, et reçoit en échange la quantité de monnaie correspondant à la valeur de marché du collatéral. Toutefois, lorsqu'il existe une incertitude sur la valeur de marché du collatéral ou que celui-ci apparaît très risqué, l'acheteur peut ne verser, sous forme de monnaie, qu'une fraction seulement de la valeur du titre mis en garantie. Ce dernier subit ainsi une *décote* (un *haircut* en anglais). (De telles décotes constituent des retraits d'argent, analogues aux retraits de liquidités visant les guichets des banques commerciales.)

La période ouverte à partir du 9 août 2007 va être caractérisée par la multiplication et la généralisation des décotes sur les titres *subprime* et les produits structurés. D'après l'étude précise de Hördhal et King [2008, p.42], qui compare l'évolution du taux des pensions sur le segment du «vrac»[1] à celui de l'OIS (*Overnight Index Swap*), c'est à cette date que «les taux de pensions deviennent substantiellement plus volatils et [qu'] il devient difficile de se financer à plus d'un mois. (...) Les taux des pensions en vrac ont commencé à baisser vis-à-vis des taux OIS de maturité comparable, ce qui reflète une demande accrue pour les obligations d'État sûres». Par comparaison, les marchés de pension dans la zone euro et en Grande-Bretagne apparaissent nettement plus calmes.

Enfin, il reste à dire quelques mots sur la troisième forme de resserrement du crédit, celle qui affecte le marché du papier commercial. Ce papier,

1 Une pension en vrac est une pension sur un panier d'obligations d'Etat dont le risque est considéré comme très faible.

encore appelé billet de trésorerie, est constitué de titres négociables à court terme ; leur maturité est inférieure à 270 jours et la plupart du temps, elle se situe entre 30 et 50 jours.

Deux entités se financent en bonne partie sur le marché des billets de trésorerie : les **conduits** et les **véhicules d'investissements structurés**. (Ces derniers se différencient des véhicules dédiés ou *ad hoc* (*Special Purpose Vehicles*) en ce qu'ils sont spécialisés dans la finance structurée.)

Comme l'indique le graphique 3.7, l'encours des émissions ABCP atteint une pointe en juin 2007, soit 1189 milliards de dollars, après quoi il décline fortement pour être à peine supérieur à 800 milliards à la fin de l'année 2007.

Graphique 3.7 Encours du papier commercial adossé à des actifs (ABCP)

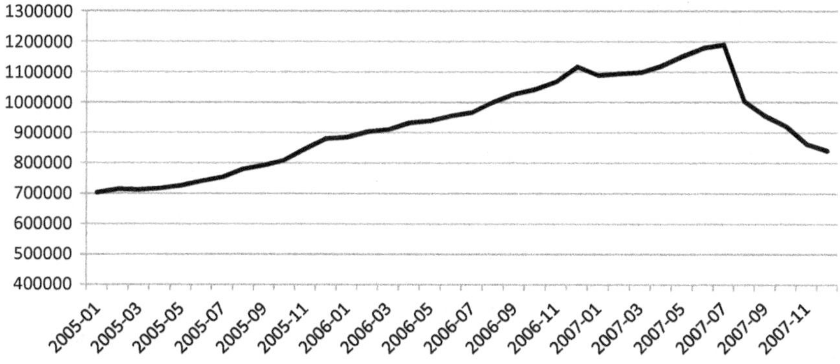

Source : Federal Reserve Board.

Il y a donc une brutale contraction de l'émission de papier commercial adossé à des actifs dès le mois de juillet 2007 et corrélativement, une diminution considérable de l'offre de liquidités par les banques. Le pourquoi de cette nouvelle forme de « *credit crunch* » est simple à comprendre. D'une part, les conduits et SIV avaient investi dans des produits *subprime*. D'autre part, nombre d'ABS et de CDO détenus par ces entités avaient été dégradés par les agences de notation en juin et juillet 2007, déclenchant une incertitude généralisée sur le prix de tous les instruments de la chaîne de titrisation. Dans ces conditions, le papier commercial ABCP, dont l'émission par les conduits devait être renouvelée constamment – en moyenne tous les mois –, avait tendance à ne plus trouver preneur auprès de leurs sponsors, compte tenu que ceux-ci préféraient conserver leurs liquidités de manière à faire face aux pertes sur titres qu'ils enregistraient au même moment.

Marchés interbancaires, du repo et du papier commercial se tarissent donc en août 2007, ce qui provoque une grave crise de financement pour toutes les institutions s'approvisionnant en liquidités de court terme.

Chapitre 4
Le temps des crises

Ce chapitre traite essentiellement des prolongements de la crise d'août 2007 et ce, jusqu'en mars 2008, mois où la banque d'investissement américaine Bear Stearns menace de faire le grand plongeon. Il intègre également dans l'analyse l'occurrence des deux crises jumelles : le retournement des marchés boursiers et la récession qui gagne progressivement, à quelques exceptions près, l'ensemble de l'économie mondiale.

Une périodisation

La crise financière, dont la manifestation la plus évidente est le resserrement du crédit, devint visible aux yeux de tous à dater d'août 2007. Comme on l'a rappelé au chapitre précédent, c'est le gel par BNP Paribas de trois de ses fonds (Parvest Dynamic ABS, BNP Paribas ABS Euribor et BNP Paribas ABS Eonia) qui en a été l'élément déclencheur. À soi seul, ce simple fait suffit à montrer le caractère véritablement international de la lame de fond provoquée par l'éclatement de la bulle hypothécaire aux États-Unis. Il en résulte que les futurs développements de la crise financière se feront sentir désormais au moins des deux côtés de l'Atlantique et qu'il n'est maintenant plus possible de limiter l'analyse aux seuls événements américains.

Au total, la crise financière continuera à sortir ses effets et à s'amplifier tout au long des années 2007 et 2008. Pour apprécier sa temporalité propre, le meilleur critère est celui de la fluidité du marché interbancaire. Dans le chapitre qui précédait celui-ci, on a vu que les épisodes de resserrement du crédit aux États-Unis pouvaient être approchés à partir d'un indicateur : l'écart, le *spread*, entre le LIBOR (*London Interbank Offered Rate*) à 3 mois et le taux OIS (*Overnight Index Swap*, contrat d'échange indiciel au jour le jour d'une maturité de trois mois). Pour apprécier la fluidité des marchés interbancaires dans la zone euro, il suffira de remplacer le taux LIBOR par celui de l'EURIBOR (*Euro Interbank Offered Rate*).

L'analyse du comportement de ces deux indicateurs est riche d'enseignements. De ce point de vue, la lecture du graphique 4.1 montre clairement que la trajectoire des deux *spreads* est fort semblable à ceci près que l'évolution de l'écart de taux est plus heurtée aux États-Unis. Ensuite, on peut distinguer quatre plages temporelles où le différentiel de taux est maximal : mi-septembre 2007, novembre 2007, mars 2008 et surtout, septembre-octobre 2008.

Graphique 4.1 Ecart LIBOR/EURIBOR-OIS

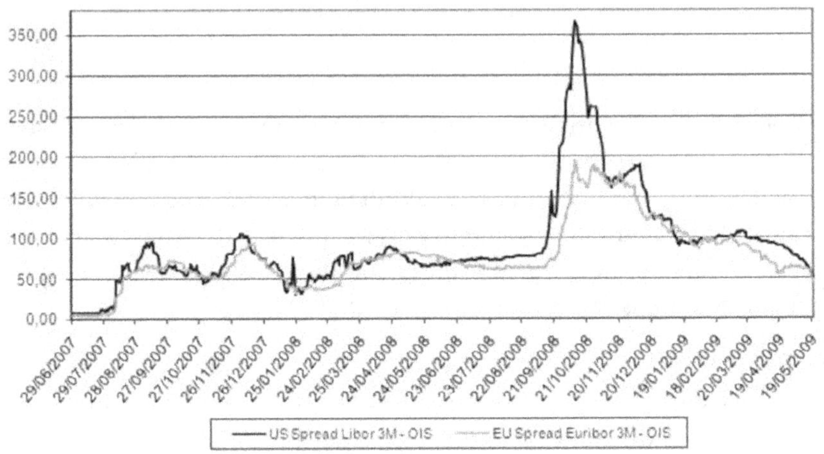

Source : IGIER [2009].

Sur base de ces constations, il est possible de dresser une périodisation commune du déroulement de la crise financière :

- d'août à mi-septembre 2007, c'est la montée de la crise en puissance ;
- de la mi-septembre à octobre 2007, on décèle une courte période d'accalmie ;
- de novembre 2007 à mars 2008, on observe une évolution en dents de scie tant en Europe qu'aux États-Unis, même si la courbe est beaucoup moins lisse pour ce dernier pays : hausse des *spreads* en novembre 2007, diminution en décembre 2007 et janvier 2008, nouvel accroissement des écarts de taux en février et mars 2008 ;
- la période qui va de mars 2008 à mi-septembre 2008 constitue une période d'accalmie ;
- enfin, la crise financière atteint son paroxysme au début d'octobre 2008 (le *spread* est alors de près de 2 pour cent dans la zone euro et de près de 4 pour cent aux USA) ; ce « plus haut » est à mettre en relation avec la faillite de Lehman Brothers qui intervient le 15 septembre 2008.

Sur cette temporalité propre à la sphère financière, viennent s'ajouter le retournement structurel des marchés boursiers qui se manifeste à partir de novembre 2007 et la récession qui, elle, se produit soit le dernier trimestre de 2007 aux États-Unis soit le premier ou le second trimestre de 2008 en Europe.

Tout ceci étant précisé, revenons à notre point de départ, c'est-à-dire aux débuts du *credit crunch* en août 2007.

Les réactions des banques centrales

Les banques centrales directement concernées, à savoir la Banque Centrale Européenne (BCE) et la Réserve fédérale américaine, ne pouvaient rester inactives devant le resserrement du crédit qui menaçait l'économie d'asphyxie.

Injecter massivement des liquidités

Au début du mois d'août, tant la Fed que la BCE décident de ne pas modifier leurs taux directeurs. La première avait réuni le 7 août son Comité d'open market (*Federal Open Market Committee*, FOMC) qui avait décidé de laisser le taux cible des fonds fédéraux à 5,25 pour cent. (Le taux en question est celui auquel les banques se prêtent les unes aux autres.) Dans la déclaration publiée, on ne trouve nulle allusion à la situation difficile des marchés du crédit. Par contre, même si elle reconnaît que l'économie américaine ralentit, la Fed continue à être préoccupée avant tout par les risques d'inflation et se refuse en conséquence à modifier le taux des *fed funds*. La BCE, plus exactement son Conseil des Gouverneurs, avait dans un communiqué daté du 2 août précisé « que le taux de soumission minimal appliqué aux opérations principales de refinancement ainsi que les taux d'intérêt de la facilité de prêt marginal et de la facilité de dépôt demeureront inchangés, à respectivement quatre, cinq et trois pour cent. »

Pourtant, d'après Wessel [2009, chap. 5], dès le mardi 7 août, nombre de signaux parvenaient à Francfort qui tendaient tous à montrer que les banques exigeaient des taux de plus en plus élevés pour se prêter mutuellement des liquidités et qu'en conséquence, le marché interbancaire s'asséchait. Le staff de direction de la BCE décida cependant, malgré l'urgence, de se donner le temps de la réflexion.

Le jeudi 9 août, à 8h30, la BNP Paribas annonçait qu'elle suspendait les opérations de trois de ses fonds d'investissement compte tenu de « l'évaporation complète de la liquidité sur certains segments du marché de la titrisation aux États-Unis. » La BCE, réputée pour sa lenteur, réagit alors très rapidement. À 10h26, elle fait savoir qu'elle est prête à intervenir, mais sans en préciser les modalités. C'est chose faite à 12h32, lorsqu'elle précice qu'elle est disposée à prêter des quantités illimitées de liquidités au taux de 4%. Les banques ont jusqu'à 13h05 pour faire connaître leurs besoins en euros. À 14h, la BCE communique qu'elle a injecté 94,8 milliards d'euros dans le système bancaire. (Elle interviendra à raison de 61 nouveaux milliards d'euros le lendemain.)

Comme l'a dit le président de la BCE de l'époque, Jean-Claude Trichet, « Nous fumes la première banque centrale à réagir immédiatement quand les turbulences financières internationales apparurent pour la première fois». (Interview au *Figaro Magazine*, 23/01/2009, http://www.ecb.int/press/key/date/2009/html/sp090123.en.html) La Réserve fédérale lui emboîtait le pas le 10 août en injectant 24 milliards de dollars et le lendemain, 38 milliards supplémentaires, essentiellement sous la forme de prises en pension au jour le jour.

La Fed baisse ses taux directeurs

Il devint rapidement clair pour les banquiers centraux les plus concernés qu'il ne suffirait pas d'injecter même de très grosses quantités de liquidités dans le système bancaire pour que les turbulences financières cessent. La question posée était de savoir s'il ne fallait pas mettre fin à la politique de l'argent cher mise en œuvre – voyez le chapitre 2 – dès 2004 aux États-Unis, un peu plus tôt dans les autres pays.

De ce point de vue, quelques heures après que la BCE ait annoncé les résultats de son intervention, le président du conseil des Gouverneurs de la Fed, Ben Bernanke, rassemblait sa garde rapprochée – Don Kohn, Kevin Warsh et Tim Geithner, ceux que Wessel [2009, chap. 6] appelle ses « mousquetaires » – pour prendre attitude sur la situation économique, c'est-à-dire selon l'expression de Bernanke lui-même, pour « bleuir le ciel » (*to blue sky*), malgré tout passablement chargé. Comme le souligne Axilrod [2011, p.150-151], avec un taux cible des fonds fédéraux égal à 5,25%, les mousquetaires croyaient avoir trouvé la bonne référence, en termes plus savants, le taux « neutre », susceptible de maintenir sous contrôle les anticipations d'inflation tout en ne nuisant pas à la croissance économique ; les perturbations financières les prirent en quelque sorte par surprise, car ils n'avaient pas imaginé qu'une crise somme toute mineure du marché hypothécaire aurait pu se muer en véritable crise systémique. Pourtant, au sein même de la Réserve fédérale – voyez Wessel [2009, p. 115-116] –, des voix, notamment celle de William Poole, président de la Fed de Saint-Louis, commençaient à se faire entendre en réclamant une politique monétaire plus accommodante. Dans un premier temps, la Fed décida de ne pas bouger, se contentant de préciser dans un communiqué daté du 10 août, qu'elle fournirait « autant de réserves que nécessaire par des opérations d'open market pour promouvoir les échanges sur le marché des fonds fédéraux à des taux proches (...) du taux cible de 5,25 pour cent. »

Toutefois, la Réserve fédérale ne pouvait ignorer l'assèchement des marchés du crédit. Dernier exemple en date : Countrywide, le numéro un des sociétés et banques hypothécaires, mais aussi un « *primary dealer* », avec accès direct à l'*open market*, dont on a déjà signalé les difficultés au chapitre précédent. Le 15 août 2007, cette société qui se finançait en grande partie sur le marché du repo (les mises en pension), n'est sauvée de la faillite que par un prêt de 11,5 milliards octroyé par un consortium de banques. (Elle finira par être reprise par la Bank of America en 2008.) Le lendemain matin, Countrywide rendait public le fait qu'elle avait l'intention d'utiliser la totalité de sa ligne de crédit.

Le soir même, à 18 heures, Bernanke tient une vidéoconférence avec le Comité de Politique Monétaire (*Federal Open Market Committee*, FOMC). Le 17 août 2007, le FOMC publie un communiqué (http://www.federalreserve.gov/newsevents/press/all/2012all.htm), où il se déclare prêt « à agir autant qu'il est nécessaire pour atténuer les effets négatifs provoqués par les perturbations sur les marchés financiers ». Un bel exercice de communication destiné à faire oublier que dix jours plus tôt, ledit comité n'était apparemment préoccupé que par les dangers inflationnistes. Cependant, parallèlement, le Conseil de la Réserve Fédérale (*Federal Reserve Board*) annonce le même jour, soit le 17 août, deux mesures beaucoup plus précises et significatives :

1. la réduction de 50 points de base du taux d'escompte préférentiel (*prime credit rate*) qui passe ainsi à 5,75 %, mesure couplée au maintien du taux cible des fonds fédéraux à 5,25 % ; de cette façon, l'écart entre les deux taux n'était plus que de 50 points de base contre 100 points de base antérieurement.
2. L'autorisation corrélative pour les banques commerciales d'emprunter, au guichet de l'escompte, à trente jours, renouvelables, et plus seulement au jour le jour.

Le 18 septembre 2007, la Réserve fédérale, plus exactement le FOMC, fera un pas supplémentaire en avant et réduira le taux des fonds fédéraux de 50 points de base en le faisant ainsi passer à 4,75 pour cent. (Pour sa part, la BCE allait le 6 septembre laisser inchangé son taux directeur, alors qu'elle avait envisagé de l'augmenter avant la panique d'août 2007.) Le mouvement de réduction des taux était cependant lancé ; il ne s'arrêtera plus !

La crise financière s'amplifie

Les interventions des banques centrales américaine et européenne ne suffiront pas à endiguer l'assèchement des crédits, tout spécialement sur les marchés interbancaires. De plus, les bilans de nombreuses banques vont se détériorer, que ce soit directement ou indirectement via leurs SIV (Structured Investment Vehicles) et leurs conduits. Cependant, c'est de la Grande-Bretagne que viendra la surprise avec une ruée bancaire, largement médiatisée, digne des plus sombres années du XIXe siècle.

Le cas de Northern Rock

Le vendredi 14 septembre 2007, la banque britannique Northern Rock connaît une ruée sur ses guichets – un phénomène qui, comme le souligne Shin [2009, p. 101], ne s'était plus produit au Royaume Uni depuis 1866 !

Au départ, Northern Rock était une société hypothécaire mutualiste (*mutual-form building society*) ; ce n'est qu'au 1er octobre 1997 qu'elle devint une banque sous la forme juridique d'une société anonyme, cotée sur le London Stock Exchange. À partir de la seconde moitié de 1999, elle adopta une stratégie de croissance fondée sur la pratique de la titrisation de ses créances. Cette stratégie fut efficace, en tout cas jusqu'en 2007, puisque, selon Shin [2009, pp. 103-104], le total de ses actifs passa de 17,4 milliards de livres en juin 1998 à 113,5 milliards en juin 2007, soit une augmentation annuelle de 23,2 pour cent. Elle était ainsi devenue la cinquième plus grande banque du Royaume Uni en termes de prêts hypothécaires octroyés.

À noter qu'à la différence des États-Unis, où la pratique de la titrisation s'effectuait par le biais de véhicules dédiés, hors bilan, de la banque-mère, Northern Rock cédait des portions de son portefeuille de créances hypothécaires à une entité appelée « Granite Finance Trustees Ltd », dont les comptes étaient consolidés au bilan de Northern Rock. Précisons également que cette dernière – voyez Bank of England [2007, p. 10] – n'était pas le moins du monde exposée au risque *subprime* : ses créances hypothécaires étaient en effet de première qualité et le marché immobilier anglais, à la différence de l'américain, se portait très bien en 2007.

Cependant, à observer son bilan, on s'aperçoit que la croissance de Northern Rock avait entrainé de profondes modifications dans ses modes de financement. À cet égard, deux éléments particulièrement importants doivent être pris en compte :

1. Les dépôts de la clientèle représentaient en 1998, 60 pour cent de son passif ; neuf ans plus tard, la proportion correspondante n'était plus que de 23 pour cent ; de plus, comme le souligne Shin [2009, p. 104], le gros de ces dépôts provenait non pas des clients traditionnels, mais de comptes postaux ou téléphoniques.
2. Les « notes titrisées » comptaient pour 40,7 pour cent du passif de Northern Rock en 2007 ; toutefois, il s'agissait principalement d'un financement à moyen et long terme ; si l'on se réfère à la liste des émissions réalisées par Granite – voyez Shin [2010, tableau 8.1, p. 139] –, on peut constater, par exemple, que seule une petite fraction des notes de 2006, exactement 23 pour cent, était remboursée l'année suivante. C'est un élément certes positif, mais qui ne doit pas masquer l'existence d'un réel problème de financement à court terme.

Autre élément de fait à prendre en considération : le recours à l'effet de levier par la banque. Si l'on mesure ce dernier par le rapport entre le total de ses actifs et la valeur des actions ordinaires (*common equity*)[1], alors il faut reconnaître que Northern Rock se situait bien au-dessus de la norme, puisque le ratio en question était égal, en 2007, à 58,2. Par comparaison – revoyez le tableau 3.1 –, même les sociétés les plus leviérisées aux États-Unis, les *hedge funds*, utilisaient un levier égal en moyenne à 31,6 ; ce dernier était par ailleurs légèrement inférieur à 10 pour les banques commerciales.

Sur base de ces différents facteurs, il est possible de retracer le fil causal des événements qui ont conduit à la « ruée aux guichets » du 14 septembre 2007. Les problèmes pour Northern Rock commencent en fait dès le début de 2007 lorsque d'une part, rien que pour la première moitié de l'année, les prêts à sa clientèle augmentent de 10,7 milliards de livres et que d'autre part, la valeur de son titre boursier s'affaisse continûment. En effet, comme l'indique le graphique suivant, le cours de l'action Northern Rock avait commencé à chuter dès février 2007 et en juin, il avait perdu 30 pour cent de sa valeur par rapport à janvier 2007.

Graphique 4.2 Cours de clôture de l'action Northern Rock (janvier 2007-septembre 2007 ; en pence)

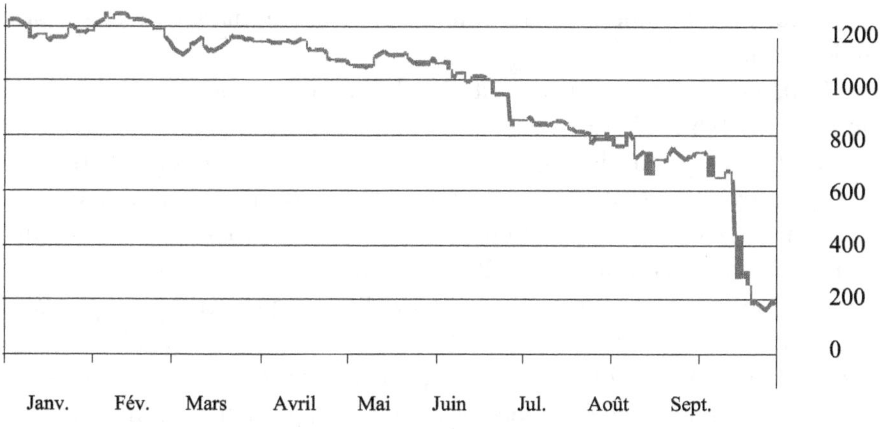

Source : Northern Rock website ; Treasury Commitee [2008].

Les dirigeants de Northern Rock étaient depuis longtemps conscients qu'ils devaient diversifier leurs sources de financement. Ainsi, son Directeur général (*Chief Executive*), Adam Applegarth, affirmait-il dans le rapport du Treasury Commitee [2008, p. 15] que « nous nous sommes remués

1 Cette définition du levier diffère légèrement de celle donnée au chapitre 3, même si elle exprime la même idée ; un tel écart s'explique par la considération des spécificités comptables propres à la Grande Bretagne.

pour avoir quatre plateformes de financement – les dépôts liquides des détaillants, les obligations sécurisées (*covered bonds*)[1], la titrisation et le financement de gros traditionnel – et (...) sur chacun de ces marchés, nous avons recherché la diversification géographique.» Il reste cependant que, comme on l'a souligné plus haut, Northern Rock était très dépendante d'un financement de court terme pour assurer son équilibre bilantaire.

L'élément perturbateur originel s'est produit le 9 août 2007 consécutivement au «*credit crunch*» et au gel des marchés du crédit à court terme, dont l'épicentre se trouvait aux États-Unis, mais qui avait immédiatement affecté l'ensemble de la planète financière internationale. La direction de Northern Rock n'avait pas envisagé que tous les marchés sur lesquels elle s'approvisionnait en liquidités – repo, papier commercial, marché interbancaire – puissent se fermer simultanément à l'échelle mondiale et cela, bien que son portefeuille de collatéraux fût constitué de créances hypothécaires de qualité.

Dans de telles conditions d'assèchement de la liquidité, c'eût été normalement le rôle du prêteur en dernier ressort, i.e. de la Bank of England, de fournir aux banques de second rang les liquidités nécessaires. Malheureusement, cette dernière, à la différence de ses homologues américain ou européen, n'avait pas été très réactive face au *credit crunch* global. En particulier, comme le souligne Buiter [2007], elle s'était contentée d'injecter des liquidités de manière limitée et sur le seul marché interbancaire au jour le jour.

Cependant, dès le mois d'août, des discussions avaient eu lieu entre la direction de Northern Rock et les autorités tripartites – Financial Services Authority chargée de la régulation individuelle des banques, la Banque d'Angleterre et le Trésor. (Ces trois parties étaient habilitées à intervenir ensemble en cas d'existence d'un risque systémique pour le système financier et l'économie britanniques [2008].) Le détail des discussions est donné dans Milne et Wood [2008]. Il suffira de dire ici que deux grandes pistes ont été explorées: la reprise de Northern Rock par un intermédiaire financier de plus grande taille et plus solide; l'ouverture d'une ligne de crédit qui aurait permis à la banque de surmonter ses problèmes de financement. Finalement, c'est cette dernière solution qui prévaudra.

Le vendredi 14 septembre, aux petites heures, un accord était trouvé et le Chancelier de l'Echiquier, autrement dit le Ministre des Finances, devait annoncer dans un communiqué qu'il «autorisait aujourd'hui la Banque d'Angleterre à fournir une facilité de soutien en liquidités à Northern Rock moyennant un apport de collatéral approprié et une prime sur le taux d'intérêt» (Bank of England News Release, 14 septembre 2007). Le problème

1 Les *covered bonds* correspondent aux «obligations foncières» françaises ou encore aux «Pfandbriefe» allemandes.

est que la veille, soit donc le 13 septembre, à 20h30, le BBC avait déjà divulgué l'information que Northern Rock avait demandé et obtenu un soutien financier d'urgence de la Bank of England. Résultat de la fuite largement répercutée par les medias : dans la matinée du 14 septembre, de longues files se forment devant certaines agences de Northern Rock, tandis que son site web est mis hors d'usage suite aux trop nombreux retraits par Internet. La ruée aux guichets s'est autoentretenue, ce qui répondait à une logique des clients de la banque, dont les dépôts n'étaient pas entièrement garantis au-delà de 2000 livres. Finalement, c'est l'annonce, le 17 septembre, d'une complète garantie des dépôts de Northern Rock qui mettra fin aux retraits en cascade. Cinq mois plus tard, le 18 février 2008, la banque renflouée sera nationalisée faute de trouver un repreneur.

Au total, plus qu'une victime de la crise des *subprime*, Northern Star aura été la préfiguration des problèmes qu'allaient connaître les systèmes bancaires nationaux dans une situation de gel des marchés de la liquidité et d'effondrement des bourses.

Une nouvelle vague de déclassements

On a déjà souligné au chapitre précédent que les agences de notation avaient dégradé nombre de titres MBS (*Mortgage-Backed Securities*) en juillet et août 2007. Elles allaient s'engager dans un ensemble de nouvelles dégradations lors de quatre journées clés, les 11, 15, 17 et 19 octobre. Voici un tableau qui résume les déclassements opérés. (Rappelons que ce tableau est basé sur un échantillon de titres MBS, ces derniers étant adossés pour plus de 50 pour cent à des prêts de basse qualité *subprime*.)

Tableau 4.2 Dégradations des notes par les agences (octobre 2007)

		11 oct. 2007	15 oct. 2007	17 oct. 2007	19 oct. 2007
Fitch	**Perspectives négatives**	-	1	-	2
	Changements de note	124	11	-	24
Moody's	**Perspectives négatives**	314	7	11	38
	Changements de note	1325	10	7	126
Standard & Poor's	**Perspectives négatives**	1	3	129	16
	Changements de note	37	178	602	697

Source : AMF [2008, p. 30]

Cette nouvelle vague de déclassements devait générer une incertitude renforcée quant à la valeur de tous les produits titrisés, simples ou structurés, mais aussi jeter un certain discrédit sur le travail des agences de notation. Toutefois, ce n'est qu'en novembre que les dégradations de notes allaient faire sentir leurs effets.

Le premier d'entre eux porte évidemment sur le prix des titres concernés. Sur un plan théorique, même si le raisonnement est moins direct qu'il n'y paraît, la dégradation de la notation d'un titre signifie qu'il est désormais plus risqué aux yeux des investisseurs et qu'en conséquence, son prix doit diminuer. D'un point de vue empirique, i.e. économétrique, deux difficultés se présentent pour estimer une éventuelle relation causale entre le prix des titres et la notation de ces titres :

1. le prix d'un titre structuré n'est pas réellement connu, ce qui implique qu'il faut l'approximer en utilisant un indicateur approprié.
2. bien d'autres variables que le *rating* influencent le cours d'un titre ; en conséquence, il faudrait pouvoir isoler l'effet propre à la seule notation, ce qui, dans ce cas précis n'est pas du tout aisé.

Une étude récente – voyez Ashcraft et al. [2011] – a tenté une telle estimation en résolvant les deux difficultés évoquées. Voici l'essentiel de la méthodologie mise en œuvre par les auteurs.

En premier lieu, ils utilisent un échantillon constitué de 14.192 obligations *non prime* (c'est-à-dire adossées à des prêts hypothécaires *subprime* ou Alt-A) émises sur la période 2001-2007. Ensuite, ils approximent le cours de ces obligations en exprimant leur rendement en déviation par rapport au taux LIBOR à un mois. Autrement dit, le prix de ces obligations est comparé à celui des obligations LIBOR à un mois, virtuellement sans risque, via l'écart des taux de rendement (*yield spread*). Pour information, dans l'échantillon retenu, cet écart, ce spread de taux, est en moyenne égal à 115 points de base, soit 1,15%. Enfin, pour isoler l'effet propre aux *ratings*, ils se servent d'une série de variables de contrôle relatives à la sécurité et aux caractéristiques des prêts hypothécaires sous-jacents, telles que le score de crédit de l'emprunteur, le ratio d'endettement hypothécaire (LTV), la documentation incomplète, etc.

L'étape suivante consiste à régresser chacune des deux variables d'intérêt, c'est-à-dire le spread de taux et la notation initiale des obligations structurées, sur les variables de contrôle mesurant le niveau du risque de crédit associé au titre. (Il est important de retenir que les notations sont discrétisées sur une échelle allant de 1 à 22, de surcroît descendante du point de vue de la qualité : par exemple, AAA=1, AA+=2, etc.)

Les résidus des deux régressions sont alors regroupés sur un graphique qui est reproduit à la page suivante.

Pour interpréter correctement ce graphique, il faut se souvenir qu'il existe une relation inverse entre le prix d'une obligation et son rendement. Ceci signifie que si le cours d'une obligation baisse, son rendement augmente et vice versa. Prenons un exemple pour illustrer cette relation inverse. Soit une obligation achetée à un prix initial de 100 euros et qui rapporte un intérêt de 5%. Supposons que ce prix passe à 105 euros. Le rendement pour celui qui l'acquière à ce prix sera alors égal à (5 × 100) / 105 = 4,7619 %. *In fine*, la hausse du cours du titre s'est accompagnée d'une baisse de son rendement.

Graphique 4.3 Notations de crédit et spreads de taux

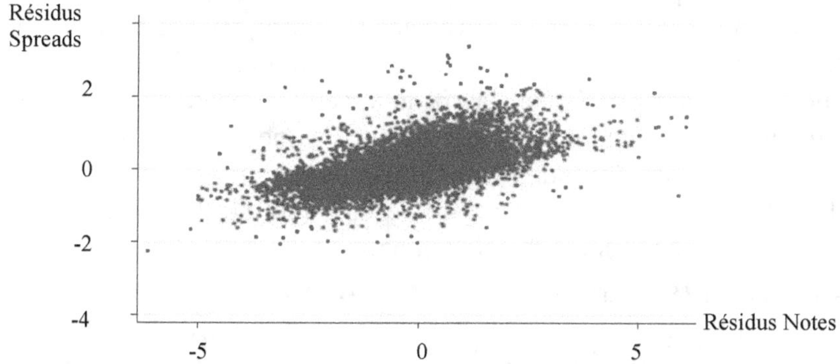

Sur le graphique 4.3, on constate l'existence d'une corrélation positive entre rendements des titres *non prime* et notations ; en d'autres termes, quand les notes attribuées par les agences décroissent et que le risque de crédit augmente, les rendements des titres correspondants se relèvent et donc, leurs prix diminuent en vertu de la relation inverse qui vient d'être énoncée.

Par conséquent, il est justifié de conclure de cette étude que les dégradations de notes vont se solder par une diminution de la valeur des titres structurés déclassés.

La débâcle des SIV

Ce sont les intervenants directs dans la chaîne des produits structurés, particulièrement les véhicules de titrisation, qui seront les premiers à être affectés par la révision générale des notations et la baisse des prix des titres corrélative.

On a déjà vu à fin du chapitre précédent, que ces véhicules avaient connu de gros problèmes de liquidités dès juillet-août consécutivement à la régression des opérations sur le marché du papier commercial adossé à des actifs (*Asset-backed commercial paper*, en abrégé ABCP). Cette fois, les choses sont pires et l'on peut parler d'une véritable débâcle des véhicules de titrisation.

Rappelons d'abord que les véhicules en question relèvent de deux catégories principales : les conduits et les Véhicules d'Investissement Structurés ou SIV (*Structured Investment Vehicules*). Il faut cependant ajouter que les SIV se divisent eux-mêmes en SIV «purs» et en SVI-lites. Tous trois étaient des entités juridiques «hors bilan» créées avec l'objectif de contourner les réglementations prudentielles nationales et surtout, celles résultant des Accords de Bâle I.

Les SIV se différencient des conduits avant tout par le fait qu'ils visent à maximiser le profit de leurs actionnaires, alors que les seconds sont davantage mus par la recherche des avantages liés au hors-bilan. (Pour une synthèse très complète sur les SIV, on peut se référer à Polizu [2007]). Les premiers sont sponsorisés par une banque commerciale, un gestionnaire d'actifs, une compagnie d'assurance ou encore une combinaison des précédents; les seconds dépendent toujours d'une banque.

Le tableau 4.3, largement inspiré de FMI [2008], détaille les principaux traits des trois institutions hors bilan.

Tableau 4.3 Caractéristiques des conduits, SIV et SIV-lites typiques

	Conduit	**SIV**	**SIV-lite**
Actif	• 1400 milliards USD • Actifs traditionnels: 47% • Titres et dérivés: 53%	• 400 milliards USD • Dettes institutions: 28% • ABS: 48% • CDO: 22% • Autres: 2%	• 12 milliards USD • MBS: 96% • CDO: 4%
Passif	• Papier commercial: 100%	• ABCP: 27% • Titres à moyen terme: 66% • Capital: 7%	• Papier commercial • Titres à moyen terme
Liquidités	Couverture contractuelle à 100%	Couverture contractuelle égale à 10-15% de la dette senior	Ligne de crédit partielle et conditionnelle
Risque *subprime*	Moyen	Moyen	Élevé

Source: FMI [2008, box 2.5]

Le fonctionnement d'un SIV apparaît nettement à la lecture de ce tableau. En bref, le véhicule émet de la dette à court et moyen termes et avec les recettes obtenues, il acquiert des actifs de long terme bien notés, si possible triple A. Ces actifs lui procurent un coupon qui est plus élevé que l'intérêt qu'il verse sur les titres émis. Le SIV cherche à maximiser cet écart entre coupon et taux d'intérêt pour le plus grand bénéfice de ses actionnaires.

Dans des conditions normales, c'est-à-dire lorsque les actifs arrivent à maturité sans connaître de défaut, le SIV peut continuer et émettre des titres indéfiniment. Cependant, le point faible de la construction réside dans le renouvellement des apports de liquidité associés au papier commercial, lui-même adossé à des actifs (ABCP). Si pour une raison ou une autre, les investisseurs, par exemple les SICAV monétaires ou les fonds spéculatifs, décident de ne pas renouveler le papier commercial, alors le SIV va devoir vendre graduellement son portefeuille d'actifs et avec les liquidités obtenues, rembourser les titres seniors. Le capital pourra être mis à contribution si les liquidités s'avèrent insuffisantes pour solder la dette senior, notée AAA principalement. Au bout d'un certain temps, appelé la période de défaisance (Polizu [2007, p. 626]), le SIV cesse d'exister, il est éteint et a remboursé la dette senior. Mais que se passe-t-il si le produit des ventes d'actifs ne suffit pas à apurer cette dernière ? Dans ce cas, le ou les sponsors du SIV vont lui ouvrir une ligne de crédit... de manière à « tenir » le temps nécessaire.

Un SIV est par nature extrêmement sensible à la notation de ses actifs. En effet, si certains d'entre eux sont déclassés par une agence, alors non seulement leur prix va diminuer et donc également la valeur de l'actif bilantaire du SIV, mais encore il ne pourra pas renouveler l'émission de son papier commercial adossé aux actifs dépréciés et dégradés. Les investisseurs lui retirent en quelque sorte leurs liquidités : c'est l'équivalent de la ruée bancaire classique.

Or, c'est précisément ce type spécifique de ruée qui se produisit à l'occasion de la deuxième vague de dégradation des notes en octobre 2007. Dès lors, il n'y avait pour les SIV concernés que trois grandes possibilités d'échapper à la faillite pure et simple :

- entrer dans une période de défaisance jusqu'à extinction du SIV ;
- recevoir une ligne de crédit de la part de son ou ses sponsors dans l'espoir que le processus de dégradation des notes cessera de sortir ses effets ;
- être purement et simplement réincorporé dans les comptes de la maison-mère, c'est-à-dire du sponsor.

En s'aidant de Gorton [2010], de FMI [2008] et de Crouhy et al. [2008], il est possible d'établir une chronologie précise de la débâcle des SIV consécutive aux vagues de dégradations des notes de l'été et de l'automne 2007 :

- Cheyne Finance PLC, dont le sponsor est le hedge fund londonien Cheyne Capital Management, est, d'après Gorton [2010], le premier SIV à être défaillant et ce, dès le 5 septembre 2007 ; des négociations sont entreprises avec quatre banques pour sa reprise et le 19 octobre, il est déclaré insolvable par les tribunaux ; son aventure se terminera en juin 2008 lorsqu'il sera restructuré par Goldman Sachs ;
- La banque britannique HSBC (Hong Kong & Shanghai Bank Company) est la première banque à reprendre, le 28 novembre 2007, 45 milliards USD d'actifs de deux de ses SIV dans son propre bilan ;

- D'autres banques suivront rapidement le même exemple: le 5 décembre, Standard Chartered Bank réincorpore un montant de 1,7 milliard USD dans son bilan; le lendemain, le 6 décembre, Rabobank fait de même, mais pour un montant de 7,6 milliards; c'est ensuite au tour de Citigroup de reprendre dans son bilan 49 milliards d'actifs de six de ses sept SIV, le 13 décembre 2007;
- La Société Générale ouvre, le 11 décembre 2007, à son SIV Premier Asset Colletarized Entity Ltd, une ligne de crédit d'un montant de 4,3 milliards de dollars;
- Le 21 février 2008, Dresdner Bank annonce qu'elle a octroyé à son SIV K2 Corp. un filet de sécurité sous la forme d'une facilité d'au moins 17 milliards de dollars destinée à couvrir la dette senior du SIV en question.

La saga des SIV se poursuivra tout au long du premier semestre de l'année 2008. En octobre, la débâcle sera complète, puisque les véhicules structurés auront purement et simplement disparu de la carte financière.

Du côté des banques

Les grandes banques commerciales n'ont pas seulement dû reprendre les dettes des véhicules de titrisation qu'elles géraient ou qu'elles conseillaient. Elles ont elles-mêmes enregistré de nombreuses dépréciations causées par le déclassement des produits titrisés qu'elles détenaient en portefeuille. Les banques d'investissement subissaient parallèlement le même sort.

Or, les dépréciations comptables des actifs bancaires vont se multiplier à l'issue de la seconde vague des déclassements opérés par les agences de notation. On se limitera ici, pour illustrer le phénomène, à un seul exemple, celui de la plus importante banque commerciale américaine: Citigroup.

Cet assemblage protéiforme enregistra de fortes pertes dues à la dévalorisation de ses actifs et fut par ailleurs astreint à renflouer ses SIV au nombre de sept (Beta, Centauri, Dorada, Sedna, Zela, Vetra et Five finance). Voici le détail des opérations telles qu'elles figurent dans FMI [2008, p. 68]:

- le 15 octobre 2007, Citigroup comptabilise 6,5 milliards USD de pertes sur actifs pour le troisième trimestre de cette année-là;
- le 13 décembre 2007, la banque doit renflouer six de ses sept SIV – voyez au point précédent – pour un montant total de 49 milliards USD;
- le 15 janvier 2008, elle enregistre de nouvelles pertes de 18,1milliards USD sur le dernier trimestre de 2007.

On pourrait évidemment multiplier les exemples. Mais à ce stade, il est déjà clair que les banques exposées aux défauts des emprunteurs *subprime* et des titres y adossés ont encouru des dévalorisations massives sur leurs actifs titrisés et en même temps, ont octroyé des lignes de crédit à leurs SIV, ce qui s'apparentait à un accroissement de leurs prêts.

Ces conclusions se vérifient au plan global. Si l'on se réfère à Cecchetti [2009, p.63], du 8 août au 26 décembre 2007, les crédits accordés par les banques américaines ont augmenté de 544 milliards USD. Par contre, l'accroissement des crédits ne sera plus que de 60 milliards USD durant les huit premières semaines de 2008.

L'interprétation de ces données chiffrées n'est guère problématique. Dans un premier temps, pour sauver leurs SIV, les banques ont dû gonfler leurs crédits, ce qui ne s'est plus vérifié à dater de l'hiver 2008, moment où s'est installé une nouvelle phase d'assèchement du crédit (*credit crunch*).

Quoi qu'il en soit, les dévalorisations d'actifs et l'accumulation de créances douteuses devaient nécessairement se répercuter sur les bénéfices et la situation comptable des banques. C'est ce que l'on peut constater en prenant connaissance du tableau 4.4. (À noter que les données du tableau sont établies sur base d'un échantillon représentatif des banques des pays concernés.)

Tableau 4.4 Rentabilité des grandes banques selon les normes IFRS (en pour cent de l'actif moyen)

	Bénéfice avant impôt			Provisions pour créances irrécouvrables		
	2005	2006	2007	2005	2006	2007
Suisse	0,66	0,87	0,31	0,00	0,00	0,01
Allemagne	0,38	0,55	0,28	0,06	0,07	0,04
Espagne	1,15	1,51	1,65	0,23	0,33	0,41
France	0,76	0,87	0,41	0,06	0,06	0,09
RU	0,87	0,97	0,67	0,23	0,27	0,23
Italie	1,23	1,12	0,88	0,23	0,26	0,25
Japon	0,66	0,67	0,50	0,12	0,15	0,13
USA	1,93	1,82	1,02	0,2	0,2	0,56

Source: BRI [2008].

Plusieurs constatations peuvent être tirées du tableau 4.4:

1. en premier lieu, toutes les banques reprises dans l'échantillon, à l'exception des espagnoles, connaissent une baisse de rentabilité en 2007 par rapport à l'exercice précédent; cette baisse est particulièrement marquée en Suisse, en Allemagne, en France et aux États-Unis.
2. L'évolution des provisions est plus heurtée que celle de la profitabilité: si elles s'accroissent dans certains pays, notamment en France, en Espagne et aux États-Unis, elles diminuent ou restent quasiment

stables (en pourcentage) dans les autres pays repris dans le tableau ; cependant partout, ces provisions ne représentent qu'une faible part de leur actif.

Au total, tant les données relatives aux dépréciations comptables opérées par les banques commerciales que celles concernant leur profitabilité indiquent que la crise financière les impacte désormais fortement.

À nouveau les banques centrales

Les banques centrales, en particulier la Fed américaine, ne pouvaient rester indifférentes face à la détérioration de la rentabilité et surtout, de la solvabilité de leurs grandes banques. On a vu au début de ce chapitre que tant la réserve fédérale que la Banque centrale européenne (BCE) avaient injecté de grandes quantités de liquidités dans leurs systèmes bancaires respectifs au mois d'août 2007, dans l'espoir de ranimer le marché interbancaire quasiment éteint. À cette occasion, la Fed avait entamé un processus de diminution de ses taux directeurs, qui s'avérera durable : en l'occurrence, elle avait réduit de 50 points de base l'écart entre le taux d'escompte et celui des fonds fédéraux de 50 points de base. Par la suite, à trois reprises entre septembre et décembre 2007, elle abaissera simultanément son taux cible (*federal funds rate*) et son taux d'escompte (*primary lending rate*), soit :

- le 18 septembre, les deux taux sont abaissés de 50 points de base (1/2 pour cent) ;
- le 31 octobre, nouvelle baisse de 25 points de base ;
- enfin, le 11 décembre, la banque centrale américaine diminue à nouveau ses taux de 25 points de base.

Cependant, dès décembre 2007, il apparaît que cette politique monétaire résolue ne donne pas les résultats escomptés et qu'en particulier, le marché des prêts interbancaires demeure tout aussi atrophié qu'il l'était en août de la même année. Cette dernière constatation vaut tout spécialement pour les États-Unis.

On a déjà expliqué – notamment au début de ce chapitre ; voyez le graphique 4.1 – que le meilleur indicateur des tensions sur le marché interbancaire était fourni par le spread, l'écart entre le taux d'intérêt sur le LIBOR à trois mois, i.e. le taux des prêts que se font les banques entre elles, et le taux OIS (*Overnight Interest Swap*) pour la même échéance. En général, dans les périodes calmes, cet écart ne dépasse pas un dixième de pour cent, soit dix points de base. Par contre, il peut se creuser et atteindre 100 ou deux cents, voire 300 points de base, dans les périodes de tension marquées par le refus des banques de s'octroyer mutuellement des prêts.

Voici un graphique qui fait voir comment le spread a évolué entre février 2007 et mai 2008 – c'est en quelque sorte un zoom d'une partie du graphique 4.1, celle qui concerne les États-Unis.

Graphique 4.4 Spread LIBOR-OIS

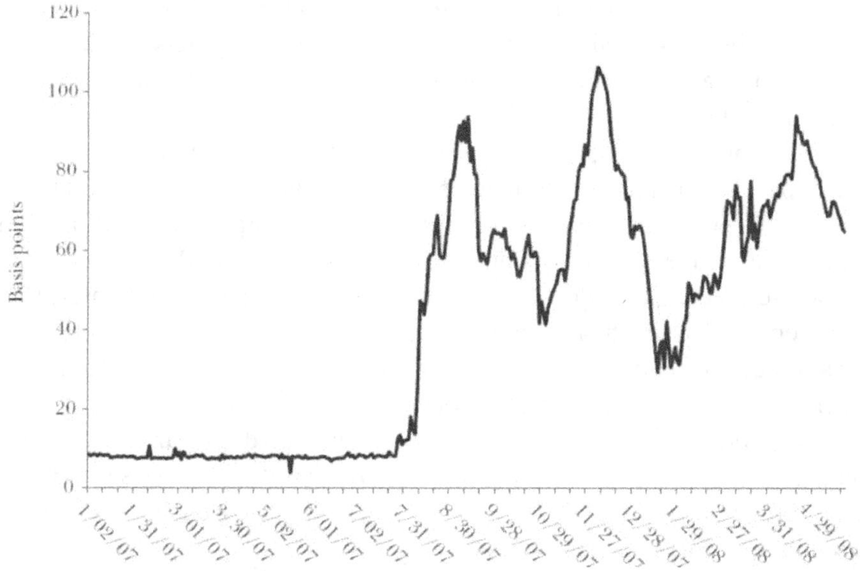

Source: Greenlaw et al. [2008] ; Cecchetti [2009]

L'examen du graphique confirme que le spread de taux est resté bas jusqu'au mois de juillet 2007, après quoi il a grimpé quasiment à 100 points de base fin août. Une décrue s'observe en septembre et octobre, mais sans jamais revenir à des niveaux comparables à ceux qui prévalaient avant le *credit crunch* d'août 2007, phénomène qui confirme le maintien des tensions sur le marché interbancaire. Le *spread* amorce toutefois une nette remontée à partir de novembre pour atteindre plus de 100 points de base à la mi-décembre 2007, soit la valeur la plus élevée depuis le début de la crise financière.

Pour la Fed américaine, l'évolution en dents de scie, mais à des niveaux inédits, de l'écart des taux témoignait de ce que sa politique d'injection de liquidités et de diminution du taux directeur ne parvenait pas à ranimer le marché interbancaire. C'est pourquoi elle se décida à frapper un grand coup et annonça, le 12 décembre 2007, la création de la Facilité d'adjudication de titres à terme (TAF, soit *Term Auction Facility*).

De quoi s'agissait-il ? Sur le fond, la Facilité TAF – pour plus de précisions, on renverra à Armantier et al. [2008] ainsi qu'à Cecchetti [2009, pp. 65-68] – constituait un mécanisme destiné à injecter des fonds dans le système bancaire étatsunien. De prime abord, elle combinait certains traits de la politique d'open market, dont les seuls bénéficiaires sont, comme on l'a expliqué au chapitre 1, les *primary dealers*, les spécialistes en valeurs du Trésor[1], et de celle du taux d'escompte, ouverte pour sa part à toutes les banques commerciales. (Aux États-Unis, le taux d'escompte est techniquement nommé le «*primary lending rate*».) De la première, elle retient la possibilité d'approvisionner les intermédiaires financiers en liquidités moyennant l'apport de collatéral approprié en nantissement ; de la seconde, l'accès à la Facilité pour tous les intermédiaires bancaires.

On a montré au chapitre 1 que le guichet de l'escompte n'était guère prisé par les banques américaines qui craignaient d'être stigmatisées comme illiquides, insolvables ou à tout le moins, en proie à des difficultés de financement, en cas de recours au guichet en question. Pour cette raison, la facilité TAF était fondée sur l'anonymat des banques participantes. Plus précisément, le mécanisme était basé sur une enchère (*auction*), une adjudication concurrentielle, anonyme, dans la mesure où nul soumissionnaire ne pouvait se voir attribué plus de dix pour cent du total de l'adjudication, où le nombre de propositions était au maximum de deux par participant et où également, la taille minimale d'une offre était de 5 millions (au départ 10 millions) de dollars USD, ce qui rendait en théorie l'enchère accessible à toutes les banques commerciales.

Pour être concret, prenons un exemple du mode de fonctionnement d'une adjudication typique qui sera décrit sur base d'Armantier et al. [2008, p. 7]. Toute l'opération est conduite par les douze banques fédérées et s'adresse aux banques commerciales de leur ressort. À 10 heures du matin, la Réserve fédérale annonce l'adjudication en y incluant un ensemble d'informations :

- les banques qui peuvent soumissionner et la plage horaire correspondante (de 11h à 13h) ;
- le montant soumis à adjudication, par exemple 50 milliards de dollars ;
- le minimum et le maximum des offres individuelles, habituellement 5 millions et 5 milliards de dollars USD respectivement, cette dernière somme, on l'a déjà noté, ne pouvant représenter plus de 10% du total de l'adjudication ;
- le taux d'intérêt minimal à appliquer aux soumissions ; en pratique, il s'agissait du taux OIS, donc d'un taux au jour le jour ;
- l'échéance du prêt de monnaie (en général de 28 à 35 jours).

À partir de 11 heures du matin, les banques soumettent leurs offres à leur Banque de Réserve fédérée par téléphone. Le lendemain à 10 heures, la Réserve fédérale publie les résultats de l'enchère. Deux jours plus tard, les banques qui ont emporté l'adjudication voient leur compte crédité. Elles rembourseront alors les prêts consentis 28 ou 35 jours plus tard.

1 Au chapitre 1, on a aussi proposé le terme de maison de courtage pour traduire *primary dealer*.

Ajoutons encore deux précisions. D'abord, l'adjudication est à taux unique, ce qui signifie que le taux d'intérêt appliqué à toutes les offres est égal au taux d'intérêt marginal, c'est-à-dire à celui pour lequel le montant total à adjuger est atteint. Ensuite et surtout, la gamme des titres pris en garantie est très large, beaucoup plus large que ceux, exclusivement de première qualité, triple A, etc., acceptés dans le cadre de la politique d'open market.

Enfin, il faut bien comprendre que la Réserve fédérale, lorsqu'elle octroie un prêt à une banque via le mécanisme de la facilité TAF, *stérilise* dans un même mouvement l'emprunt accordé, ce qui signifie qu'elle mène des opérations d'open market en vendant des titres pour compenser le prêt qu'elle a effectué. Le bilan agrégé des banques de détail comprend donc autant de réserves liquides après l'obtention d'un prêt TAF qu'avant son octroi. Quant au bilan de la banque centrale, sa taille n'est pas modifiée ; simplement le poste « prêts » s'accroît et celui des titres fermes (*outright securities*) diminue d'autant.

Cependant, l'action de la Réserve fédérale n'était pas à usage interne exclusivement. En effet, le communiqué du Conseil des Gouverneurs annonçant la création de la TAF (www.federalreserve.gov/newsevents/pressmonetary/20071212a.htm) ajoutait qu'il était prévu « l'établissement de lignes de swap de change avec la Banque Centrale Européenne et la Banque Nationale Suisse. » La BCE et la BNS utiliseront ces lignes pour financer, respectivement dans la zone euro et en Suisse, des adjudications de crédits à terme libellés en dollars, ce qui permettra aux banques concernées de satisfaire leurs besoins de financement dans cette monnaie. (En complément, ajoutons aussi que le 12 décembre 2007 également, il y eut une déclaration conjointe des banques centrales de cinq zones monétaires : la Réserve fédérale, la BCE, la BNS, la Banque du Canada et la Bank of England.)

Les crises jumelles

Comme on l'a déjà signalé, deux autres crises vont surdéterminer celle qui perturbe le secteur financier : boursière d'une part, lorsque les cours commencent un long mouvement de baisse dès novembre 2007 ; économique d'autre part, quand la récession gagne les États-Unis en décembre 2007 avant de s'étendre progressivement au reste du monde, avec quelques exceptions cependant pour les pays émergents.

La chute des cours boursiers

Les bourses n'avaient pas été trop affectées, sauf momentanément, par les turbulences qui ont atteint les marchés du crédit en août 2007. Il n'y a donc pas eu d'effets de report immédiat des problèmes des marchés du crédit de court terme sur la bourse. Comme l'indique le tableau 4.5, la tendance à la baisse n'interviendra que quelques mois plus tard, en novembre. (Pour la bonne compréhension de ce tableau, signalons que EMBI+ signifie «Emerging Market Bond Index plus», MSCI, EAFE et EM, respectivement «Morgan Stanley Capital International», «Europe, Australasia and Far East» et «Emerging Markets».)

Tableau 4.5 Rendements totaux mensuels sur différentes classes d'actifs (juillet 2007 à janvier 2008 ; en pour cent)

	Août-07	Sep-07	Oct-07	Nov-07	Déc-07	Jan-08
Standard & Poors (S&P) 500	1,5	3,7	1,6	-4,2	-0,7	-6
Financières S&P	1,5	2,3	-1,8	-7,7	-5,4	-0 ,3
Nasdaq (valeurs technologiques)	2,0	4,0	5,8	-6,9	-0,3	-9,9
Obligations d'entreprises bien notées (Merryll Lynch)	1,0	0,5	0,7	1,4	0,3	2,2
EMBI+	1,6	2,4	2,6	-0,5	0,6	0,7
MSCI Europe	-0,5	1,7	2,9	-3,8	-0,5	-11,4
MSCI EAFE	-1,4	2,3	2,4	-4,1	-1,2	-10,9
MSCI EM	-0,9	8,4	9,0	-6,2	0,6	-12,4

Source: Greenlaw et al. [2008, p.8]

D'août à septembre, tous les indices repris dans le tableau restent orientés à la hausse. Même les Financières ne commenceront à marquer le pas qu'en octobre 2007. Par contre, entre novembre 2007 et janvier 2008, le recul est particulièrement marqué et général, puisqu'il affecte tous les marchés, émergents, étatsuniens, européens et asiatiques. Désormais, l'ensemble des bourses entame un long mouvement de baisse qui met fin à quatre années de hausses quasiment consécutives.

Tous les agents économiques supportent le poids du retournement du *Stock Exchange*: les ménages parce qu'ils subissent une perte de patrimoine, plus grave encore s'ils ont eu recours à l'emprunt pour financer leurs achats de titres ; les entreprises, parce qu'elles auront des difficultés pour lancer de nouvelles émissions d'actions ou d'obligations dans un contexte de cours déprimés. Quant aux intermédiaires financiers, bancaires ou non bancaires, la baisse de la bourse les affecte d'autant plus qu'ils se sont endettés et ont eu recours à l'effet de levier. Surtout, ils sont sujets à ce que l'on a appelé au chapitre 3 la spirale de la déleviérisation. Expliquons-nous davantage sur ce point.

On a montré au début du chapitre 3 que la baisse généralisée du cours des actifs conduisait – à levier constant, ce qui est bien sûr souhaitable du point de vue des actionnaires – à la déflation de bilan. En effet, lorsque le prix des actifs de toutes natures diminue, le taux moyen d'intérêt sur la dette est supérieur au taux de rendement effectif de ces actifs. Les pertes s'accumulent en conséquence. Vient alors le moment où les fonds propres des institutions leviérisées deviennent insuffisants pour maintenir constant leur levier – rappelons que ce denier est défini, en général, comme le rapport de l'actif total de l'institution à ses fonds propres. Reste alors deux possibilités pour l'entité concernée : soit procéder à une augmentation de capital, procédure délicate en période de baisse des cours baissiers, soit s'engager dans la voie de la vente des actifs. Dans ce dernier cas, si la baisse du prix des actifs est générale et si la plupart des intermédiaires financiers sont contraints de vendre leurs actifs, alors une véritable course à la liquidité s'engage. Tout le monde veut vendre pour se désendetter, mais personne ne veut acheter. Il s'ensuit des diminutions en cascade du prix des actifs. La spirale de la déleviérisation est enclenchée et s'approfondit au fur et à mesure que le temps passe. Bien entendu, l'existence de normes comptables – on y a insisté – qui imposent de comptabiliser les actifs à leur valeur de marché, joue un rôle important dans le démarrage et l'amplification de la spirale.

Le schéma suivant résume les processus à l'œuvre – on peut trouver des représentations similaires, mais non identiques, dans Greenlaw et al. [2008, p. 30], Adrian et Shin [2008, p. 5], Orléan [2009, p. 89] et Shin [2010, p. 39].

Figure 4.1 Prix des actifs et levier

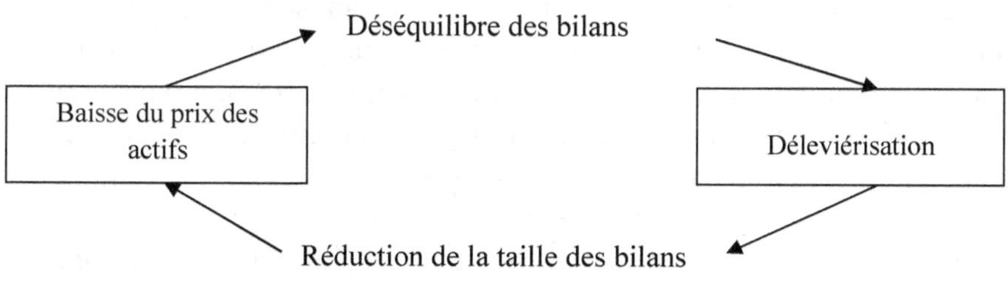

Avec la baisse des cours boursiers et l'enclenchement de la spirale de la déleviérisation, tous les éléments sont réunis pour accentuer l'assèchement du crédit consécutif à la crise des *subprime*. Aussi la figure 3.1 représentant les enchaînements de nature causale qui ont abouti au *credit crunch* d'août 2007, constitue-t-elle encore une maquette explicative pertinente : simplement, on a maintenant affaire à une baisse généralisée du prix des actifs financiers et plus seulement de celui des produits titrisés.

Les débuts de la récession économique

Voyons d'abord ce qu'est une récession. La première réponse, la plus immédiate, est qu'il s'agit d'une phase du cycle économique, au cours de laquelle l'activité économique décroît. Une telle réponse fait surgir une double question: comment mesurer l'activité économique? Qu'est-ce exactement que sa décroissance ou son recul ?

À la première question, deux réponses sont possibles: soit on utilise le Produit National/Intérieur Brut (PNB ou PIB) comme mesure de l'activité agrégée, soit on se sert de plusieurs séries macroéconomiques – par exemple, la production industrielle, le chômage, la consommation des ménages, etc. – qui, prises ensemble, sont censées représenter le mouvement de l'économie. En général, c'est la première approche qui est suivie, parce qu'il est évidemment plus simple de travailler avec une seule série, qui constitue par ailleurs un bon indicateur du comportement global de l'économie. (Le recours au PNB ou au PIB a cependant ses limites qui tiennent au fait que sa périodicité est trimestrielle, qu'il est connu avec un retard d'environ un trimestre et qu'il faut attendre quasiment trois ans avant d'en connaître les chiffres définitifs.)

La réponse à la seconde question n'est pas univoque. En effet, on peut distinguer au moins trois types de fluctuations dans une économie: le cycle classique ou cycle des affaires, le cycle de croissance et enfin, le cycle d'accélération. (Voyez sur ce point Majetti [2012, pp. 367 et sq].) Seule la première espèce de cycle nous intéresse directement ici. À cet égard, il y a un accord assez général pour reprendre la définition donnée par les deux économistes qui ont consacré quasiment toutes leurs recherches à l'analyse des fluctuations économiques, à savoir Burns et Mitchell [1946, p. 3]: « Un cycle consiste en phases d'expansion se produisant simultanément dans de nombreuses branches de l'économie, suivies de phases de récession, de contraction et de reprise tout aussi générales, qui se fondent dans la phase d'expansion du prochain cycle; cette suite de modifications est répétitive, mais non périodique; du point de vue de leur durée, les cycles varient de plus d'un an à dix ou douze ans ».

Cette définition est complexe; elle mobilise plusieurs concepts tels que récession, cycle, périodicité, reprise, etc. Un schéma — voyez la figure 4.2 ci-dessous — en facilite l'interprétation.

Figure 4.2 Le cycle des affaires typique

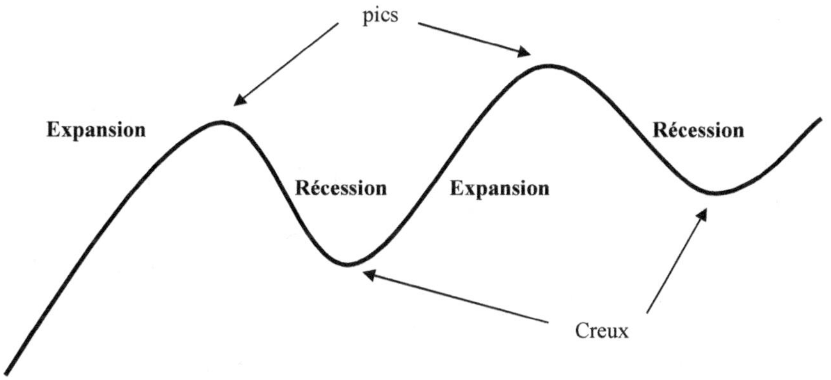

Un cycle complet va d'un creux au creux suivant ou d'un pic au pic suivant. Une phase d'expansion est définie comme la période de temps qui s'écoule entre un creux et le pic qui le suit immédiatement, une récession comme la période de temps qui s'écoule entre un pic et le creux immédiatement postérieur.

Tout le problème de la détermination des récessions et de leur durée se résume donc à sélectionner les creux et les pics dans la série du PIB ou dans un ensemble d'autres séries représentatives de l'activité économique. Pour ce faire, deux approches sont possibles (voyez Aimar, Bismans et Diebolt [2010]) : soit l'utilisation d'un modèle probabiliste, soit le recours à des algorithmes informatiques, une voie qui a été ouverte par Bry et Boschan [1971] et prolongée par Harding et Pagan [2002]. C'est cette deuxième voie que l'on empruntera en appliquant l'algorithme dit BBQ (abréviation pour Bry-Boschan Quarterly, i.e. trimestriel).

L'algorithme BBQ permet donc de déterminer tous les points de retournement – creux et pics – dans la série du PIB trimestriel d'un pays. Après quoi il faut encore faire le tri entre ces points, notamment en adoptant la règle qu'une expansion et une récession doivent durer au moins deux trimestres et un cycle complet, c'est-à-dire l'intervalle de temps entre deux pics ou deux creux, au moins quatre trimestres.

À titre d'exemple, voici le résultat de l'application de l'algorithme BBQ à la série du PIB réel français. (L'ordonnée mesure le PIB exprimé en logarithme et les périodes de récession sont indiquées par des rectangles grisés.)

Graphique 4.5 Le cycle économique en France

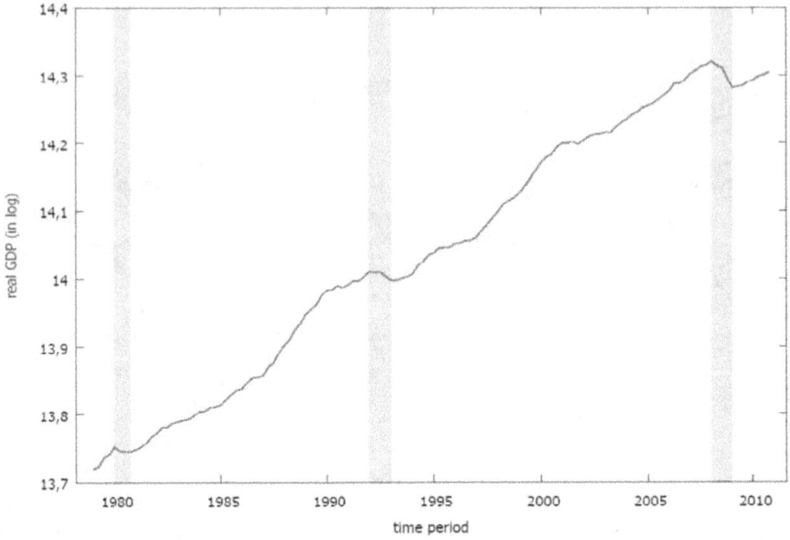

Source : Bismans et Majetti [2013, p. 423]

Le graphique fait voir que la France a connu trois récessions depuis la fin des années soixante-dix. La première se situe en 1980, soit du deuxième au quatrième trimestre de l'année. La deuxième est un peu plus longue, puisqu'elle court du deuxième trimestre de 1992 au premier trimestre de 1993. La dernière – sur le graphique, car l'économie française semble être retombée en récession en 2012 – intervient en 2008 et s'étend du deuxième trimestre de 2008 au premier trimestre de l'année suivante.

Aux États-Unis, la pratique est différente. Il existe en effet un comité officiel émanant du NBER (National Bureau of Economic Research) qui est chargé de dater les récessions sur base, en général, de l'examen de cinq variables macroéconomiques et non du seul PIB – voyez la méthodologie qu'il utilise et qui est d'ailleurs variable selon les périodes, sur http://www.nber.org/cycles/recessions.html. Ce comité de datation (business dating commitee) publie un communiqué chaque fois qu'il estime qu'un point de retournement de la conjoncture est atteint, souvent avec beaucoup de retard par rapport à l'événement. C'est ainsi que le 11 décembre 2008, il annonçait : « Le Comité a déterminé qu'un pic dans l'activité économique a été atteint (…) en décembre 2007. Le pic marque la fin d'une phase d'expansion qui a commencé en novembre 2001 et le début d'une récession. L'expansion a duré 73 mois. »

L'économie américaine est donc officiellement en récession depuis le dernier mois de l'année 2007. Le tableau 4.6 permet de comparer les dates d'entrée en récession des économies les plus significatives, en l'occurrence celles du G7 et des BRICS (Brésil, Russie, Inde, Chine et Afrique du Sud).

Tableau 4.6 Trimestre d'entrée en récession

	2007	2008			
	T4	T1	T2	T3	T4
États-Unis	x				
Japon			x		
Allemagne			x		
France			x		
Royaume Uni			x		
Italie			x		
Canada					x
Brésil					x
Russie				x	
Afrique du Sud				x	

Source: FRED; Bismans et Majetti [2012b et 2013]

Manifestement, les États-Unis ont précédé les autres pays du G7 qui, à l'exception du Canada, sont tous entrés en récession au deuxième trimestre de 2008. Quant aux BRICS, soit leur économie n'a pas connu de récession – c'est le cas de la Chine et de l'Inde –, soit ils y ont plongé plus tardivement, en quelque sorte comme une conséquence du ralentissement de l'économie mondiale.

Il est bon de noter aussi la parfaite synchronisation des trois économies les plus importantes de la zone euro qui enregistrent simultanément le retournement de la conjoncture au deuxième trimestre de 2008.

Vers la chute de Bear Stearns

Au début de l'année 2008, tous les éléments sont en place pour rendre possible l'inimaginable, c'est-à-dire la perspective d'une faillite bancaire: fermeture des marchés de la liquidité, baisse prolongée des cours boursiers, récession économique, endettement considérable des opérateurs financiers. Cette virtualité surviendra en mars 2008 dans le pays le plus exposé, les États-Unis, et affectera une des cinq plus grandes banques américaines d'investissement: Bear Stearns.

Le contexte

Le 6 décembre 2007 – reportez-vous au graphique 4.4 –, l'écart, le spread entre le taux d'intérêt LIBOR et le taux OIS (*Overnight Interest Swap*) avait atteint un maximum historique de 108 points de base. (Avant août 2007, cet écart tournait autour de dix points de base.) C'était la démonstration de l'illiquidité du marché interbancaire, donc de ce que les banques ne voulaient plus s'octroyer mutuellement de nouveaux prêts.

L'événement, car c'en était un, avait conduit la Réserve fédérale américaine à créer, le 11 décembre 2007, sa Facilité d'adjudication de titres à terme (*Term Auction Facility* ou TAF). Ce nouveau programme de financement accessible à 7000 institutions bancaires avait dans un premier temps – reportez-vous à nouveau au graphique 4.5 – permis de ramener le spread à un peu plus de 30 points de base. Cependant, dès la fin de mois de janvier 2008, l'écart repartait à la hausse; il atteindra un maximum (local) de 83 points de base le 17 mars 2008 avant de se stabiliser à ce niveau élevé jusqu'en août 2008. Manifestement, le marché interbancaire restait comme congelé, pétrifié et ce, malgré les tombereaux de liquidités déversés par les banques centrales, spécialement la Fed américaine, dans les différentes économies.

Cependant, d'autres segments des marchés du crédit présentaient aussi des symptômes de crise en ce début d'année 2008:

- Les titres émis par les agences parapubliques (*Government Sponsored Enterprises* ou GSE) telles Fannie Mae, Freddy Mac, etc. – voyez le chapitre 2 pour plus de précisions – trouvaient de plus en plus difficilement preneurs. Témoigne de ce fait l'écart croissant entre le taux d'intérêt sur ces titres et celui sur ceux du Trésor américain de même maturité. Normalement, cet écart est faible – de l'ordre de 15 à 20 points de base – compte tenu que les titres des agences sont à peine plus risqués et moins liquides que ceux émis par le Trésor. Or, en août 2007, il passait à 40 points de base, puis à près de 70 points de base en novembre 2007 avant d'atteindre un sommet à plus de 90 points en mars 2008. Il s'agit là d'une véritable *fuite vers la qualité*, c'est-à-dire vers les titres du Trésor, réputés plus sûrs.
- Le marché du papier commercial, pour lequel on dispose de données précises sur les taux et les quantités émises, présentait lui aussi des signes de grande faiblesse. Il suffit pour s'en rendre compte de se référer à l'écart, à maturité identique de 30 jours, entre le taux appliqué sur le papier commercial «non financier», celui émis par exemple par General Electric ou Coca Cola, et celui demandé sur les titres adossés à des actifs (Asset-backed Commercial Paper ou ABCP): le spread, comme le note Cecchetti [2009], qui était de 5 à 10 points de base en juin 2007, grimpe à plus de 150 points de base en décembre 2007. Parallèlement, l'encours des émissions de papier commercial ABCP, dont on a déjà noté au chapitre 3 qu'il avait atteint un maximum de 1189 milliards de dollars en juillet 2007, dégringole de manière continue jusqu'à se réduire à un peu plus de 750 milliards en mars 2008.

C'est toutefois l'évolution du marché des mises en pension (le repo) qui suscite le plus d'inquiétude, notamment du côté de la Réserve fédérale. On a déjà expliqué aux chapitres 1 et 3 en quoi consistait une transaction *repo*. Il suffira ici de rappeler que ce marché permet aux grandes institutions financières – en fait, les *primary dealers*, les spécialistes en valeurs du Trésor – de financer leurs opérations de court terme, donc d'obtenir des liquidités, en mettant en pension les titres, bien notés, dont elles disposent. Le montant de ces financements a augmenté de manière massive au fil du temps, spécialement pour les banques d'investissement. Ainsi, selon Brunnermeier [2009, p. 80], la part de l'investissement de ces dernières financé par le repo au jour le jour avait doublé entre 2000 et 2007 et selon Cecchetti [2009, p. 60], l'encours total des transactions repo de toutes maturités pour ces mêmes banques d'investissement avait atteint 4.000 milliards de dollars en août 2007.

En général, le taux repo au jour le jour versé par l'institution qui obtient des liquidités en contrepartie du collatéral apporté est légèrement inférieur au taux des fonds fédéraux, de l'ordre de 5 à 10 points de base. Un tel écart est tout à fait logique, puisqu'un prêt assorti du taux d'intérêt des fonds fédéraux n'est pas garanti par la livraison d'un titre. Or, à la fin de février 2008, le taux repo sur les titres du Trésor s'établissait à 1, 95 pour cent contre 3% pour le taux des fonds fédéraux. Le 19 mars 2008, le taux repo était seulement de 0,2% et celui des *fed funds* de 2,25%, soit un écart de plus de 200 points de base. Autrement dit, les titres du Trésor étaient tellement recherchés que celui qui les apportait comme collatéral ne payait quasiment rien en intérêts. Ici également, on constatait, tout comme pour le marché du papier commercial, une fuite vers la qualité.

La Réserve fédérale ne pouvait rester de marbre devant la raréfaction des titres du Trésor. Aussi le 2 mars 2008 annonça-t-elle sa volonté de mener des opérations de prises de pension à 28 jours pour un montant cumulé de 100 milliards de dollars. De plus, le 11 mars 2008, elle frappait un grand coup en annonçant la création de la Facilité de financement de prêts de titres à terme (*Term Securities Lending Facility* ou TSLF).

Pour bien comprendre la nouveauté de ce programme, il faut se rappeler que la Fed avait pris l'habitude, depuis 1969, de prêter aux spécialistes en valeur du Trésor – les *primary dealers*, au nombre de 23 en 2007, comme on l'a vu au chapitre 1 – des titres du Trésor sur base journalière.

La Facilité TSLF s'appuie sur cet acquis tout en le modifiant de trois façons :

1. Là où le prêt se faisait au jour le jour, la Facilité offre la possibilité d'obtenir des titres pour 28 jours ;
2. La TSLF élargit fortement la gamme des titres qui pouvaient être apportés comme collatéral, en particulier les titres adossés à des créances hypothécaires (MBS, *Mortgage-backed Securities*) notés triple A et qui n'étaient pas en instance de déclassement ;

3. Le montant total, annoncé par la Fed, des opérations relevant de la TSLF était considérable : pas moins de 200 milliards de dollars. Il faut y ajouter l'accroissement des lignes de swap avec la BCE et la Banque nationale suisse pour un montant de global de 36 milliards de dollars.

Sur un plan pratique, la TSLF est une adjudication, une enchère qui devait permettre aux spécialistes en valeurs du Trésor de faire des soumissions pour l'obtention de titres de qualité. Du point de vue de la Fed, toute l'opération revenait à un échange de titres du Trésor contre des ABS. Les *primary dealers*, eux, obtenaient ces titres très recherchés qu'ils pouvaient alors utiliser comme collatéral pour s'approvisionner en liquidités.

Le but de la Fed en lançant ce programme était de réduire la prime payée pour la détention de titres du Trésor relativement aux ABS. Si l'on en juge par l'étude de Fleming et al. [2008], ce but a été atteint, en tout cas partiellement.

Les rehausseurs de crédit en ligne de mire

Il est un acteur de la crise des *subprime* qui n'en a pas encore connu les effets directs en 2007, mais qui va faire parler de lui dès le premier trimestre de 2008 : il s'agit des rehausseurs de crédit (des *monolines*, c'est-à-dire des assureurs spécialisés dans une seul branche assurantielle). Ils ont déjà été présentés au chapitre 1 de ce livre. Rappelons à cet égard que ces rehausseurs étaient, au départ, spécialisés dans l'assurance-crédit sur les obligations – appelées *municipal bonds* – émises par les collectivités publiques américaines. Ceci impliquait que si une de ces collectivités était défaillante, alors la *monoline* s'engageait à assurer le paiement du principal et des intérêts liés aux titres des collectivités et ce, jusqu'à leur échéance contractuelle. Quasiment tous les rehausseurs étaient dotés du précieux *rating* triple A (ou de manière équivalente Aaa pour Moody's).

Pour les municipalités étatsuniennes, un gros avantage du recours aux rehausseurs consistait à bénéficier de leur haut *rating* et de voir attribuer le précieux triple A à leurs émissions obligataires, ce qui leur permettait d'emprunter à des taux nécessairement inférieurs.

Par la suite cependant, c'est-à-dire à partir de 1985 et plus fortement dans les années 2000, les *monolines* se sont mis à diversifier leur portefeuille en garantissant des MBS ou plus généralement des ABS (*Asset-Backed Securities*), puis des CDO simples (*Colletarized Debt Obligations*) et enfin, des produits véritablement structurés tels que les CDO d'ABS ou les CDO au carré.

D'après Crouhy et al. [2008, p.88], l'encours total des prêts et produits structurés assurés par les rehausseurs de crédit était égal, en 2007, à 2500 milliards de dollars, somme bien évidemment considérable. De plus, selon cette fois Standard and Poor's, les rehausseurs avaient assuré, pour un total de 127 milliards de dollars, des CDO adossés, au moins partiellement, à des prêts *subprime*.

À dater du deuxième semestre de 2007, les *monolines* vont se trouver sur la sellette. Un seul indice suffira: si l'on se réfère aux cinq plus grandes d'entre elles par le montant nominal assuré, à savoir dans l'ordre MBIA, AMBAC, FSA, FGIC et CFIG, la prime sur leurs contrats CDS (*Credit Default Swaps*) respectifs croît régulièrement à partir d'octobre 2007 – voyez Bank of England [2008, p. 36]. (Pour rappel, la prime, appelée aussi le spread, du CDS est le nombre de points de base – 100 points sont égaux à 1% – rapporté au montant notionnel du titre; cette prime est payée par l'acheteur de protection au vendeur de protection.) En janvier 2008, la prime variait de 250 à près de 2000 points de base.

Parallèlement, dès le début de 2008, les agences de notation ont commencé à déclasser le *rating* des rehausseurs de crédit en leur faisant perdre, pour la plupart d'entre eux, leur note originelle «triple A». Le tableau 4.7 fournit plusieurs précisions sur le calendrier de ces dégradations de notes.

Tableau 4.7 Notation des principaux rehausseurs de crédit

	Montant nominal assuré (milliards USD)	**Fitch**	**Moody's**	**Standard and Poor's**
MBIA	679	AA 04/04/08	Aaa 26/02/08	AAA 25/02/08
AMBAC	524	AA 12/03/08	Aaa 12/03/08	AAA 12/03/08
FSA	406	AAA 24/01/08	Aaa 11/03/08	AAA 31/01/08
FGIC	314	BBB 26/03/08	Baa3 31/03/08	BB 28/03/08
CIFG	95	A- 31/03/08	A1 06/03/2008	A+ 12/03/08

Source: Bank of England [2008].

On constate que tous les rehausseurs de crédit, à l'exception de FSA, ont été déclassés par au moins une des trois agences de notation durant le premier trimestre de 2008. À tout le moins, ces déclassements témoignaient-ils de faiblesses financières dans le chef des *monolines*, même si on peut discuter de l'opportunité de tels déclassements. (C'est, par exemple, la position de Lautier et Simon [2008, p. 310], qui posent la question: «Fallait-il vraiment (...) les dégrader dès que furent détectés les problèmes à moyen terme, rendant de ce fait leur recapitalisation extrêmement délicate?»)

En tout cas, ce qui est certain, c'est que les conséquences pour un rehausseur de la perte de son triple A sont sérieuses. *De facto*, elle entraîne le déclassement des actifs sur lesquels il a apporté sa garantie. Les banques sont alors touchées et obligées de procéder à de nouvelles dépréciations comptables de ces actifs (*Marked-to-Market*) qu'elles ont en portefeuille. Pire encore, des émetteurs tels que les municipalités américaines qui bénéficiaient du haut *rating* des rehausseurs, pouvaient carrément se voir fermer l'accès aux marchés obligataires, ce qui renchérissait fortement les coûts d'emprunt pour les collectivités publiques et les associations sans but lucratif.

Fondamentalement, le fait que les rehausseurs soient atteints à leur tour par le virus *subprime*, eux qui constituent le dernier maillon de la chaîne de titrisation, témoigne de ce que l'ensemble de la chaîne était désormais affectée par le séisme. En réalité, ce n'en était que le commencement, car de nouvelles vagues d'emprunteurs *subprime* ou même *prime* se révéleront défaillants tout au long des années 2008 et 2009.

Le renflouement de Bear Stearns

Quelques chiffres permettent de se faire une idée précise de l'importance de la grande banque américaine d'investissement. Au 30 novembre 2007, Bear Stearns disposait d'un capital total de près de 67 milliards de dollars USD et des actifs pour un montant de 350,4 milliards. Au 30 novembre de l'année suivante, elle était engagée dans des contrats sur dérivés financiers, dont la valeur du notionnel sous-jacent était égale à 13 400 milliards de dollars, soit davantage que le Produit Intérieur Brut des États-Unis. De plus, elle était considérablement endettée, ce qui se traduisait par un levier égal à 35,5 – la moyenne pour les banques d'investissement se situant au même niveau, comme on l'a indiqué au tableau 3.1.

Bear Stearns avait déjà dû annoncer le 16 juillet 2007 – voyez le chapitre 3 – que deux de ses fonds avaient perdu la quasi-totalité de leur valeur, ce qui n'est guère étonnant compte tenu de son implication dans l'émission, sur une grande échelle, d'ABS et de dérivés structurés tels que les CDO synthétiques. La faillite des deux fonds a irrémédiablement compromis la réputation de la banque auprès des investisseurs. Elle l'a également contrainte à opérer des dépréciations de ses actifs. Le 15 novembre 2007, le site *Financial News* (http://www.efinancialnews.com/story/2007-11-15/bear-downgraded-in-face-of-first-loss-in-83-years) révélait que deux des dirigeants de la banque avaient dû reconnaître qu'elle allait subir au 4e trimestre de 2007, ses premières pertes depuis 83 ans et qu'en conséquence, Standard and Poor's avait dégradé la note de sa dette de long terme d'un cran, c'est-à-dire de A+ à A.

Dès le début de mars 2008, il apparaissait que Bear Stearns connaissait de gros problèmes de liquidité. Une lettre (http://www.sec.gov/news/press/2008/2008-48.htm) envoyée par Christopher Cox, Président du l'organisme de régulation de la bourse américaine, la *Securities and Exchange Commission*, au Comité de Bâle pour la supervision bancaire, fournit des données significatives à cet égard. (Elle confirme également que Bear Stearns n'avait pas de problèmes de sous-capitalisation et était donc solvable.)

Tableau 4.8 Liquidités globales de Bear Stearns (milliards USD)

3/3	5/3	7/3	8/3	9/3	10/3	11/3	12/3	13/3
20	21	18	18	18	18,1	11,5	12,4	2

Source: Lettre de Cox

De toute évidence, à dater du 11 mars, le financement au jour le jour de Bear Stearns n'est plus adéquatement assuré. Avec un montant de liquidités de 2 milliards de dollars le jeudi 13 mars et moins encore le lendemain, la banqueroute n'était plus qu'une question de jours, voire d'heures. La crise de confiance des investisseurs était totale. Même si la banque disposait toujours de titres bien notés qu'elle pouvait apporter comme collatéral, manifestement ses contreparties habituelles refusaient de lui prêter des liquidités. Le cas «Northern Rock» se reproduisait quasiment à l'identique, excepté que la banque anglaise était une banque de dépôts, à la différence de Bear Stearns.

Il suffit de rappeler l'implication de Bear Stearns dans la chaîne de la titrisation – des contrats dérivés portant sur un montant notionnel de 14 200 milliards de dollars en février 2008 – pour comprendre que sa faillite eût été catastrophique. Elle aurait eu nécessairement un caractère systémique. Elle aurait conduit les milliers de contreparties de la banque faillie à la vente forcée de ses actifs sur un marché qui était en manque, maintenant chronique, de liquidités. De nouvelles baisses du prix de ces titres s'ensuivraient, avec la perspective d'un effondrement du système financier tout entier.

La Fed se devait donc d'intervenir. Le problème était qu'elle ne pouvait prêter directement, même contre collatéral, des liquidités à Bear Stearns compte tenu que cette dernière était une banque d'investissement. Cependant, il existait un article dans la loi organisant la Réserve fédérale (*Federal Reserve Act*) – précisément l'article 13(3) – qui donnait le pouvoir au Conseil des gouverneurs d'autoriser n'importe quelle Banque fédérale de Réserve à octroyer des prêts, moyennant escompte, à une institution et ce, « dans des circonstances inhabituelles et de grande urgence (*in unusual and exigent circumstances*) »[1].

C'est en s'appuyant sur cet article que la Banque de Réserve fédérale de New York accorde le vendredi 14 mars un prêt d'un montant de 12,9 milliards à Bear Stearns. (D'après Cecchetti [2009, p. 70], il sera remboursé le 17 mars.) Durant tout le week-end, les responsables de la Fed mettent à profit ce répit et négocient un accord avec une autre banque d'investissement, JPMorgan Chase, qui s'engage à racheter Bear Stearns pour un montant de 236 millions de dollars, soit seulement 2 dollars par action. Quand on sait que l'action Bear Stearns valait encore 93 dollars à la fin du mois de février 2008, on comprend le cadeau qui était fait à JPMorgan, mais aussi la révolte potentielle des actionnaires spoliés de la banque faillie. C'est pourquoi finalement le prix de rachat de l'action sera porté à 10 dollars.

Mais ce n'est pas tout. L'accord prévoyait également qu'une société à responsabilité limitée serait créée, dotée d'un capital de 30 milliards de dollars, et qu'elle accueillerait les titres ABS précédemment détenus par Bear Stearns. Dans l'opération, la Banque de Réserve de New York apportait 29 milliards sous la forme d'un prêt d'une maturité de dix ans, assorti du taux d'escompte prévalant (*primary lending*) et JP Morgan un milliard. Celle-ci serait la première à assumer les pertes s'il s'avérait que la valeur des titres placés dans la nouvelle société était inférieure à 30 milliards. Ce serait ensuite au tour de la Fed de supporter les pertes si ces dernières dépassaient le milliard de dollars. (En fait, le prêt consenti par la Fed était techniquement un « *non-recourse loan* », ce qui signifiait que si le collatéral sous-jacent – les titres hypothécaires – voyait sa valeur baisser, alors la Fed ne pourrait saisir d'autres actifs et assumerait les pertes en conséquence.)

L'accord sera officiellement annoncé le 17 mars. Sa concrétisation se fera en deux étapes : le 24 mars 2008, JP Morgan acceptait de racheter Bear Stearns au prix de 10 dollars l'action et non plus de deux dollars, comme il avait été annoncé précédemment ; le 30 mai 2008, le rachat devenait effectif.

L'intervention de la Fed se présentait ainsi sous la forme, apparemment anodine, d'un simple prêt. En réalité, il s'agissait d'un véritable sauvetage,

1 Le texte anglais est particulièrement alambiqué et vieilli ; il ne sera donc pas traduit. Voici cependant le passage pertinent de l'article 13 : « In unusual and exigent circumstances, the Board of Governors of the Federal Reserve System, by the affirmative vote of not less than five members, may authorize any Federal reserve bank, during such periods as the said board may determine, at rates established in accordance with the provisions of section 14, subdivision (d), of this Act, to discount for any participant in any program or facility with broad-based eligibility, notes, drafts, and bills of exchange when such notes, drafts, and bills of exchange are indorsed or otherwise secured to the satisfaction of the Federal Reserve bank. »

d'un renflouement (*bail-out*) de Bear Stearns par l'Etat. La Fed s'était certes substituée au Trésor américain, quoique le Secrétaire au Trésor, Henry (Hank) Paulson avait été associé à toutes les discussions, mais il reste qu'il s'agissait bel et bien d'une entorse sérieuse au sacro-saint principe qu'il revenait au secteur privé d'organiser le sauvetage d'une banque défaillante.

L'opération de renflouement avait toutefois montré que la Réserve fédérale n'était pas outillée pour venir au secours des banques d'investissement, fussent-elles aussi, comme c'était le cas de Bearn Stearns, des spécialistes, des courtiers en valeurs du Trésor (*primary dealers*). En tant que telles, ces banques n'avaient accès ni au guichet de l'escompte, ni au programme TAF (*Term Auction Facility*), à l'inverse des banques commerciales. La Fed avait cependant bien retenu la leçon et dans la nuit du 16 mars 2008 (un dimanche !), elle annonçait qu'elle abaissait le taux d'escompte de 3,5 pour cent à 3,25 pour cent et en même temps, qu'elle créait un nouveau programme le *Primary Dealer Credit Facility* (PDCF), ce que l'on peut traduire par « Facilité de Crédit pour les Courtiers en Valeurs du Trésor ».

Le programme PDCF fournissait essentiellement aux banques d'investissement la possibilité d'accéder à un financement à court terme, au jour le jour, moyennant l'apport en nantissement d'une large gamme de titres : les obligations d'entreprises (bien notées), les obligations municipales, les MBS et ABS (*Mortgage/Asset-Backed Securities*) sous la condition que ces titres puissent être valorisés.

L'accueil réservé au nouveau programme de la Fed fut d'emblée très favorable. Comme le rapporte Cecchetti [2009, p. 71], les sommes empruntées se montaient en moyenne à 30 milliards de dollars par jour durant les trois premières semaines de sa mise en application. Par la suite, ce montant moyen devait décliner progressivement pour atteindre 10 milliards par jour à la fin du mois de mai 2008.

Partie III
Krisen

Cette troisième partie couvre la période qui va d'avril 2008 à la fin de l'année 2013 et qui est marquée par trois événements majeurs : le déclenchement d'une crise financière systémique, une récession économique de grande ampleur et enfin, une crise de la dette souveraine, tout spécialement dans l'Eurolande.

Le chapitre 5 analyse plus particulièrement la montée des tensions sur les marchés du crédit durant l'été 2008 et la Grande Panique consécutive à la faillite de Lehman Brothers le 15 septembre. Il traite également de la récession intervenue avant même cette faillite, mais dont les effets ont été amplifiés par la crise financière.

Le chapitre 6 étudie quelques caractéristiques de la Grande Récession de 2008-2009. Il montre ensuite comment s'est opéré le passage d'une faible reprise à la crise de la dette souveraine qui a affecté plusieurs pays à la périphérie de la zone euro et qui a finalement entraîné une nouvelle récession dans l'Eurolande.

Chapitre 5
La Grande Panique

Les banques centrales donnaient l'impression, au printemps 2008, d'avoir la situation bien en main. Une opinion qui était largement partagée. Pour preuve, les propos du *Chief Executive Officer* (C.E.O) de Goldman Sachs, Lloyd Blankfein, qui avait affirmé, peu après le sauvetage de Bear Stearns, que «les souffrances étaient plus proches de leur terme que de leur commencement». (Ces propos sont rapportés par Lowenstein [2011, p.132].)

L'évolution d'un indicateur aussi significatif que le spread entre le taux repo au jour le jour et le taux cible des fonds fédéraux, semblait également témoigner de l'efficacité de l'action de la Fed: en une dizaine de jours, l'usage intensif des facilités TSLF par cette dernière l'avait ramené de 2% à zéro. Il est vrai que la Réserve fédérale n'avait pas lésiné sur les moyens. Comme le souligne Cecchetti [2009, p. 73], elle avait en effet engagé, à travers ses différents programmes, pas moins des deux tiers du total de son bilan, soit 600 milliards de dollars sur un total de 900 milliards.

Toutefois, contrairement aux apparences, le système bancaire était loin d'être assaini et se trouvait toujours aux prises avec les conséquences de la crise des *subprime* tant en Europe qu'aux États-Unis. Le tout sur fond de récession économique et de baisse généralisée des cours boursiers.

Un calme seulement apparent

Les banques commerciales anglaises, européennes et américaines avaient procédé à de nombreuses dépréciations comptables de leurs actifs dès le quatrième trimestre de 2007 et durant toute la première moitié de 2008. De surcroît, comme on l'a vu au chapitre précédent, tant la débâcle des SIV que le déclassement des notes des rehausseurs de crédit faisaient peser de lourdes menaces additionnelles sur la solvabilité du système bancaire dans son entièreté – officiel comme parallèle.

La même question se posait depuis l'été 2007: que valaient encore les produits financiers les plus divers adossés aux emprunts *subprime* et quels étaient en conséquence les pertes des banques et autres acteurs financiers ?

L'exposition des banques

Ben Bernanke, le patron de la Fed, avait, en date du 19 juillet 2007, évalué les pertes sur les prêts *subprime* à un montant compris entre 50 et 100 milliards de dollars. Si l'on y ajoutait celles sur créances non *subprime*, on aboutissait à un total de 150 milliards.

Fin novembre 2007, Goldman Sachs les chiffraient à 243 milliards ou à 495 milliards de dollars selon le scénario retenu.

Pour leur part, les grandes banques internationales avaient procédé à des dépréciations d'actifs, censées enregistrer les pertes qu'elles avaient subies. Le tableau 5.1 dresse un état de ces dévalorisations réalisées par les principales institutions financières européennes, britanniques et américaines.

Tableau 5.1 Dépréciations totales annoncées avant le 24 avril 2008 (en milliards de dollars USD)

	Principales banques UK	Institutions financières UE	Maisons de titres US	Banques commerciales US
2007 Sem. 2	14	32	39	30
2008 Trim. 1	-	5	13	17

Source: Bank of England [2008]

Si l'on somme ces dévalorisations d'actifs, on aboutit à un montant de 150 milliards de dollars. Encore n'a-t-on pas comptabilité dans ce total les provisions pour dépréciations constituées par la Deutsche Bank (4 milliards USD), la Royal Bank of Scotland (12 milliards USD) et l'Union de Banque Suisse (19 milliards USD). En incluant ces dernières, on arrive à un montant de 186 milliards.

Cependant, la cascade des dévalorisations devait se poursuivre tout au long de l'année 2008, signe que de nouvelles moins-values étaient découvertes:

- le 17 avril 2008, Merrill Lynch annonce 4,5 milliards USB de dépréciations; elle sera suivie le lendemain par Citigroup pour un montant de 12 milliards USD;
- le 12 mai, c'est au tour de HSBC de déprécier ses actifs à hauteur de 3,2 milliards; trois jours plus tard, Barclays fait de même pour un total de 2 milliards, etc.

Plusieurs études, officielles ou non, vont paraître au printemps 2008, qui tentent de jeter un peu de lumière sur les coûts globaux de la crise des *subprime*.

La première d'entre elles est due à Greenlaw, Hatzius, Kashyap et Shin [2008] et s'appuie sur des données arrêtées à fin février 2008. Les auteurs utilisaient trois approches différentes : les générations de prêts hypothécaires, l'évaluation des dévalorisations des produits titrisés sur base des indices de marché ABX et enfin, les expériences des « forclusions » passées dans les États de Californie, Texas et Massachusetts en extrapolant les résultats à l'ensemble des États-Unis.

Au total, les pertes se montaient à une moyenne de 400 milliards de dollars, dont la moitié, 49 pour cent très exactement, devait être attribuée aux institutions financières américaines « leviérisées ».

La deuxième étude émane du Fonds Monétaire International. La méthodologie employée est décrite dans FMI [2008a, pp. 46-52]. En bref, les estimations présentées « sont basées sur les pertes potentielles de crédits enregistrées depuis le début de la crise des *subprime* jusqu'aux deux années à venir (...) ainsi que sur les pertes relatives aux titres reliés, pertes révélées par le marché (*marked-to-market*) durant l'année écoulée (...) ».

Voici les résultats du chiffrage opéré par le FMI, avec la restriction qu'il vaut pour les seuls États-Unis et que les données utilisées sont arrêtées à la fin du mois de mars 2008 :

Tableau 5.2 Evaluation des pertes du secteur financier (en milliards USD)

	Prêts non titrisés			Titres adossés	
	Encours	Pertes		Encours	Pertes
Subprime	300	45	**ABS**	1100	210
Alt-A	600	30	**CDO d'ABS**	400	240
Prime	3800	40	**MBS Prime**	3800	0
Autres	7670	110	**Autres**	5540	270
Totaux	12370	225	**Totaux**	10840	720

Source : FMI [2008a] ; calculs propres

Deux constatations au moins peuvent être faites sur base de la lecture du tableau : d'une part, les pertes sur les seuls emprunts *subprime* sont limitées (45 milliards !) ; d'autre part, si l'on additionne les pertes relatives aux prêts et aux titres, on aboutit à un total de 945 milliards.

De plus, d'après les estimations du FMI, la moitié environ du total de ces pertes doit être attribuée aux banques et le reste aux compagnies d'assurance, fonds de pension, fonds de placement monétaire et fonds spéculatifs, ainsi qu'aux sociétés para-publiques de crédit hypothécaire (les GSE).

Enfin, une troisième étude a été faite par la Banque d'Angleterre. Elle est plus restreinte dans son objet, puisqu'elle se réduit à la mesure des pertes encourues sur les seuls titres adossés à des crédits hypothécaires *subprime* (MBS, Mortgage-backed Securities). Son originalité tient à ce qu'elle procède à une double évaluation d'abord en fonction de la valeur de marché de ces MBS, ensuite en utilisant un modèle de valorisation de ces mêmes titres. Les estimations selon les deux approches – voyez Bank of England [2008, p. 19] – rendent respectivement 381 et 317 milliards de dollars. Dans les deux cas, de tels montants sont considérables, bien supérieurs à ceux du FMI donnés dans le tableau 5.2.

De ces études et évaluations, certes fort différentes, émane une même conclusion : même en se limitant aux États-Unis, les pertes engendrées par la crise des *subprime* sont considérables – de l'ordre de 1000 à 1200 milliards de dollars. De nouvelles dépréciations d'actifs sur grande échelle étaient donc prévisibles.

Cependant, le montant énorme des pertes n'épuise pas la question ; il faut également prendre en considération sa dissémination dans l'ensemble du système financier des États-Unis et ses effets sur la situation propre des banques commerciales.

Effets de réseau (I)

Un premier canal de transmission des dévalorisations des titres *subprime* va des rehausseurs de crédit – des sociétés d'assurance spécialisées, *monolines* en anglais – vers les banques.

On a déjà signalé à la fin du chapitre précédent que ces rehausseurs de crédit avaient vu leur note déclassée par les agences de notation durant le premier trimestre de 2008 et que certains d'entre eux avaient perdu de la sorte le triple A dont ils faisaient bénéficier les titres qu'ils assuraient (les « *municipal bonds* »).

Cependant, le plus important danger résidait dans le fait que ces *monolines* avaient également assuré des produits structurés et des dérivés de crédit via les fameux CDS (*Credit Default Swaps*), les contrats d'échange sur défauts. Pour saisir toute la complexité de la question, voici un schéma simplifié, inspiré de FMI [2008a, p. 57], qui retrace les interrelations entre produits structurés et dérivés de crédit. (Pour la bonne compréhension, MBS = Mortgage-backed Security ; CDO = Colletarized Debt Obligation.)

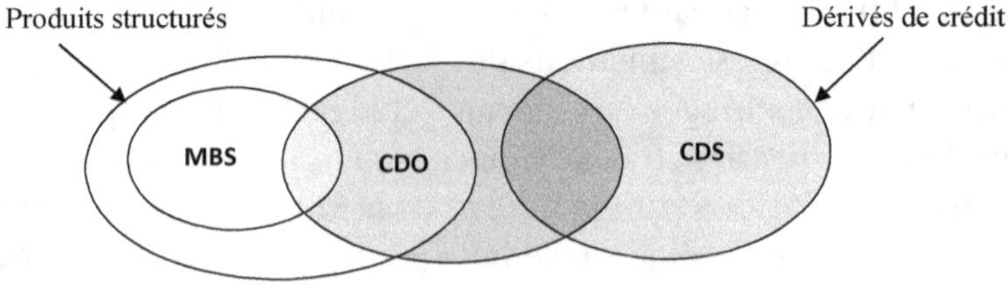

Figure 5.1

Comme on peut le voir, les dérivés de crédit sont reliés à la finance structurée par le biais de produits de crédit adossés à des portefeuilles de CDS. Automatiquement, leurs mouvements de prix sont parallèles : la multiplication des défauts sur prêts hypothécaires *subprime* et autres a dans un premier temps, affecté la valeur des titres MBS et structurés, puis dans un second, a accru la probabilité que la garantie de crédit doive être exercée et entraîne en conséquence des débours considérables de la part des rehausseurs. Enfin, dans un troisième temps, les difficultés des *monolines* se sont répercutées sur le système bancaire tout entier.

Les banques sont en effet exposées à des pertes dès le moment où un rehausseur voit sa note dégradée et ce, par trois voies au moins :

1. les banques encourent des pertes via les CDS et les CDO garantis par les rehausseurs de crédit, de même que par le canal des titres émis par les *monolines* que ces banques détiennent ;
2. les banques ont en portefeuille des obligations municipales et des titres adossés à des actifs divers (ABS) qui ont bénéficié d'un rehaussement de la notation apporté par les *monolines* ;
3. enfin, même si l'effet n'est pas direct, les banques ont accordé des lignes de crédit à des structures telles que les SIV (*Structured Investment Vehicles*), qui ont elles-mêmes investi dans des obligations municipales garanties par les rehausseurs.

Effets de réseau (II)

Il existe un ensemble de relations de financement entre banques qui sont potentiellement destructrices. C'est le cas pour le « repo tripartite ».

Sous sa forme la plus simple – voyez le chapitre 1 de ce livre –, une transaction « repo », en français, une prise ou mise en pension, est essentiellement la cession d'un titre (le collatéral) contre de la monnaie pour une durée déterminée moyennant le paiement d'un intérêt calculé sur base du taux *repo*.

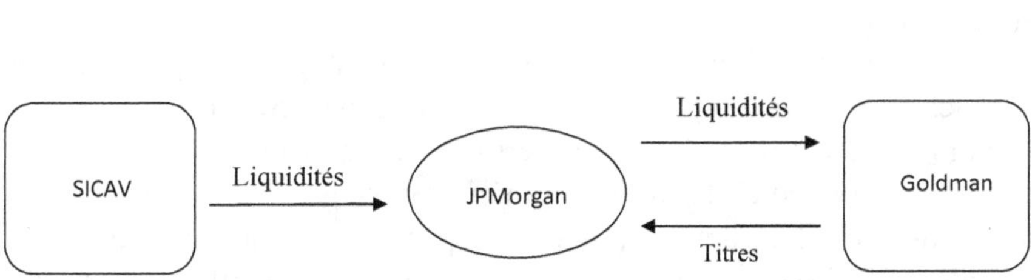

Figure 5.2 - Schéma d'une mise en pension tripartite

Dans un *repo* tripartite, intervient une tierce partie, par exemple une banque qui joue le rôle de centrale de compensation. Un petit schéma, inspiré de Duffie [2011, p. 14], permet de mieux visualiser une telle transaction.

Celle-ci met à présent en relation trois agents : une SICAV monétaire (*money market fund* dans la terminologie américaine) ; la banque commerciale JPMorgan et enfin, la banque d'investissement Goldman Sachs.

La SICAV, bien pourvue en liquidités, prête une partie d'entre elles à JPMorgan contre rémunération – elle se comporte donc en investisseur. JPMorgan prend en pension les titres apportés par Goldman et remet à cette dernière leur contrepartie liquide amputée d'une marge, appelée décote (*haircut* en anglais) — on l'a déjà dit à plusieurs reprises.

Pour ce faire, la banque de compensation doit déterminer la valeur des titres apportés en garantie soit en se référant à leur prix de marché soit en les valorisant à l'aide d'un modèle lorsque de tels prix n'existent pas. Bien entendu, la décote, le *haircut*, varie en fonction de la qualité du collatéral gagé. Lors de la dernière étape, la transaction est dénouée – c'est le « unwind » dans le langage de la finance – lorsque JPMorgan retourne les liquidités à l'investisseur et le collatéral à Goldman Sachs.

On voit immédiatement les difficultés qui peuvent surgir lors d'une telle transaction. D'une part, JPMorgan doit assumer la responsabilité de rendre les liquidités à l'investisseur, i.e. à la Sicav, ce qui lui poserait un réel problème si Goldman par exemple venait à faire défaut. D'autre part, la décote, le *haircut*, mesure le risque (de liquidité) associé aux titres apportés en garantie par Goldman. Par exemple, une décote de 5 pour cent implique que ce dernier obtiendra 95 millions de dollars s'il apporte des titres pour une valeur de marché de 100 millions. Si JPMorgan estime que ces titres sont d'une qualité douteuse et fait en conséquence passer la décote à dix pour cent, Goldman ne recevra plus que 90 millions en cash. À la limite, la banque commerciale peut tout simplement refuser de prêter des liquidités à Lehman, ce qui conduira ce dernier à la faillite presque instantanément.

La décote exigée par la banque (ou une autre institution financière) constitue donc un bon indicateur du risque ou de la liquidité des titres gagés. Plus elle est élevée et plus le risque associé aux titres en question est également élevé.

Or, la période juillet-août 2008 est précisément marquée par un relèvement des décotes, ainsi qu'en en témoigne le tableau 5.3 ci-dessous.

Lorsqu'on compare les deux périodes, on constate à l'évidence un accroissement général des *haircuts*, même pour les titres du Trésor américain réputés les plus sûrs. On remarquera par ailleurs que les *Asset-backed Securities* (ABS) se voient infliger une décote de plus de 50 pour cent. Pour les CDO, la décote de 100 pour cent est purement théorique, puisque ces produits ne sont tout simplement plus acceptés comme collatéral en août 2008.

Tableau 5.3 Décotes typiques (en pour cent)

	Avril 2007	Août 2008
Bons ou billets du Trésor US	0,25	3
Obligations notées (« investment-grade »)	0-3	8-12
Titres adossés à des actifs (ABS)	3-5	50-60
Titres adossés à des prêts hypothécaires « prime » (MBS)	2-4	10-20
CDO d'ABS notés AAA	2-4	100
CDO d'ABS notés BBB	10-20	100
CDO d'ABS « equity »	50	100

Source : FMI [2008b, p. 42].

La conclusion qu'il faut tirer de ces données, c'est que les marchés de pension étaient profondément perturbés dès le début de l'été 2008. Quand on sait que ces marchés brassaient en 2007 pas moins de 2500 milliards chaque jour – chiffre avancé par Geithner [2008, p.1] –, on comprend toute l'importance qu'ils vont revêtir dans le surgissement de la crise financière de septembre 2008.

Tensions financières croissantes

Durant l'été 2008, la situation des grandes banques systémiques se détériore un peu partout dans le monde. Il en va spécialement ainsi aux États-Unis, à ceci près que l'attention va s'y focaliser sur la déroute des sociétés parapubliques de crédit hypothécaire.

Les systèmes bancaires en perdition

Les grandes banques internationales – et pas seulement américaines – avaient dû procéder à des dépréciations parfois massives d'actifs consécutivement à la dévalorisation de leur portefeuille de produits titrisés. En conséquence, elles avaient accumulé les pertes lors des deux derniers trimestres de 2007 et des deux premiers trimestres de 2008. Le tableau 5.4 offre une ventilation de ces pertes selon les catégories d'actifs.

Tableau 5.4 Pertes bancaires annoncées (milliards de dollars)

	T3-T4 2007	T1-T2 2008
Titres	120,5	97,0
Provisions	39,2	96,9
Immobilier	3,2	11,6
Prêts à effets de levier	8,3	16,4
Rehaussement de crédit	7,4	26,5
Autres	27,4	47,7
Total	206,0	296,0

Source : BRI [2009, p.45]

Cependant, le ralentissement de l'activité économique va à la fois accroître ces pertes et modifier leur nature. En effet, comme on l'a vu au chapitre précédent – reportez-vous au tableau 4.6 –, les États-Unis étaient entrés en récession dès la fin de 2007 ; les principales économies, celles du Japon, de l'Allemagne, du Royaume Uni feront de même dans le courant du deuxième trimestre de 2008.

La récession généralisée signifie *ipso facto* pour le secteur financier et spécialement les banques, des bénéfices en baisse et surtout, des défauts plus nombreux de leurs emprunteurs, entreprises comme ménages. Mécaniquement, il devait s'ensuivre un fort accroissement des provisions et une détérioration des bilans bancaires. Désormais, c'était la question de la solvabilité de ces banques qui venait s'ajouter à celle, latente depuis 2007, de leur financement ou refinancement.

Deux exemples suffiront à illustrer le phénomène :

- le 31 août, la compagnie d'assurance allemande Allianz est obligée de vendre sa filiale Dresdner Bank à la Commerzbank pour se procurer les liquidités dont elle a besoin.
- le 7 septembre, la *Silver State Bank* dans le Nevada devient la 11e banque américaine à faire faillite depuis le début de 2008.

Enfin, dernier élément, les marchés interbancaires ont continué à être perturbés durant tout l'été 2008. Comme on l'a déjà indiqué à plusieurs reprises, le meilleur indicateur de la difficulté pour les banques de se prêter mutuellement des liquidités est constitué par l'écart, le spread, entre le taux LIBOR (*London Interbank Offered Rate*) à trois mois et le taux OIS (*Overnight Index Swap*, swap indiciel au jour le jour) de même maturité. Le premier représente le taux appliqué à des prêts sans sûreté ou garantie octroyés par une banque aux autres banques ; le second est un contrat d'échange (= un swap) dans lequel un taux fixe, celui des fonds fédéraux américains à un jour, mais payable dans trois mois, est échangé contre un taux flottant indiciel qui est une moyenne géométrique des taux fédéraux quotidiens annualisés à observer durant les trois mois à venir. Bien évidemment, le taux des fonds fédéraux est réputé être sans risque.

En d'autres termes, le LIBOR reflète les risques de crédit et de liquidité propres à la maturité (3 mois), tandis que le taux OIS est sans risque, mais susceptible de variations lors des trois mois à venir. En conséquence, la différence, l'écart (LIBOR - 0IS) est une mesure précise de la facilité (ou de la difficulté) pour les banques de s'octroyer mutuellement des prêts – la plupart du temps à très court terme.

Voici un graphique qui illustre l'évolution de cet écart (*spread*) entre août 2006 et octobre 2008. (Pour la compréhension de ce graphique, les droites verticales représentent les dates auxquelles des événements majeurs se sont produits.)

Figure 5.3 Evolution de l'écart LIBOR-OIS

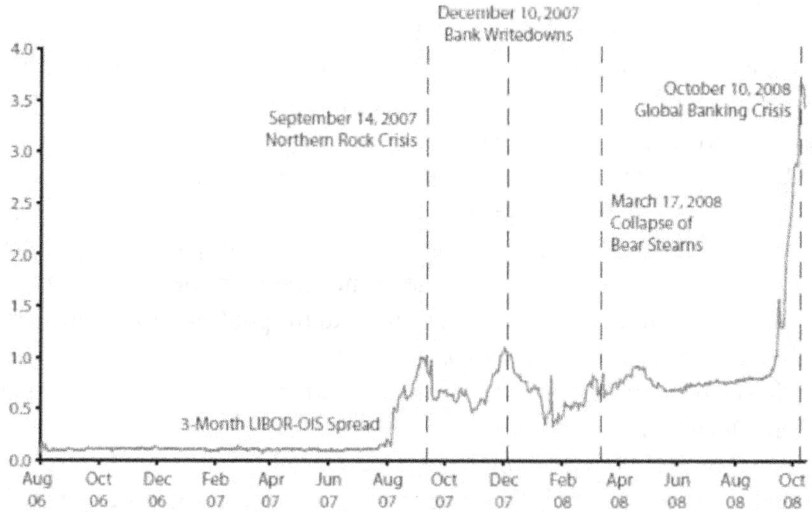

Source: Sengupta et Tam [2008]

Avant le premier «credit crunch» d'août 2007, l'écart était très faible, de l'ordre de 10 points de base, i.e. 0,1 pour cent. Plusieurs événements tels que la ruée sur Northern Rock, la vague des dépréciations d'actifs ou l'effondrement de Bear Stearns amènent l'écart aux alentours de 100 points de base. Cependant, malgré une légère diminution immédiatement après la chute de la banque d'investissement américaine, le spread demeure élevé – de 80 à 90 points de base –, ce qui constitue le signe de difficultés persistantes sur les marchés interbancaires. Le graphique a aussi le mérite de faire voir que l'assèchement du crédit qu'ont connu ces marchés à l'été 2007 n'a jamais été résorbé et que la méfiance entre banques s'est durablement installée

Cependant, la première grande secousse ne viendra pas du secteur bancaire, mais bien des sociétés parapubliques américaines de crédit hypothécaire: les GSE (*Government-sponsored Enterprises*).

Fannie et Freddie

Fannie Mae et Freddie Mac jouaient – voyez le chapitre 2 – un rôle fondamental sur le marché secondaire de l'immobilier résidentiel aux États-Unis, dans la mesure où ensemble, ces sociétés détenaient ou garantissaient environ 5.500 milliards de dollars sur la dette hypothécaire résidentielle (Frame, [2009, p.1]).

Sur ce marché secondaire, Fannie et Freddie intervenaient essentiellement de deux manières: soit en faisant office de garant pour la création et le rehaussement des titres MBS (*Mortgage-backed Securities*), fort demandés par les institutions financières parce que très liquides, soit en acquérant des actifs tels que des MBS ou encore des titres à revenu fixe, eux aussi très liquides – en gros, de l'investissement en portefeuille. À noter que pour réaliser ces investissements, les deux GSE avaient recours à un effet de levier significatif, puisque selon Frame [2009, p. 6], leurs fonds propres représentaient à peine quatre pour cent de leur actif total.

Par ailleurs, le caractère quasi-public des deux sociétés a induit les marchés financiers à penser que le gouvernement fédéral « garantissait implicitement » les titres qu'elles émettaient. Le résultat fut que les emprunteurs bénéficiaient de taux d'intérêt en moyenne inférieurs de 20-25 points de base à ceux du marché. Cependant, la garantie publique implicite devait aussi conduire les GSE (*Government-sponsored Enterprises*) à prendre plus de risques, ce qui entre parenthèses, permettait d'offrir de plus hauts rendements à leurs actionnaires.

Dès l'année 2007, mais plus encore en 2008, les difficultés vont s'accumuler pour les deux GSE, que ce soit dans leur activité de garant des titres MBS ou dans le compartiment des investissements en portefeuille.

Les dépenses pour garantie de crédit ont ainsi bondi de 1,1 milliard en 2006 à 15,3 milliards de dollars rien que pour le troisième trimestre de 2008. Pour leur part, les titres MBS détenus en portefeuille par Fannie et Freddie étaient dans leur grande majorité adossés à des prêts hypothécaires *subprime* ou Alt-A et bénéficiaient du fameux « triple A ». Les déclassements des notations couplés avec l'obligation de comptabiliser les MBS à leur valeur de marché (*mark-to-market*) se sont traduits par de lourdes pertes bilantaires pour les deux sociétés.

Le résultat de ce double mouvement fut de faire chuter le cours de l'action Fannie ou Freddie, comme l'illustre la figure 5.4, et d'installer un sentiment de défiance à l'égard des deux agences.

Figure 5.4 Cours des actions Fannie Mae et Freddie Mac (en dollar par part)

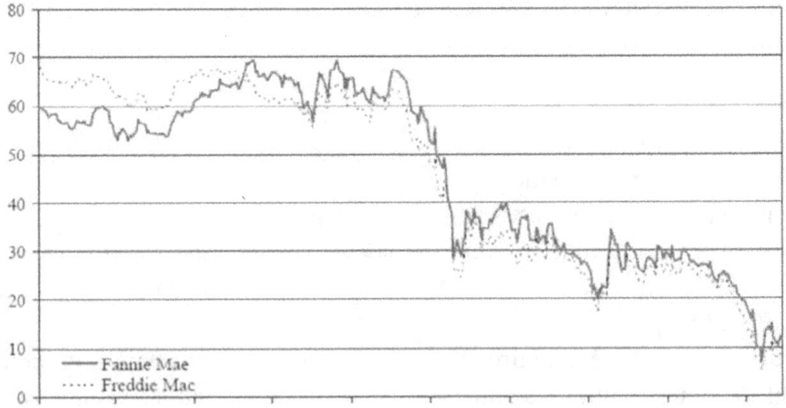

In fine, le cours de l'action « Fannie » ou « Freddie » qui flirtait avec les 80 dollars en septembre 2007, s'abaisse à moins de 30 dollars un mois plus tard ; une autre baisse significative, mais transitoire, survient juste avant la culbute de *Bear Stearn* ; enfin, on enregistre une nouvelle chute du cours de l'action entre mai et juillet 2008, qui vaut alors dix dollars.

Le 13 juillet 2008, l'État américain doit intervenir sous une double forme : en accroissant (temporairement) les lignes de crédit existantes et en achetant des actions de ces deux sociétés de prêts hypothécaires.

Cependant, comme les tensions sur les marchés de l'immobilier persistent et que les pertes annoncées, en août 2008, par Fannie Mae et Freddie Mac sont plus significatives que prévu, les autorités américaines – en fait, le Secrétaire au Trésor, Henry Paulson, Ben Bernanke, le patron de la Fed et le directeur de la *Federal Housing Finance Agency* (FHFA) – se résignent à une nouvelle intervention.

C'était le dimanche 7 septembre...

L'intervention se voulait radicale : la mise sous tutelle des deux agences. Concrètement, la prise de contrôle signifiait aussi l'entrée de l'État dans leur capital sous la forme d'actions de préférence senior et l'élimination du risque de crédit pour les détenteurs de titres émis par Freddie et Fannie. Dès ce moment, l'État américain contrôlait, selon Lybeck [2011, p. 149], près de 80 pour cent du capital des deux institutions.

Il s'agissait en réalité d'une nationalisation des deux agences fédérales de financement hypothécaire. Le coût de l'opération était loin d'être négligeable : pas moins de 100 milliards de dollars. Cinq mois plus tard, au vu de leurs pertes en 2008, ce seront 200 milliards que le Trésor américain injectera dans leur capital.

Venant après le sauvetage de Bear Stearns, le renflouement des agences aux frais du contribuable fut interprété par tous comme la preuve que l'État fédéral ne laisserait faire faillite à aucune banque ou institution financière « systémique ». Le Secrétaire au Trésor, Paulson, tout Républicain qu'il soit, en sortira pour sa part affublé du sobriquet de « Monsieur Renflouement », *Mister Bailout*...

Lehman/AIG : faiblesses structurelles et mécanismes de chute

La période qui s'ouvre après le sauvetage de Freddie et Fannie le 7 septembre sera, bien sûr, marquée par la faillite de Lehman Brothers. Il ne faudrait cependant pas passer sous silence le fait que cette même période verra également le sauvetage du géant de l'assurance, l'*American International Group* (AIG). Avant d'entrer dans l'exposé des faits, on commencera par développer les faiblesses structurelles des deux institutions avant de fournir un schéma explicatif de leur chute.

AIG : un géant de l'assurance

En 2007, l'*American International Group*, AIG en abrégé, était la première compagnie d'assurance au monde, présente dans 130 pays. Elle brassait des actifs pour un montant de plus de 1000 milliards de dollars. Comme tout assureur, elle détenait et gérait, en plus de son portefeuille de polices classiques, nombre de titres financiers, une activité qu'elle avait commencé à développer en 1987 avec la constitution d'AIG Financial Products.

Durant les années 2000, AIG s'est lancé dans l'émission à grande échelle de *Credit Default Swaps* (CDS), de contrats sur défauts. Ces dérivés de crédit ont été présentés au chapitre 1 de ce livre – voyez plus particulièrement la figure 1.3, mais aussi la figure 5.1 dans ce chapitre. Aussi se contentera-t-on de rappeler l'essentiel sur base d'un exemple qui fait intervenir trois acteurs : un acheteur de protection, nommons-le *JPMorgan Chase*, un vendeur de protection, AIG, et enfin, une entité de référence, *General Electric* (GE). Cette dernière émet des obligations, acquises, entre autres, par JP Morgan, qui bénéficiera ainsi d'un flux constant de paiements jusqu'à ce que l'obligation arrive à maturité. Evidemment, *General Electric* peut tomber en faillite – la probabilité est faible, mais non nulle. Dans ce cas, notre banque ne percevra plus les intérêts sur les obligations qu'elle détient. Elle peut toutefois prendre une assurance contre le défaut de *General Electric*, en d'autres termes, acheter un CDS, auquel cas elle sera indemnisée si la faillite se produit effectivement. Encore faut-il que JPMorgan trouve un vendeur d'assurance, de protection. Intervient en ce point AIG qui va vendre un CDS à la banque moyennant paiement d'une prime, encore appelée *spread* du CDS. La faillite de GE est l'événement de crédit, qui déclenche la protection d'AIG.

Un tel exemple n'est pas du tout imaginaire : AIG a de fait vendu des CDS pour des entités de référence telles que GE ou de grandes entreprises. Cependant, là n'est pas l'essentiel, car la compagnie a aussi assuré des titres et instruments financiers, MBS ou CDO, adossés à des prêts hypothécaires *subprime* ou autres. (Lewis [2011] a décrit de manière très vivante, mais aussi controversée, l'engagement d'AIG dans ce secteur.)

Généralisons à présent cet exemple. Fondamentalement, trois grands acteurs interviennent sur le marché des dérivés de crédit : des banques, des fonds spéculatifs (*hedge funds*) et des compagnies d'assurance. Le tableau 5.5 – déjà partiellement donné au chapitre 1 – confirme cette affirmation et fournit de surcroît d'utiles précisions sur les acheteurs et vendeurs de protection.

À l'évidence, les trois intervenants principaux sont à la fois acheteurs et vendeurs de protection. Les compagnies d'assurance par contre sont bien davantage des offrants que des demandeurs de dérivés de crédit.

Tableau 5.5 Acteurs du marché des dérivés de crédit (2006 ; en pour cent)

	Acheteurs de protection	Vendeurs de protection
Banques	59	44
Assureurs	6	17
Fonds spéculatifs	28	32
Autres	7	9

Source: British Bankers Association [2006].

À cet égard, la situation était plus tranchée encore pour AIG que pour les autres assureurs: Davidson [2008] et ISDA [2009] font à juste titre remarquer que le premier était presque exclusivement un vendeur de protection. Cette spécificité du géant américain de l'assurance aura des implications considérables. En effet, alors que banques et *hedge funds* étaient à la fois émetteurs et détenteurs de CDS et pouvaient donc compenser les entrées et sorties de paiements en cas d'événement de crédit, le groupe AIG ne le pouvait pas, condamné qu'il était à indemniser ses acheteurs de CDS.

D'après Davidson [2008, p.1] et Zhou [2013, p.4], l'encours des titres assurés via des CDS émis par la filiale AIG Financial Products (AIGFP) était égal à 440 milliards de dollars juste avant la crise. Ce qui soulève la question: pourquoi le groupe a-t-il pris autant de risques ? La réponse est double: d'une part, il pensait sans doute, comme bien d'autres, que la hausse de l'immobilier se poursuivrait indéfiniment; d'autre part, l'émission de CDS était une activité très lucrative qui générait des revenus importants du fait des primes versées par les acheteurs de protection. S'y ajoute un facteur supplémentaire: la méconnaissance des caractéristiques de ce produit bien spécifique que constitue un contrat sur défaut.

En effet, dans l'assurance classique, par exemple celle d'une habitation, la compagnie connaît la probabilité de tel type de sinistre. Si de plus, elle vend suffisamment de polices et qu'elle a correctement fixé la prime, elle déboursera toujours moins que ce qu'elle percevra. Cette probabilité est en fait celle d'événements quasiment indépendants: ce n'est pas parce que votre immeuble a été la proie des flammes que le mien flambera, sauf éventuellement si nous sommes voisins. Il n'en va pas du tout de même avec les obligations: quand certaines d'entre elles sont défaillantes, d'autres risquent de l'être également, de sorte que de nombreux titres et prêts assurés par AIG peuvent simultanément faire défaut. (Somme toute, cette situation est comparable à celle où un incendie ravage tout un quartier assuré par une même compagnie et où cette dernière est contrainte de verser des sommes énormes à titre d'indemnisation.)

Là était le talon d'Achille d'AIG.

Lehman et son mode de financement

Le problème structurel de Lehman Brothers était différent de celui d'AIG. Il se situait, comme pour toutes les banques d'investissement, dans une dépendance poussée à l'égard du financement à court terme, voire à très court terme. Examinons sous cet angle son bilan pour l'exercice 2007, dont le total se montait à 691 milliards de dollars, ce qui en faisait le troisième plus grand courtier de titres, immédiatement après Goldman Sachs et Morgan Stanley.

Tableau 5.6 Bilan 2007 de Lehman Brothers (en pour cent)

Actif		Passif	
Positions longues	45	Capital	3
Prêts collatéralisés	44	Dette (LT + CT)	18 + 8
Créances exigibles	6	Emprunts collatéralisés	37
Liquidités	1	Positions courtes	22
(Autres actifs)	(4)	Dettes exigibles	12

Source: Adrian et Shin [2009, p. 6]

Remarquons d'abord que les liquidités à la disposition de Lehman – le «disponible» – sont extrêmement réduites, puisqu'elles représentent à peine un pour cent de son actif, ainsi que l'importance des prêts avec nantissement de titres (prêts «collatéralisés»; 44 pour cent de l'actif de Lehman): il s'agit, dans ce dernier cas, des différentes formes de *repo*, de mise en pension. (Dans le même registre, mais au passif, les emprunts garantis sur titres – repo ou prises en pensions – constituent également une proportion significative de sa dette globale, soit 37%.)

Pour ce qui regarde le reste du passif, les fonds propres sont égaux à 3%, ce qui donne un levier de 33%, tout à fait dans la norme habituellement pratiquée par les courtiers en titres. Surtout, les dettes à long terme de Lehman ne représentent que 18 pour cent de ses engagements totaux. La banque d'investissement finance donc avec du court terme, 82 pour cent du total de son bilan, soit 571 milliards de dollars. Au sein de cette dernière catégorie, il faut également opérer une double distinction:

1. les dettes exigibles (les *payables*) incluent en bonne partie les dépôts liquides des clients de Lehman, en particulier des *hedge funds*, des fonds spéculatifs qui peuvent évidemment les retirer du jour au lendemain ou presque; c'est une indéniable faiblesse pour Lehman;
2. les positions courtes – 22 pour cent du total – sont constituées de titres acquis à découvert; autrement dit, il s'agit d'instruments vendus à terme par Lehman, mais qu'il ne possédait pas le jour où la transaction a été conclue; ici, l'activité est typiquement spéculative, Lehman espérant

que le cours du titre se sera abaissé au terme convenu. (Evidement, s'il a « mal » spéculé et que le titre s'est apprécié, il pourra enregistrer de fortes pertes.)

En définitive, de tous ces éléments, on conclura que Lehman était continuellement contraint de se refinancer à court terme pour des montants considérables – plusieurs centaines de milliards de dollars –, mais aussi qu'il devait s'engager tout aussi continûment dans des opérations de mise en pension des titres les plus divers, mais de qualité !

En ce point, deux précisions doivent être apportées quant à la manière dont le courtier usait de la technique du *repo*. La première a trait au repo tripartite, la seconde à la pratique comptable du « *repo* 105 ».

On a expliqué dans ce chapitre que les mises en pension tripartite se différenciaient du *repo* classique en ce qu'elles faisaient intervenir une centrale de compensation (généralement une grande banque commerciale) en tant qu'intermédiaire entre le vendeur et l'acheteur de titres. Lehman recourrait de manière intensive au *repo* tripartite. De ce point de vue, le schéma présenté à la figure 5.2 s'applique à tous égards, sous la condition de remplacer Goldman par Lehman, *JP Morgan Chase* continuant à jouer le rôle de centrale de compensation.

Recourir largement au repo tripartite était potentiellement une faiblesse pour Lehman, dans la mesure où un tiers compensateur – une banque par exemple – s'interposait dans le processus d'échange de titres contre monnaie et que celui-ci était susceptible d'interrompre le flux régulier des transactions *repo*.

L'utilisation du repo 105 – ce nombre s'explique par le fait qu'au minimum, des titres d'une valeur de 105 dollars s'échangeaient contre 100 dollars liquides – est une pratique comptable, à la limite du délit, qui a été mise au jour dans le Rapport Valukas. (Ce dernier était un expert désigné par le Tribunal des Faillites de New York pour enquêter sur la chute de Lehman Brothers.) Dans les mots-mêmes de Valukas [2010a, p.732], « Lehman employait des techniques hors-bilan, connues en interne sous le nom de transactions « Repo 105 » (...), pour supprimer temporairement des stocks de titres de son bilan, habituellement pour une période de sept à dix jours, et donner une photographie matériellement erronée de la condition financière de l'entreprise à la fin de 2007 et en 2008. » Plus précisément, le but de l'opération comptable était de diminuer le levier de Lehman – temporairement, lors de la publication des rapports trimestriels et annuels de la société.

Quant à la technique, elle consistait à comptabiliser la cession des titres non pas comme un prêt, mais comme une vente. Un exemple simple – directement inspiré de Valukas [2010a, pp.752-60] – permet de mieux comprendre le mécanisme.

Tableau 5.7 Bilan simplifié de Lehman (en millions de dollars)

Actif		Passif	
Instruments collatéralisés	350.000	**Capital**	27.000
Liquidités	7.500	**Financements collatéralisés**	325.000
Autres postes	442.500	**Autres postes**	448.000
Total	800.000	**Total**	800.000

Remarquons d'abord que le levier brut est égal à 29,63 dans cet exemple simplifié. (Il s'obtient en divisant l'actif total par le capital.) Supposons ensuite qu'une transaction de mise en pension s'opère pour un montant de 50 milliards de dollars.

Dans le repo classique, les mouvements bilantaires s'effectuent en deux temps : 1. lors du prêt de titres contre monnaie, les postes « Liquidités » et « Financelents collatéralisés » s'accroissent tous deux de 50 milliards, ce qui porte le total du bilan à 850 milliards ; le levier est alors égal à 31,48 ; 2. lorsque le *repo* arrive à maturité et que Lehman rembourse son partenaire, les mêmes postes « Liquidités » et « Financements collatéralisés » diminuent de 50 milliards, de sorte que l'on en revient à la situation initiale telle qu'elle est décrite au tableau 5.7. En conséquence, le levier est à nouveau de 29,63.

Si Lehman effectue 50 milliards de transactions *repo* 105, il considère l'opération comme une vente de titres. Dans ce cas, seuls les deux postes « Instruments collétarisés » et « Liquidités » sont affectés : le premier diminue de 50 milliards et le second s'accroit du même montant, ce qui laisse le total de l'actif inchangé et donc aussi le levier (=29,63). Cependant, au terme du contrat, lorsque les titres lui sont retournés, Lehman considère que les liquidités ont servi à rembourser lesdits titres. En conséquence, le poste « Liquidités » diminue de 50 milliards à l'actif et le poste « Financements collatéralisés » diminue du même montant au passif. Comme l'actif/passif est maintenant égal à 750 milliards, le levier est réduit à 27,77 (=750.000/27.000).

L'utilisation de la technique a permis à Lehman de diminuer son levier réel de 1,8 en moyenne sur le dernier trimestre de 2007 et les trimestres 1 et 2 de 2008 (Vakulas, [2010a, p.748]). Bien évidemment, un tel procédé revenait à « flatter » aux yeux du public sa situation financière. En réalité, c'était la démonstration que Lehman était surendettée.

Un schéma explicatif

Limitons d'abord le problème. Il s'agit, du moins à ce stade, d'expliquer les « derniers jours » d'une banque d'investissement, sa culbute finale.

(J'utiliserai surtout Duffie [2011, chapitres 1 à 3], qui fournit une très bonne approche du problème.) Par ailleurs, toutes les conditions préalables – crise des *subprime* et ruptures dans la chaîne de titrisation, dépréciation des actifs, faillites bancaires et crise du système financier dans son ensemble, *credit crunch* latent, etc. – sont supposées réunies, ce qui est évidemment le cas en ce mois de septembre 2008.

Une banque d'investissement telle que Lehman est essentiellement en relation avec deux autres types d'entités : des banques commerciales ou d'investissement et des fonds spéculatifs (*hedge funds*). Rappelons cependant que les premières sont aussi des *primary dealers* (des courtiers en valeurs du Trésor), qui ont accès au marché de l'*open market* de la Réserve fédérale. Lehman était du lot – voyez le tableau 1.2 au premier chapitre.

Pour le reste, une banque *primary dealer* remplit trois grandes fonctions – on négligera ici les activités hors bilan de nombre de ces banques, qui avaient constitué des *Special Investment Vehicles* (SIV), car en septembre 2008, ces SIV soit avaient fait faillite, soit avaient été réintégrés dans le bilan de la banque-mère :

(i) intermédiation entre émetteurs et investisseurs sur le marché primaire des titres et entre investisseurs sur le marché secondaire, à quoi il faut ajouter le trading pour compte propre ; à noter que les *dealers* sur titres intermédient également les marchés du *repo* sous toutes ses formes, bilatérale, tripartite, etc. ;
(ii) contrepartie sur les marchés des dérivés traités de gré à gré, dits OTC (*Over-the-Counter*), c'est-à-dire qui représentent du sur mesure et ne s'échangent pas sur des marchés organisés ; ces dérivés relèvent de deux grandes catégories : les contrats d'échanges de taux d'intérêt (*Interest Rate Swaps*, IRS) et les contrats sur défauts (*Credit Defaults Swaps*) ; dans ce dernier cas, les banques *primary dealers* sont susceptibles d'être contreparties les unes des autres via ce que l'on appelle une novation (une novation est la substitution d'une nouvelle obligation contractuelle à une obligation existante, en l'occurrence, la substitution d'un vendeur de protection à un autre vendeur de protection) ; ici aussi, les *primary dealers* font du trading des dérivés OTC pour compte propre ;
(iii) courtage privilégié (*prime brokerage*) en faveur des *hedge funds* et des gros investisseurs, institutionnels ou privés, de même que gestion de fortune pour le compte de ces derniers.

Dans l'exercice de chacune de ces fonctions, une banque d'investissement – il n'en va pas de même pour les banques commerciales, car elles disposent d'un coussin de dépôts liquides – peut être confrontée à des problèmes aigus de liquidités. Dans un contexte de baisse générale du *Stock Exchange* et de ses propres cours boursiers, cette crise de liquidité se double, pour la banque, d'une crise de solvabilité, qui pose tout simplement le problème de sa survie, en termes plus techniques sa faillite. Sa solvabilité est d'autant plus compromise que son endettement est important : en effet, comme on l'a expliqué au début du chapitre 3, lorsque le levier d'une unité financière est élevé – pour les banques d'investissement, il tournait autour de 30 –, alors une baisse généralisée du prix des actifs est susceptible d'enclencher des *ventes forcées* et puis une véritable spirale déflationniste.

En fin de course, en cas de persistance des difficultés de financement et des interrogations quant à sa solvabilité, la banque en question peut même faire l'objet d'une véritable « ruée » sur liquidités, qui est l'analogue d'une « ruée aux guichets » pour les banques de dépôts.

Voici à présent quelques goulets d'étranglement potentiels pour chacune des fonctions distinguées, goulets susceptibles de déclencher une ruée :

- concernant (i), le *repo* tripartite est la principale source de tarissement de la liquidité et ce par deux canaux – le relèvement des décotes, des *haircuts*, sur titres gagés et surtout le refus de la banque de compensation de continuer à jouer ce rôle ; dans les deux cas, le résultat est d'obliger la banque d'investissement à gager davantage de titres pour se réapprovisionner en cash, mais à un coût de plus en plus prohibitif ;
- concernant (ii), on peut distinguer également deux voies de raréfaction de la liquidité pour la banque d'investissement : d'une part, si l'une des contreparties d'un contrat dérivé de gré à gré (OTC) du type IRS (*Interest Rate Swap*) ne peut assumer ses obligations, alors il existe un « master swap agreement », dont l'objet est précisément de déterminer les obligations des deux parties dans l'hypothèse où l'une d'entre elles fait défaut : généralement, la contrepartie de la banque sera astreinte à remettre une certaine quantité de titres collatéraux, qui resteront dans les mains de la banque jusqu'au débouclage des positions ; d'autre part, en matière de contrats d'assurance CDS, il est clair que la survenance d'un événement de crédit déclenchera l'activation de la protection et donc des sorties de fonds correspondantes ; de plus, s'il s'avérait que la banque était incapable de faire face à ses obligations, elle serait ici aussi amenée à apporter du collatéral additionnel, qu'elle devrait se procurer d'une manière ou d'une autre, par exemple en l'acquérant contre monnaie ; enfin, très souvent, une banque d'investissement apporte du collatéral additionnel en cas de dégradation de sa propre note de crédit ;
- concernant (iii), le danger le plus grave réside dans la fuite des clients qui bénéficie du courtage privilégié (*prime brokerage*) ; en effet, ces clients amènent des liquidités et des titres, qui permettent à la banque

de se financer elle-même, sur le mode indiqué par le schéma suivant (on considère deux *hedge funds*, clients d'un courtier) :

Figure 5.4 Financement typique d'un courtier privilégié

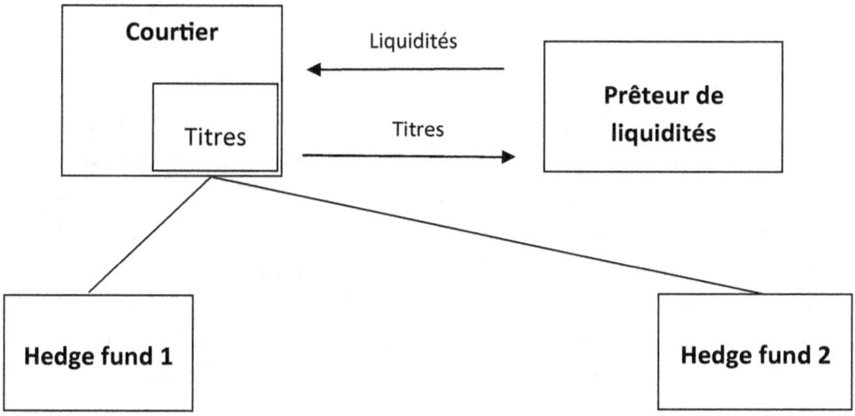

Il faut ajouter à ces resserrements potentiels de la liquidité, le refus pur et simple opposé par une banque de compensation – on est alors quasiment en phase terminale ! – qu'une autre banque cliente puisse continuer à bénéficier de la compensation normalement permise et d'interrompre ainsi les transferts de liquidité.

Pour terminer, précisons qu'une fois la spirale déficit de liquidités/érosion de la solvabilité enclenchée, le sort de la banque d'investissement devient une question de jours, voire d'heures, tant l'épuisement des liquidités est rapide. (Pour s'en convaincre, il suffit de se reporter au tableau 4.8 au chapitre précédent, qui montre l'évolution des réserves de liquidités de Bear Stearns, ces dernières passant de 21 milliards de dollars le 5 mars 2008 à 2 milliards huit jours plus tard.)

La décade prodigieuse

La décade prodigieuse, ce sont les dix journées, à dater du 12 septembre, qui vont aboutir à la disparation pure et simple, en tant que banques d'investissement, des «*Big Four*», à savoir Goldman Sachs, Lehman Brothers, Merrill Lynch et Morgan Stanley – la cinquième, c'est-à-dire Bearn Stearns, ayant déjà été rachetée par JPMorgan Chase en mars 2008. Plus fondamentalement encore, durant cette décade, le système bancaire et financier mondial sera au bord de l'implosion pure et simple.

Ce sont donc ces journées décisives que l'on va à présent passer en revue à la lumière du schéma explicatif qui vient d'être développé. Il faudrait se garder toutefois de considérer que la partie est purement financière et se joue entre des acteurs rationnels. En réalité, de multiples facteurs politiques vont intervenir et compliquer le processus de décision. D'ailleurs, c'est le trinôme Paulson-Bernanke-Geithner et non le gouvernement ou le Congrès, qui prendra l'essentiel des décisions. Mais eux-mêmes sont loin de se comporter en acteurs parfaitement rationnels. Selon un mot célèbre, ils ont sans doute fait l'histoire, mais ils ne savaient pas l'histoire qu'ils faisaient !

Les prémisses

Lehman Brothers avait senti passer le vent du boulet en mars 2008, lors de la reprise de Bear Stearns par JPMorgan. Les marchés étaient persuadés que l'établissement serait la prochaine victime. D'ailleurs, le 17 mars, jour du sauvetage de Bear Stearns, l'action Lehman a perdu 43% de sa valeur – elle avait atteint un plus haut en février 2007, époque où elle cotait à 86,18 dollars. La chute se poursuivra tout au long de l'été et le 12 septembre, elle ne vaudra plus que 3,65 dollars. Parallèlement, les bénéfices de la firme s'érodent. Le 9 juin 2008, elle annonce une perte de 2,8 milliards pour le deuxième trimestre.

Au début d'avril, elle récolte avec succès 4 milliards de dollars ; le 6 juin, elle annonce qu'elle va lever 6 milliards de capital supplémentaire. La chute de son cours boursier se poursuit néanmoins. Dès le début de l'été 2008, il est clair que la société devra accroître ses fonds propres et trouver un partenaire auquel elle puisse s'adosser. (Selon le journal *L'Echo* (11/09/2013), le Secrétaire au Trésor, Hank Paulson, avait déjà suggéré une telle solution à Dick Fuld, le PDG de Lehman, le 11 avril.) Apparemment, mais assez tardivement, i.e. en août, des discussions seront engagées avec la Korea Development Bank pour qu'elle entre dans le capital de Lehman.

D'un autre côté, Lehman va éprouver dès juin 2008 des difficultés croissantes pour se procurer les liquidités dont elle a besoin. On a déjà évoqué, à cet égard, le rôle que jouaient les marchés de pensions dans son approvisionnement en monnaie. Selon Hördal et King [2008, p.39], c'était près de la moitié de son actif qu'elle finançait par le canal de ces marchés. Or, ces marchés, on l'a développé dans ce chapitre, relèvent de deux grandes catégories : d'une part, le *repo* simple, bilatéral ; d'autre part, le *repo* tripartite. Si l'on se réfère à l'indice des *haircuts* (décotes) dressé par Gorton et Metrick [2009, p.42] – il s'agit d'une moyenne calculée sur base de neuf classes d'actifs utilisés comme collatéral –, le taux des décotes sur le marché des pensions bilatérales passe de 15% à 25% en juin 2008, après quoi il bondira à plus de 40% au début de septembre. C'est évidemment la démonstration que ces marchés ont été profondément perturbés dès le début de l'été. Par contre, Copeland et al. [2010, p.55-61] ont montré que les montants collectés et le nombre d'investisseurs sur les marchés tripartite n'avaient baissé fortement que lors de la semaine qui précéda la faillite de Lehman : ainsi, celle-ci récoltait encore 150 milliards de dollars financés par 60 investisseurs le 8 septembre ; quatre jours plus tard, le 12 septembre, les données respectives tombaient à 95 milliards et 40 investisseurs. Dans le même sens, les CDS référencés sur Lehman ont vu leur prime passer de deux à cinq pour cent début septembre.

La conclusion à tirer de toutes ces études et données, c'est que le total des liquidités à la disposition de Lehman se détériora continûment durant l'été 2008, mais que la « ruée » proprement dite sur les liquidités n'intervint qu'en septembre. C'est donc sur cette semaine antérieure à la chute fatale qu'il faut à présent se concentrer.

En fait, les premières journées de septembre correspondent en tout point au schéma explicatif que l'on a présenté. Comme le signale Valukas [2010b], dès la fin août, Lehman a été mis sous pression par plusieurs de ses banques compensatrices – notamment, Citi, Bank of America et surtout JPMorgan – pour apporter du collatéral en suffisance de manière à couvrir son exposition à l'égard de chacune de ces banques.

Voyons à titre exemplatif ce qui s'est produit avec JPMorgan Chase. (Les deux sources principales que j'utiliserai sont Valukas [2010b] et Zubrow [2010].) En fait, la grande banque commerciale servait de principale banque compensatrice de Lehman à la fois pour ses activités sur les marchés des pensions et pour celles de courtier privilégié (*prime broker*). Pratiquement, les transactions au jour le jour relevant du *repo* tripartite se déroulaient comme suit : un investisseur, par exemple une SICAV monétaire, vendait ses titres dans la soirée à JPMorgan ; le lendemain, au début de la journée de trading, ce dernier remboursait l'investisseur (moyennant un supplément, la décote) et portait en compte les titres que Lehman déposait tout en lui remettant les liquidités correspondantes. Le premier faisait donc de grandes avances de liquidités au second. Aux dires de Zubrow [2010, p.2], si l'on ajoute ces avances à celles consenties pour les activités de *trading* de Lehman, on obtient un total de « plus de 100 milliards chaque jour ».

Le risque encouru par JPMorgan lors de ce processus renouvelé chaque jour est triple : 1. Lehman se révèle incapable de racheter les titres qu'il a déposés ; 2. la valeur de ces titres remis comme collatéral diminue durant la journée ; 3. l'investisseur ne renouvelle pas, en soirée, son prêt d'argent à Lehman. Pour se prémunir – partiellement – contre ce risque, JPMorgan avait décidé, avec l'accord de la Fed, de prélever une décote, un *haircut*, sur les avances intra-journalières consenties à tous ses clients courtiers, en ce compris Lehman Brothers. L'introduction de ces marges devait s'effectuer d'avril à juin 2008.

De plus, compte tenu de la difficulté croissante d'évaluer la valeur de marché des titres nantis, JPMorgan imposait au même moment la pratique des dépôts de garantie. C'est ainsi que le 2 juin 2008 – Zubrow [2010, p.4] –, JPMorgan signalait à Lehman qu'il devrait apporter 6 milliards USD en garantie ; en même temps, le premier acceptait la proposition du second de reporter, à la mi-août 2008, l'introduction d'une décote égale à 100% de celle demandée par les investisseurs.

À la mi-juin, Lehman, via sa filiale LBI (*Lehman Brothers Inc.*), fournissait à JP Morgan les 6 milliards demandés sous forme de titres. Fin août, il apparaît que ces derniers sont soit illiquides, soit ont une valeur inférieure à celle déterminée par Lehman. En fait, les analystes de la banque commerciale évaluent à seulement un milliard leur contrepartie monétaire.

De la chute de Lehman…

Fin août-début septembre, on y a insisté, la situation financière de Lehman se détériore considérablement ; ses pertes se multiplient ; les liquidités à sa disposition s'étiolent ; l'action Lehman continue de chuter et ses fonds propres fondent comme neige au soleil. Dans ce contexte, l'exposition au risque de JPMorgan va croissante. Le jeudi 11 septembre, alors que Lehman annonce une perte de 3,9 milliards au troisième trimestre, JPMorgan lui réclame cinq milliards de dollars en cash et lui envoie – Valukas [2010b, p.1165] et Zubrow [2010, p.7] – une lettre précisant que s'il n'apportait pas le collatéral le lendemain à l'ouverture de la banque, alors ses comptes seraient bloqués. Lehman amènera finalement les cinq milliards en deux fois, le vendredi matin et au début de l'après-midi. Mais c'était trop tard. L'action Lehman a chuté de 42% par rapport au jour précédent : sa capitalisation boursière est à peine supérieure à 2 milliards de dollars. Des *hedge funds* retirent leurs actifs. Certains gros investisseurs vont même plus loin et refusent de lui fournir le financement au jour le jour dont il a le plus grand besoin pour simplement fonctionner. La faillite serait inéluctable, si une solution n'intervenait pas d'ici la réouverture des marchés le lundi 15 septembre.

On est alors le vendredi 12 septembre ; la décade prodigieuse peut commencer. (J'utiliserai maintenant essentiellement Wessel [2009], Mc Donald [2009] et Stewart [2009 ; 2010].)

La principale question posée est de savoir comment sauver Lehman. Tout le monde avait encore en mémoire le précédent de Bear Stearns : en un mot, trouver un repreneur et injecter de l'argent public dans le capital de la firme en difficulté. Cependant, le problème est complexe, parce que le week-end précédent, le Trésor avait sauvé Freddie Mac et Fannie Mae. À cette occasion, le Secrétaire au Trésor Paulson, mais aussi le Président de la Fed, Bernanke, avaient été l'objet de nombreuses critiques de la part des Républicains les plus à droite. (Un Sénateur, Jim Bunning, avait même déclaré à Bloomberg que Paulson se comportait comme le ministre des finances chinois !) Résultat : par calcul, ce même vendredi, Paulson avait laissé diffuser par différents medias l'information qu'il ne voulait pas d'un sauvetage public de Lehman. Il fallait donc une solution « privée » et de fait, Paulson avait deux repreneurs potentiels en tête: la Bank of America et la banque britannique Barclays. Bernanke était plus évasif sur la question et le Président de la Fed de New York, Tim Geithner, encore davantage, mais de toute manière, il était exclu que des divergences apparaissent publiquement entre les trois hommes. Leur position commune fut donc: « Pas d'argent du contribuable pour sauver Lehman ». Subsistait toutefois une question: qui allait reprendre les actifs toxiques de la banque virtuellement en faillite ? Geithner avait déjà expérimenté une réponse à cette question – c'était en 1998 – en incitant les grandes banques à intervenir financièrement pour sauver le fonds spéculatif *Long Term Capital Management*.

Lorsque Geithner, en présence de Paulson, réunit le gratin bancaire, américain et international, au siège de la Fed new yorkaise, ce vendredi à 18 heures, tous les éléments d'une solution potentielle existent déjà. Le but est clair: obtenir des vingt plus grandes banques qu'elles mettent suffisamment de monnaie sur la table de manière à rendre Lehman attractive pour l'un des deux repreneurs pressentis: Bank of America ou Barclays.

Les banquiers, après avoir été avertis qu'il n'y aurait pas d'intervention publique, sont répartis en trois groupes de travail: le premier conduit par Goldman Sachs et le Crédit Suisse, était chargé d'évaluer la valeur réelle du portefeuille des titres adossés à l'immobilier commercial ; la mission du deuxième, cornaqué par Morgan Stanley, Merrill Lynch et Citigroup, s'apparentait à celle – l'expression est de Geithner – d'un « consortium de liquidation »: vendre Lehman par morceaux, les acheteurs étant précisément les banquiers réunis à la Fed de New York; quant au troisième groupe, il devait s'occuper d'analyser les conditions d'une faillite de Lehman. Il était convenu que les groupes se réuniraient à nouveau le lendemain.

Samedi matin, vers 8 heures, les PDG de la veille et leurs assistants se retrouvent au siège de la Fed de New York. Paulson et Geithner avertissent les participants que Barclays leur paraît être le meilleur repreneur, mais que les négociations continuent avec la Bank of America. Les groupes de travail reprennent alors leurs activités.

Cependant, Paulson n'avait pas tout dit: il savait que les négociations avec Bank of America ne se poursuivaient pas. Il avait en effet joint par téléphone, dès 8 heures, – voyez *L'Echo*, 12/09/13 – le PDG de la banque commerciale, Ken Lewis. Celui-ci lui avait déclaré qu'il n'était plus intéressé par Lehman: trop de dettes à assumer ! Du moins, c'était la raison invoquée, car Lewis avait en vue l'acquisition de Merrill, tout aussi endettée que Lehman, mais plus aisée à absorber à ses yeux. Aussi quand le patron de Merrill, John Thain, lui téléphone vers 9 heures du matin pour lui proposer un rendez-vous, Lewis n'hésite pas et prend le premier avion pour New York. Les discussions entre les deux hommes se poursuivront tout le week-end et finalement un accord sera signé dans la nuit de dimanche à lundi. À ce moment, Merrill Lynch aura cessé d'exister en tant que banque d'investissement. (La transaction s'opèrera sur base du rachat par Bank of America de l'action Merrill au cours de 29 dollars par part, ce qui au total aura coûté 50 milliards à la banque; le prix était intéressant, car l'action cotait à 17 dollars le vendredi 12 septembre. À titre de comparaison, à son plus haut en fin d'année 2006, elle valait 256 dollars.)

À présent, il ne restait plus qu'une carte à jouer par Paulson et Geithner: celle de Barclays. C'est pourquoi une partie de ce samedi se passa à tenter de convaincre les dirigeants de la banque britannique de faire le pas. Cependant, l'un et l'autre savaient aussi que les autorités anglaises ne voyaient pas le mariage avec enthousiasme. Dans une conversation téléphonique, le chancelier de l'Echiquier, Alistair Darling aurait même dit: «Nous n'allons pas importer votre cancer», Wessel [2009, p.19]. Et d'ajouter que de toute façon, la décision ultime devait revenir au régulateur des banques britanniques, la *Financial Services Authority* (FSA).

Le dimanche 14 septembre est utilisé par Paulson et Geithner pour donner de multiples appels téléphoniques en Grande-Bretagne. Contrairement aux attentes, la FSA, toute indépendante qu'elle soit du gouvernement, n'est pas favorable à la reprise de Lehman par Barclays. Même si cette dernière a les reins solides, elle n'est pas en mesure d'encaisser seule tout le risque, estime-t-elle. Un soutien du type de celui reçu par Bear Stearns est indispensable, qu'il vienne de la Fed ou du consortium des banquiers de New York, peu importe.

Quand Barclays a connaissance de la position de la FSA, ses réticences vont grandissantes. En particulier, elle demande que la Fed et le Trésor se portent garants des dettes de Lehman jusqu'lundi, jour de la réouverture des marchés (Wessel, [2009, p.20]). De plus, elle découvre que les règles britanniques nécessitent un vote des actionnaires sur cette garantie, sauf si la FSA accorde une dérogation à cette règle. Celle-ci s'y refuse et en conséquence, les négociations sont rompues.

Lorsque, le dimanche, les grands banquiers se retrouvent à nouveau au siège de la Fed de New York, Paulson et Geithner ont une mine sinistre. Le premier annonce immédiatement: «La transaction avec Barclays a échoué. Vous devez anticiper une faillite de Lehman». (Le propos est cité par Stewart [2010, p.55], mais j'ai refait la traduction sur base de Stewart [2009].) Le reste n'est plus qu'une question d'habillage juridique, donc de temps et dans la nuit du 14 au 15 septembre, Lehman Brothers's Holding Inc. dépose son bilan. Un membre du Congrès, Barney Frank, propose de faire du lundi 15 septembre le Jour du Libre Marché (*Free Market Day*) !

... à celle d'AIG

Comme on l'a développé précédemment, le problème principal de la compagnie d'assurance *American International Group* résidait dans l'énorme portefeuille de contrats sur défauts (des CDS donc) qu'elle avait vendu depuis le début des années 2000. En réalité, ses difficultés remontaient à mars 2005, lorsque Standard and Poor's dégrada sa note de AAA à AA+ pour cause notamment de « transactions financières discutables », ISDA [2009]. Elles se sont amplifiées avec la crise des *subprime*, car le géant de l'assurance avait massivement investi dans des obligations structurées adossées à des prêts hypothécaires, les fameux CDO (*Collateralized Debt Obligations*), émis par Lehman et d'autres institutions financières.

D'après Lybeck [2011, pp.154-55], la position notionnelle d'AIG en dérivés de crédit était de 2.700 milliards de dollars, mais mille d'entre ces derniers avaient été passés avec 12 institutions seulement. Par ailleurs, l'assureur avait émis des CDS (*Credit Default Swaps*) pour un montant de 527 milliards.

Les problèmes de liquidité et puis de solvabilité, d'AIG sont devenus aigus au début du mois de septembre 2008. Ses soucis en matière de liquidité résultaient essentiellement du fait qu'une dégradation de sa notation lui imposerait de lourds appels de liquidités en garantie. Ainsi, selon la compagnie elle-même (AIG [2008a, p.40]), « un déclassement de la note sur la dette senior à long terme d'AIG au niveau A+ par Standard and Poor's et A1 par Moody's permettrait aux contreparties d'exiger des appels de collatéral pour un montant approximatif de 13,3 milliards. »

Deux facteurs supplémentaires vont cependant intervenir durant l'été 2008 – voyez AIG [2008b, p. 49] :

1. historiquement, AIG a reçu des liquidités pour un montant situé entre 100-102 pour cent de la valeur des titres qu'elle prêtait ; par la suite, sous la pression de la concurrence, la compagnie a accepté des prêts de monnaie correspondant à une valeur inférieure à cette fourchette ; il s'en est suivi des pertes jusqu'au 31 août 2008 évaluées à 3,3 milliards de dollars ;
2. entre juillet et août 2008 se sont ajoutées d'autres pertes de liquidités consécutives à la fois aux diminutions de la valeur des CDO supersenior protégés par les CDS émis par AIG Financial Products et des dégradations de la note de ces CDO, le tout pour un montant de 6 milliards.

Sur cette fuite de liquidités s'est greffée une diminution importante du cours de l'action AIG à partir de juin 2007. À cette date, l'action valait 1450,8 dollars ; au tout début de septembre 2008, elle cotait à 446,8 dollars, soit une baisse de plus de 69 pour cent en 14 mois.

La spirale déficit de liquidités/érosion de la solvabilité s'accélérera véritablement le vendredi 12 septembre, lorsque Standard and Poor's plaça AIG sous perspective négative et laissa entendre qu'elle pourrait abaisser sa note d'un ou deux crans la semaine suivante. Ce même vendredi, un signe qui ne trompe pas, deux filiales de la société-mère – voyez AIG [2008b, p.50] – se trouvaient dans l'incapacité de renouveler leur émission de papier commercial et donc enregistraient de lourdes pertes de liquidités. Pour couronner le tout, ce 12 septembre, l'action AIG cotait à 12,14 dollars. Sauf coup de barre immédiat, la compagnie se dirigeait tout droit vers la faillite.

Le Directeur général d'AIG, Robert Willumstad, avait fait savoir à Geithner, le 11 septembre, que sa compagnie avait un problème de financement à court terme. Ce dernier avait été « sidéré » (Wessel [2009, p.189]), ce qui prouve qu'il ne s'attendait pas à ce que le problème se pose aussi rapidement. Le lendemain, aux dires de Stewart [2010, p.29; p.47], Willumstadt avait encore été plus précis en lui affirmant qu'il devait lever immédiatement 20 milliards de dollars, une somme qui passera à 40 milliards le samedi 13 septembre. Trouver de nouvelles sources de financement devint alors la priorité du week-end pour le dirigeant d'AIG. Cependant, le dimanche soir, il devait se rendre à l'évidence: il lui était impossible de lancer une nouvelle émission d'actions.

La journée du lundi 15 septembre commence très mal, notamment parce qu'AIG doit verser 5,2 milliards aux contreparties qui lui ont prêté des titres ce jour et que le marché du papier commercial lui demeure obstinément fermé. La compagnie essaie alors une dernière tentative pour obtenir un prêt de 75 milliards de la part d'un consortium de banques. Elle se heurte à deux obstacles majeurs: d'une part, l'action AIG tombe à 4,76 dollars, soit une baisse de 60 pour cent par rapport à son cours du vendredi 12 septembre; d'autre part – et c'est encore plus grave –, les trois agences de notation dégradent sa note sur la dette à long terme: de trois crans pour Standard and Poor's, de deux pour Moody's et Fitch. (Coût estimé du déclassement: 20 milliards, une somme bien supérieure aux projections données plus haut, qui dataient de juillet.)

Lundi soir, il est clair qu'AIG ne peut avoir recours au secteur privé pour résoudre ses problèmes de liquidité et de solvabilité. L'alternative est alors: la faillite ou un renflouement public. Cette dernière branche de l'alternative semblait difficilement réalisable, compte tenu que Lehman s'était déclaré en faillite ce même jour. Lors d'une réunion tenue à 11 heures du matin, Geithner avait d'ailleurs réitéré la position officielle: pour AIG, « il n'y aura pas d'aide publique », Stewart [2010, p.70]. Cependant, la compagnie d'assurance est vraiment un très gros morceau: elle occupe 116.000 salariés et compte 74 millions de clients dans le monde, dont 30 millions rien qu'aux États-Unis; ses contrats d'assurance CDS ont été largement achetés par les banques américaines et européennes; enfin, l'action AIG est une des actions les plus détenues dans les contrats d'épargne retraite – les fameux plans 101(k) –, auxquels ont souscrit des millions d'Américains.

Bref, une faillite d'AIG est à très haut risque, y compris politique, puisque les élections présidentielles auront lieu dans moins de deux mois. Pour toutes ces raisons et quelques autres encore, la position officielle va finir par évoluer. La direction de la Fed en particulier est rapidement convaincue qu'il faut sauver AIG et donc, qu'une intervention publique est absolument nécessaire.

Le mardi 16 septembre, une réunion d'urgence se tient dans le bureau de Bernanke – Paulson et Geithner y participent par téléphone. Un consensus s'en dégage pour octroyer à AIG un prêt de 85 milliards de dollars gagé sur ses actifs et assorti d'un taux d'intérêt de 8,5%, supérieur à celui pratiqué sur le marché interbancaire. De plus, le gouvernement prend une participation majoritaire dans le capital d'AIG en détenant 79,9% de ses actions. Geithner donne à AIG jusqu'à 20 heures pour accepter les termes de l'accord. Dans l'intervalle, Bernanke et Paulson voient le président Bush à la Maison-Blanche et lui expliquent la gravité de la situation tout en obtenant son appui pour aider AIG. Ils se rendent ensuite au Capitole à 18 heures pour informer les leaders du Congrès du plan de sauvetage. Un des points les plus difficiles à accepter pour ces leaders est bien sûr le prêt de 85 milliards.

À 19h50, Willumstad fait savoir à la Fed que sa compagnie accepte les termes de l'accord.

Riposte et développements

Le mercredi 17 septembre, les bourses dévissent partout dans le monde. Aux États-Unis, le *Dow Jones Industrial Average* chute de 449,36 points, soit une baisse de 4,1 pour cent. L'action Morgan Stanley perd 24% et celle de Goldman Sachs près de 14%. Le rendement des bons du Trésor américain (les T-bils) tombe à 0%, tant les autres titres, même les plus sûrs, sont délaissés. *General Electric* – ce n'est qu'un exemple parmi bien d'autres – est obligée de payer une prime de 1,5 pour cent pour emprunter de l'argent au jour le jour. Pire encore – c'est du jamais vu –, le plus ancien fonds commun de placement des États-Unis, le *Primary Fund*, se débat dans des difficultés inextricables. Au total, comme le dit Bernanke – propos rapporté par Wessel [2009, p.199] –, « les marchés sont frappés par un choc anaphylactique », en termes moins savants, par un choc qui peut être mortel si rien n'est fait.

Le président de la Fed, toujours lui, est à présent persuadé qu'il faut convaincre le Congrès de la nécessité d'injecter massivement l'argent du contribuable dans le système bancaire pour assurer sa survie. Cependant, il doit tenir compte de l'avis de Paulson, qui craint de se voir opposer un refus de la part du Congrès, surtout dans une année d'élections. Finalement, après bien des péripéties – détaillées par Wessel [2009] et Stewart [2009,

2010] –, les deux hommes rencontreront le Président, puis le Congrès, le jeudi 18 septembre.

Deux grandes voies stratégiques se présentent alors au duo Paulson-Bernanke, soit injecter directement du capital dans les établissements en péril, soit retirer les « actifs toxiques » de leur bilan. Celui-là penche nettement en faveur de la seconde possibilité, tant l'étiquette de « Monsieur Renflouement » lui colle à la peau et que la majorité des Républicains est hostile à toute forme de nationalisation, même déguisée. Bernanke, pour sa part, en bon historien de la « Great Depression » des années trente, sait parfaitement qu'à cette époque, l'État avait dû prendre des participations significatives dans le capital des banques menacées. La politique primant sur toute autre considération, l'approche de Paulson l'emportera, du moins à court terme. Dans la suite des opérations, Paulson et Bernanke feront donc front commun.

Au président Bush, ils expliquent qu'il faut adopter une législation permettant le rachat des actifs « toxiques » adossés à des prêts hypothécaires. Bernanke ajoute – voyez Stewart [2010, p.98] – qu'il serait prudent d'aller au-devant du Congrès et que tout apport d'argent frais devrait être dispensé par le Trésor plutôt que par la Fed, celle-ci ayant utilisé toute la gamme des outils dont elle disposait.

À 19 heures, Paulson et Bernanke, accompagnés de Bush et de son vice-président Dick Cheney, de même que de Cox, le patron de la *Security and Exchange Commission*, rencontrent les leaders, républicains comme démocrates, du Congrès. Paulson n'y va pas par quatre chemins et déclare d'emblée qu'il aura « besoin de plusieurs centaines de milliards de dollars », ce qui provoque évidemment des réactions négatives. Finalement, après moult explications, plusieurs membres du Congrès laissent entendre que celui-ci coopérera avec l'administration, mais sans enthousiasme.

Le lendemain, soit le vendredi 19 septembre, les conseillers du Secrétaire au Trésor travaillent à un projet de loi connu sous le nom de Programme d'assistance aux actifs en difficulté (*Troubled-assets Relief Program*, TARP en abrégé), qui comporte trois pages. Il reprend l'idée de Paulson de racheter les actifs en difficulté, mais surtout, il contient cette phrase qui va, par la suite, susciter une levée de boucliers : « À tout moment, le pouvoir du Secrétaire au Trésor d'acquérir des actifs adossés à des crédits hypothécaires sera, par cette loi, limité à un encours de 700 milliards de dollars », cité par Stewart [2009].

Tous les efforts déployés par la Fed et les autorités américaines n'empêchaient cependant pas plusieurs institutions financières, notamment les deux grandes banques d'investissement encore en vie, Goldman Sachs et Morgan Stanley, de connaître des difficultés croissantes tant pour se procurer des liquidités que pour conserver un niveau de capitalisation suffisant pour éviter la faillite. Leurs cours boursiers ne cessaient en effet de se dégrader. Tous deux mettaient en cause les ventes à découvert. (En bref, il s'agit de vendre à un prix fixé aujourd'hui un titre dont on ne dispose pas et qu'on espère acheter dans le futur à un prix inférieur, réalisant de la sorte un gain.) Ces ventes seront interdites temporairement le 18 septembre. Beaucoup plus fondamentalement, le 21 septembre 2008, Morgan Stanley et Goldman Sachs devenaient des holdings bancaires, régulées désormais par la Réserve fédérale comme les banques commerciales.

Ainsi s'achevait la « décade prodigieuse ».

La Grande Panique

La faillite de Lehman et le renflouement d'AIG furent un coup terrible pour la finance et l'économie mondiales. Leurs conséquences s'avérèrent très lourdes et se manifestèrent presque immédiatement.

Des répercussions en chaîne

Il faut clairement distinguer deux étapes dans la période qui suivit l'effondrement de Lehman et produisit des effets en cascade : la première, concomitante à la faillite de la banque d'investissement ; la seconde, qui vit notamment la crise financière s'étendre à l'Europe et déboucha sur un assèchement du crédit, un *credit crunch* généralisé.

Lehman avait évidemment de nombreuses contreparties qui furent affectées par sa faillite. De manière totalement inattendue, la première d'entre elles qui eut véritablement à souffrir fut le *Reserve Primary Fund*, un fonds commun de placement monétaire – une SICAV de trésorerie si l'on préfère l'appellation française. En réalité, le *Primary Fund* avait été créé en 1971. C'était le premier du genre et il avait joué un rôle de pionnier dans le développement des fonds communs (*Money Market Mutual Funds*). Comme on l'a noté au chapitre 1, les fonds constituaient une des composantes du système bancaire parallèle et en tant que tels, ils ne faisaient l'objet d'aucune régulation : ils avaient d'ailleurs été constitués dans ce but ! De plus, la législation – l'*Investment Company Act*, Ordonnance 2a-7 – leur permettait de maintenir quotidiennement une valeur de l'actif net de 1 dollar par part. Ils étaient soumis également à plusieurs exigences – par exemple, de diversification des émetteurs de titre, voyez Dwyer et Tkac [2009, p.22] pour plus de détails –, de sorte que leurs gestionnaires détenaient dans leur portefeuille des instruments tels que des bons du Trésor américains, des certificats de dépôts, des eurodollars, du papier commercial, des titres provenant des transactions sur pensions. Au total, ces fonds considérés comme extrêmement sûrs, constituaient des concurrents directs des banques : ainsi, selon Dwyer et Tkac [2009, p.22 n27], 25 % des liquidités des ménages étaient placées dans les fonds, pourcentage qui grimpait à 40% pour les investisseurs institutionnels.

Le *Primay Fund* détenait 1,2 pour cent de ses 63 milliards d'actifs en titres de Lehman. Dans l'absolu, ce n'était pas énorme. Cependant, dès le lundi 15 septembre, à peine la faillite de Lehman était-elle connue que de nombreux actionnaires demandaient le remboursement de leurs parts. D'après Stewart [2010, p.67 ; p.79], à 13 heures, le total de ces retraits atteint déjà 16,5 milliards ; il sera porté le lendemain 9 heures à 24,6 milliards. On a donc affaire, typiquement, à une ruée (*run*) sur les liquidités. La situation se complique encore lorsque la banque du Fonds, la *State Street Bank*, refuse d'accroître les lignes de crédit du *Primary Fund*. Il s'ensuit que ses actionnaires ne peuvent plus retirer leur argent. Le comble se produit quand le Fonds publie un communiqué, mardi 16 septembre, 16 heures, dans lequel il annonce que l'action vaut désormais 0,97 dollar. Un tel événement, extrêmement rare, porte un nom : « *breaking the buck* » (littéralement le cassage du dollar »), c'est-à-dire le passage sous le dollar. La ruée qui affecte le *Primary Fund* menace à présent de s'étendre à l'ensemble des fonds communs monétaires, ensemble qui représente un marché de 3500 à 4000 milliards de dollars.

Cette lourde menace pèse immédiatement sur les marchés du *repo* et du papier commercial. Les fonds communs, tout comme Lehman, sont en effet un acteur incontournable des premiers. La faillite de Lehman va se répercuter sur le *repo*, spécialement sur les transactions tripartites. Au plan global, les liquidités se raréfient – c'était une des causes de la chute de Lehman – et puis fondent littéralement...

Les marchés du papier commercial – titres négociables à court terme, d'une maturité la plupart du temps comprise entre 30 et 50 jours – comporte deux grands segments : le papier commercial adossé à des actifs (*Assets-backed commercial paper*, en abrégé ABCP), dont on a vu au chapitre 4 qu'il s'était progressivement affaisé suite à la débâcle des Véhicules d'Investissement Structurés, les SIV ; le papier commercial « non garanti » (*Unsecured Commercial Paper*, en abrégé CP), sur lequel s'approvisionnaient en liquidités notamment de grandes entreprises américaines telles que *General Electric*, *General Motors*, *Caterpillar*, etc. C'est ce dernier segment que la ruée va avant tout affecter, ainsi que l'indique le tableau 5.8 ci-après.

Tableau 5.8 Encours du papier commercial (milliards USD ; données désaisonnalisées)

10-09	17-09	24-09	01-10	08-10	15-10	22-10
1815	1764,4	1702,8	1607,7	1550,8	1510,5	1449,1

Source : FRED.

Entre le 10 septembre 2008 et le 22 octobre 2008, l'encours du papier commercial s'est réduit de plus de 350 milliards de dollars. Une diminution qui touche les grandes entreprises, mais aussi les banques. De plus, compte tenu de la présence de titres en eurodollars dans le portefeuille des fonds, les répercussions se font sentir jusqu'en Europe.

Cependant, ce resserrement de la liquidité est encore peu de choses, comparé aux effets de la faillite de Lehman et du renflouement d'AIG sur les banques européennes. C'est qu'en effet, celles-ci s'étaient largement porté acheteuses des contrats CDS émis par la première. (À titre d'illustration, Lybeck [2011, p.154-155] signale qu'en mars 2009, AIG avait utilisé 91 milliards pour indemniser, entre autres, la Société Générale à hauteur de 11,9 milliards, Deutsche Bank de 11,8 milliards et Barclays de 8,5 milliards.)

Dès le mercredi 16 septembre, la panique est générale. Le marché interbancaire qui ne s'était jamais vraiment remis du *credit crunch* d'août 2007, se pétrifie littéralement. Plus aucune banque n'accepte de prêter aux autres banques. C'est l'assèchement du crédit, un nouveau *credit crunch*, mais cette fois d'une ampleur inédite et à une échelle véritablement mondiale. On peut mesurer, au moins de manière approximative, l'état de détresse – on l'a signalé à plusieurs reprises – qui secoue alors les marchés interbancaires, en utilisant l'écart entre les taux Libor et OIS. Si l'on se reporte à la figure 5.3 (p. 151), l'écart en question augmente de 250 points de base entre le 15 septembre et le 15 octobre 2008.

On observe exactement la même tendance sur les marchés européens, comme l'indique l'évolution de l'écart entre l'EURIBOR (*Euro Interbank Offered Rate*, l'équivalent du LIBOR pour la zone euro) et l'EONIA (*European Over Night Interest Average*, l'équivalent de l'OIS pour la zone euro), tous deux à une échéance de trois mois[1].

Figure 5.5 Ecart EURIBOR-EONIA (3 mois ; en points de base)

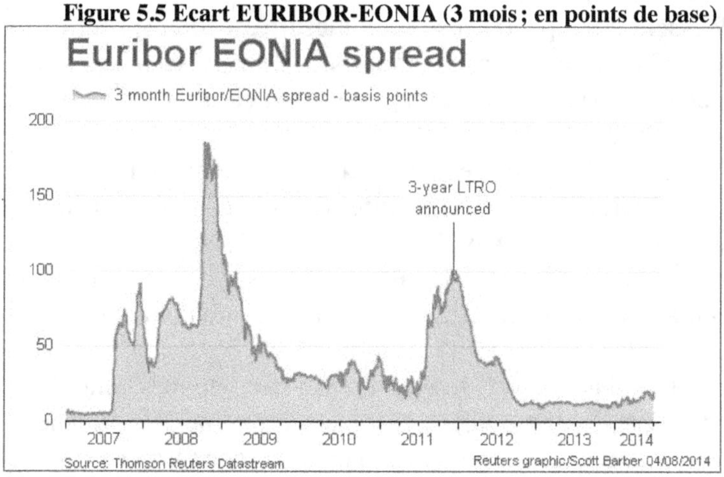

1 Une précision concernant les données. Le taux EURIBOR est calculé par Thomson Reuters chaque jour et est alors communiqué à ses acheteurs. N'étant pas l'un de ces derniers, j'ai été contraint de reprendre un graphique de synthèse publié par cette firme.

L'examen du graphique fait voir que l'écart passe de 60 points de base en septembre 2008 à un peu plus de 180 points de base en octobre – c'est moins qu'aux États-Unis, mais c'est néanmoins tout à fait significatif de la répugnance des banques à se prêter mutuellement des liquidités vu les risques encourus. (Expliquons brièvement pourquoi l'écart est une mesure du risque de crédit. Supposons d'abord qu'une banque prête une somme déterminée à une autre banque au taux Euribor à trois mois. Si cette dernière fait faillite après deux mois, alors la première perdra et le principal et l'intérêt. Par contre, sous un contrat EONIA à 3 mois, la banque prêteuse ne perdra que l'intérêt qui lui est dû, pas le principal. L'écart est donc une compensation que le prêteur exige pour prix du risque de défaut qu'il encourt en prêtant de l'argent à l'autre banque.)

Les réactions des autorités

Une fois Lehman et AIG à terre, le problème le plus urgent pour les autorités américaines sera celui posé par la ruée sur le *cash* des fonds communs de placement monétaire, les *Mutual Money Market Funds*. Le problème était de taille, puisque, comme on l'a précisé, plus de 3500 milliards de dollars étaient en jeu. Il fallait empêcher d'autres fonds de « passer sous le dollar » et stopper immédiatement la ruée. En un mot, il fallait rassurer les ménages. La mesure pour y parvenir fut radicale : apporter la garantie (temporaire) de l'État aux fonds monétaires, un peu comme l'État garantissait les dépôts jusqu'à 100.000 dollars via la FDIC (*Federal Deposit Insurance Company*). Dans la nuit du jeudi 18 septembre, le président Bush signait une ordonnance qui permettait au Trésor d'annoncer l'entrée en application de la garantie dès le lendemain, c'est-à-dire le vendredi 19 septembre – voyez Wessel [2009, p. 207 et sq.]. La mesure est connue sous le nom de « *Temporary Guarantee Program for Money Market Mutual Funds* ». De l'avis général, elle fut un succès ; la ruée cessa et le Trésor ne dut jamais exercer sa garantie.

De son côté, la Fed, pour empêcher la descente aux enfers du marché du papier commercial, créa trois facilités de crédit – pour plus de détails, voyez Dwyer et Tkac [2009, p.27 et sq.]. Ici aussi, ces programmes furent un succès, comme en témoigne le fait que la baisse de l'encours du papier commercial atteint un plancher de 1450 milliards de dollars le 22 octobre (Tableau 5.8).

Sur un plan plus général, le grand souci des banques centrales a été, lors de cette période de troubles, de tenter de ranimer les marchés interbancaires asséchés. Pour ce faire, la Fed et la Banque Centrale Européenne (BCE) ont élargi considérablement la gamme des sûretés éligibles, celles qui pouvaient donc leur être présentées par les banques en quête de liquidités. Compte tenu qu'il y avait pénurie de dollars notamment sur les marchés européens, des lignes de swaps (= échange de devises) ont été ouvertes entre la Fed et la BCE dès septembre 2008. Par la suite, avec la faillite de Lehman, la pénurie de dollars s'est généralisée et les lignes de swaps ont été étendues à d'autres pays tels que le Japon, le Canada, l'Australie, etc. En matière de taux, les banques centrales ont en général agi sans concertation. Si la Fed avait abaissé ses taux directeurs à plusieurs reprises en 2008 (de 4,3% en janvier 2008 à 2% le 30 avril), la BCE restait braquée sur le seul risque inflationniste et ce, jusqu'à son revirement le 2 octobre 2008. Cependant, fait sans précédent, le 8 octobre, la Fed et la BCE, mais aussi les banques centrales d'Angleterre, de Suisse, de Suède et du Japon, annonçaient une baisse concertée de leur taux directeur d'un demi pour cent.

Aux États-Unis, la plus grosse difficulté cependant résidait dans l'application du plan Paulson, le programme TARP (*Troubled-assets Relief Program*), qui, on l'a vu, se concentrait sur le rachat des actifs toxiques reliés aux prêts hypothécaires, avec un plafond d'intervention de 700 milliards de dollars. Dans un premier temps, l'existence d'un tel plan et son approche globale procurèrent un soulagement ; le Stock Exchange regagna un peu du terrain perdu. De plus, il semblait que le Congrès était disposé à le ratifier. Mais quand les parlementaires eurent connaissance des montants à engager – les 700 milliards –, les réactions négatives fusèrent de partout. Le sommet fut atteint le 29 septembre 2008, lorsque la Chambre rejeta le programme TARP à une courte majorité, 228 voix contre 205. La Bourse de New York perdit d'un coup 778 points, soit une baisse de 7 pour cent. Au total, sur cette seule journée, ce sont 1200 milliards de dollars qui s'envolent en fumée – presque le double des 700 milliards prévus par le plan. La déroute gagne immédiatement les Bourses des différents pays. Ce sera leur Octobre noir tant la perte est colossale: pas moins de 10.000 milliards de capitalisation boursière sur ce seul mois, à peu près l'équivalent du PIB américain !

Après cet échec – qui est aussi celui de Ben Bernanke –, Paulson changea son fusil d'épaule et plaida en faveur d'une entrée directe de l'État dans le capital des banques en difficulté: les actifs toxiques restaient à l'intérieur du système bancaire, mais les 700 milliards devaient à présent servir à leur recapitalisation. Finalement, le programme TARP ainsi modifié fut adopté par le Sénat américain le 1er octobre 2008 et par la Chambre, le 3 octobre.

Pendant ce temps, l'hécatombe bancaire se poursuivait aux États-Unis et se généralisait à l'Europe. En voici quelques moments saillants:

- Le 19 septembre, *Halifax-Bank of Scotland* (HBOS) est rachetée en catastrophe par sa rivale, la Lloyds TSB ;

- Le 25 septembre, l'Office de Supervision de l'Epargne (OTS) saisit la plus grande caisse d'épargne américaine *Washington Mutual* (WaMu), qui est aussi la sixième plus grande banque du pays, et la place sous la protection de la FDIC ; elle était dotée de plus de 300 milliards d'actifs ; le lendemain, JPMorgan la rachètera pour 1,9 milliard de dollars ;
- Le 28 septembre, la banque allemande *Hypo Real Estate*, spécialisée dans l'immobilier comme son nom l'indique, est sauvée de justesse par l'injection de 35 milliards d'euros ;
- Le 28 septembre également, la banque beneluxienne (Belgique, Pays-Bas, Grand-Duché du Luxembourg) Fortis est nationalisée par les trois États avant que le gouvernement hollandais ne dénonce l'accord quelques jours plus tard ; commence alors une véritable saga qui aboutira à sa fusion avec BNP Paribas – sur cette saga, voyez Maelschalk et al. [2009] ainsi que Condijts et al. [2009] ;
- Le 29 septembre, la Grande Bretagne nationalise la banque spécialisée dans l'immobilier *Bradford & Bingley*, après que celle-ci ait subi une ruée portant sur des dizaines de millions de livres ; le même jour, Citigroup achète la quatrième banque des États-Unis Wachovia en apportant 2,2 milliards de cash tout en demandant à la FDIC de supporter les pertes jusqu'à 12 milliards de dollars ;
- Le 29 septembre encore, la banque islandaise Glitmir doit recevoir un financement équivalent à 864 millions de dollars de la part de sa banque centrale ;
- Le 30 septembre, la banque franco-belge Dexia, qui est la première banque mondiale pour le financement des collectivités, obtient une augmentation de capital de 6,4 milliards d'euros de part des gouvernements français, belge et luxembourgeois ; etc.

Cette liste pourrait se continuer tout au long des mois qui suivirent septembre 2008. Ce serait cependant fastidieux et l'on se contentera maintenant d'étudier le cas emblématique de Dexia, révélateur à bien des égards de la pratique européenne en matière de renflouements bancaires. (Je me baserai beaucoup sur l'intéressant ouvrage de Thomas [2012] et sur quelques articles du journal *L'Echo*.)

Dexia : un exemple emblématique

Dexia a été constituée dans les années quatre-vingt-dix dans une période préparatoire à l'union monétaire, au cours de laquelle se sont formés de grands ensembles bancaires de taille européenne, voire mondiale. En l'occurrence, elle est le produit de la fusion entre le Crédit Communal de Belgique (CCB), qui est la banque des communes en Belgique tout autant qu'une banque de dépôts, et le Crédit Local de France (CLF), qui, lui, est la banque des collectivités locales. La fusion sera actée en octobre 1996. La structure de la nouvelle entité est fort complexe tant il a fallu tenir compte des intérêts nationaux en jeu :

- Deux holdings nationaux sont constituées : Dexia France et Dexia Belgique ; le capital de la première est détenu par le grand public et des investisseurs institutionnels ; celui de la seconde par le grand public et le « holding communal », émanation des communes et provinces de Belgique ;
- Dexia France détient une participation de 50% dans le Crédit Local de France et de 50% également dans le Crédit Communal de Belgique ; Dexia Belgique détient 50% du capital de CCB et 50% dans celui du Crédit Local de France.

Cette structure compliquée évoluera au fil des acquisitions et fusions successives du nouveau groupe, mais sans que la dualité franco-belge s'estompe. C'est ainsi qu'en 1999, Dexia devient une société de droit belge.

Les acquisitions se poursuivent avec l'objectif pour le groupe franco-belge de devenir l'une des grandes banques universelles européennes et de peser à cette échelle avec une capitalisation boursière d'au moins vingt milliards d'euros. En mars 2000, Dexia achète la *Financial Security Assurance* (FSA), spécialisée dans le rehaussement du crédit – voyez le chapitre 1 – aux municipalités américaines. En 2001, la banque acquiert aussi Artesia, via Arco, une émanation du Mouvement Ouvrier Chrétien belge, qui devient, de ce fait, actionnaire de Dexia à hauteur de 15,34%. Parmi les autres acquisitions, il faut également mentionner l'achat de la dixième banque turque, Denizbank, en 2006.

Lorsque la bulle immobilière éclate fin 2006, la FSA, notée triple A, qui est le troisième rehausseur des États-Unis et a acquis des titres adossés à des prêts hypothécaires ou à la consommation pour un montant de 146 milliards de dollars, se trouve tout naturellement exposée à la crise des *subprime*.

L'autre problème de Dexia, mais qui est lié au précédent, réside dans sa structure hybride. En particulier, c'est Dexia Crédit Local (France) qui a acheté la FSA, mais ne collecte pas de dépôts à la différence de la banque belge. Elle se trouve ainsi sous la menace permanente d'un manque de liquidités.

La faillite de Lehman sera le détonateur, pour Dexia, d'une crise de liquidité, puis d'une ruée sur les dépôts. Ce n'est pas étonnant si l'on se souvient que la banque avait des titres de Lehman en portefeuille pour un montant d'un demi-milliard d'euros (Thomas [2011, p.75]). À dater du 15 septembre, comme on l'a analysé, les banques d'investissement américaine feront la culbute, les unes après les autres et les marchés du crédit, spécialement l'interbancaire, vont se congeler progressivement – partout et pas qu'aux États-Unis. Dès la semaine suivant la chute de Lehman, Dexia est à court de liquidités : chaque jour, elle doit aller à la recherche d'une centaine de milliards d'euros.

Le lundi 29 septembre, le plan Paulson est rejeté par les parlementaires américains. La situation de Dexia devient intenable : l'action chute de 30% et les déposants belges et luxembourgeois se ruent sur leurs comptes bancaires pour en retirer pas moins de 15 milliards d'euros. (Thomas [2011, p.71] fournit les données suivantes : l'encours des dépôts est de 129,5 milliards à la fin juin 2008 et de 114,5 milliards le 30 septembre.)

Depuis le vendredi 26 septembre, le patron de Dexia, le Belge Axel Miller – le Français Pierre Richard est quant à lui président du Conseil – planche sur une augmentation de capital, qu'il chiffre à 6-7 milliards d'euros. Il en avertit la partie française, mais semble-t-il, dans la précipitation.

La solution, provisoire faut-il le préciser, aux problèmes de liquidité et de solvabilité de la banque se réalisera en trois temps : la levée de capitaux neufs d'abord ; un changement dans le management ensuite et une garantie large accordée aux créanciers de la banque enfin. Cette solution sera malaisée à atteindre, car les intérêts des deux pays ne coïncident pas. D'un côté, les Belges voudraient isoler la FSA, source de tous les maux, tandis que les Français « n'ont décidément pas envie qu'on leur dise que tout vient d'un problème français dans une banque belge », comme le dit crûment *L'Echo* [supplément du 27/12/2008, p.18].

Dans la nuit du lundi 29 septembre au mardi 30 septembre, un accord intervient entre les trois parties. Près de 6,4 milliards d'euros sont apportés en capitaux neufs, avec la répartition suivante : 3 milliards pour la Belgique et la France chacune ; 376 millions pour le Grand-Duché du Luxembourg. (Comme la Belgique compte trois Régions – Bruxelles, Flandre et Wallonie –, celles-ci interviendront aussi dans la part belge à raison de 500 millions pour la Flandre, 350 pour la Wallonie et 150 pour Bruxelles ; l'État fédéral prend en charge 1 milliard et le reste est souscrit par le Holding communal (500 millions), Arco (350 millions) et l'assureur Ethias (150 millions).) La France obtient également une minorité de blocage.

Ce projet d'accord, négocié à Bruxelles, est soumis à l'Elysée et à Bercy. À 5 heures du matin, une réunion se tient, qui rassemble autour du président Sarkozy, le premier ministre Fillon, la ministre des Finances Christine Lagarde ainsi que Christian Noyer, le gouverneur de la Banque de France, et le directeur du Trésor, Xavier Musca. Il y accord sur l'accord, sauf que le directeur général Axel Miller doit être remercié et partir sans le moindre bonus. L'exigence de Paris – en fait, elle vient de Nicolas Sarkozy lui-même – est connue à Bruxelles à 6h30 du matin. Le premier ministre belge Yves Leterme exigera en compensation la tête du Français Pierre Richard. Résultat final : Pierre Mariani, ex-directeur de cabinet de Nicolas Sarkozy, et Jean-Luc Dehaene, ancien premier ministre de Belgique et candidat malheureux à la présidence de la Commission européenne, deviendront respectivement, le 7 octobre, directeur général et président du Conseil de la société recapitalisée.

Tout n'est pas réglé pour autant. Les retraits de dépôts continuent; les liquidités font défaut et l'on apprend que Dexia Banque Belgique sollicite le recours à une ligne ELA (*Emergency Liquidity Assistance*) pour se financer. (Les lignes en question sont ouvertes par les banques centrales nationales et non par la BCE; elles sont assorties d'un taux d'intérêt élevé pénalisant.) L'action Dexia, quant à elle, poursuit sa chute vertigineuse: -20% le 6 octobre 2008; - 12% le lendemain et -15% le surlendemain. Le mardi 7 octobre, lorsque Pierre Mariani prend ses fonctions à Bruxelles, il téléphone au cabinet de Christine Lagarde pour dire: « Si l'on ne fait rien, Dexia ne passera pas jeudi. Il faut une réunion entre États demain soir», cité par Thomas [2011, p.85].

La réunion demandée se tient effectivement le mercredi soir au palais d'Egmont à Bruxelles. Christine Lagarde y est présente de même que le Luxembourgeois Jean-Claude Juncker. Après bien des péripéties et dans un désordre certain, les délégations tombent d'accord sur le principe d'accorder à Dexia une garantie solidaire des trois États. Plus précisément, la garantie se monte à 150 milliards d'euros, répartis à raison de 60,5% pour la Belgique, 36,5 pour la France et le solde, soit 3%, pour le Grand-Duché. Les 90 milliards garantis par la Belgique représentent plus de 25 pour cent de son PIB ! Il est 7 heures trente ce jeudi 9 octobre, lorsque l'accord final est conclu. Dexia est sauvée – pour deux ans en tout cas.

Trois leçons au moins sont à tirer de l'épisode. D'abord, les intérêts des États en période de crise financière sont malaisément conciliables. Ensuite, le renflouement d'une banque en difficulté nécessite une importante intervention financière de la part des pouvoirs publics. Enfin, le retour de la confiance passe par l'octroi de larges garanties aux créanciers de la banque en détresse. Sous cet angle, le sauvetage de Dexia représente une espèce de « modèle » des tentatives de renflouement qui se multiplieront au cours du dernier trimestre de 2008.

La récession s'amplifie

Les crises boursière et financière ont évidemment un impact sur l'économie réelle. Or, on l'a signalé au tableau 4.6 du chapitre précédent, les États-Unis sont entrés en récession au quatrième trimestre de 2007, les principaux pays européens et le Japon au 2e trimestre de 2008, la Russie et l'Afrique du Sud au 3e trimestre et finalement, le Brésil et le Canada au dernier trimestre de 2008. Les crises jumelles vont donc contribuer à aggraver la récession, non à la créer.

L'impact de la chute des bourses

L'année 2008 fut une année noire pour toutes les bourses, ainsi que l'illustre le tableau 5.9.

Tableau 5.9 Evolution des Bourses (2008 ; variations en pour cent)

Dow Jones	Nasdaq	EuroStoxx 50	Nikkei 225	CAC 40	Bel 20
-34,48	-41,66	-43,28	-43,43	-42,03	-54,56

Sources : Bloomberg ; Yahoo finance ; calculs propres pour le CAC 40.

En substance, les pertes boursières sur l'année se situent autour de 42 pour cent, en moyenne, un peu moins pour le Dow Jones américain et un peu plus pour la Bourse de Bruxelles. Si l'on additionne ces pertes et celles des autres bourses non reprises dans le tableau, on aboutit à un total – approximatif, car il y a une difficulté de conversion dans une même monnaie due aux taux de change différents – de 20 à 25.000 milliards d'euros.

Ces pertes vont affecter à la fois les ménages et les entreprises selon des mécanismes bien spécifiques :

1. Les ménages présents en bourse enregistrent une diminution conséquente de leur patrimoine. En conséquence, ils vont réduire leur demande de consommation et contribuer de la sorte au ralentissement de l'activité économique. Joue dans le même sens la diminution des pensions de retraites dans la mesure où celles-ci sont financées par capitalisation – c'est notamment le cas des pays anglo-saxons, mais aussi, dans une moindre mesure cependant, de pays tels que la France ou la Belgique. Les fonds de pension ont en effet investi en actions pour obtenir un rendement plus élevé et de ce fait, leur capital se trouve réduit d'autant lorsque les Bourses plongent.
2. Les entreprises, en tout cas, celles qui sont cotées, voient leur capitalisation boursière s'effondrer, parfois de moitié ou même plus. Elles connaissent alors un problème de solvabilité qui les conduit à devoir lever de nouveaux capitaux. En période de déclin des cours boursiers, il est à peu près impossible de compter sur la Bourse pour se financer : à la limite, les investisseurs la désertent et plus personne ne veut acheter des actions. Restent donc deux possibilités : lancer une émission obligataire ou emprunter en banque. Cependant, l'une et l'autre de ces possibilités sont compromises quand la capitalisation boursière d'une entreprise se réduit. Lui prêter est devenu plus risqué et en conséquence, le coût du crédit s'accroît. *In fine*, les financements des investissements deviennent rares et coûteux.

En définitive, la chute prolongée et significative des Bourses induit une diminution des deux grandes composantes de la demande globale : consommation et investissement. Elle a donc un fort effet récessionniste.

Crise financière et PIB

Que les crises bancaires affectent négativement la croissance économique est aujourd'hui une proposition bien documentée dans l'analyse économique. Ainsi Reinhart et Rogoff [2009, chapitre 14] ont-ils établi statistiquement que l'ampleur des baisses du Produit Intérieur Brut après une crise majeure est de 9,3 pour cent en moyenne et que ce recul intervient, en moyenne à nouveau, sur un intervalle de près de deux années (1,9 très exactement).

La *Bank of England* [2009, p.21 et sq.] a pour sa part étudié les effets de quatre crises financières passées: Japon (1992-2002), Suède (1990-1993), Norvège (1988-1993) et Finlande (1990-1993). Les conclusions sont à chaque fois les mêmes: les pertes rapportées à l'évolution du PIB en l'absence de ces crises, varient dans la fourchette 24,1%-71,7% pour le Japon, 2,5%-11,8% pour la Suède, 9,8%-27,1% pour la Norvège et 22,4%-44,9% pour la Finlande.

Greenlaw et al. [2008, p.39 et sq.] adoptent un point de vue différent pour mesurer les effets d'une crise financière sur la croissance. Leur raisonnement est le suivant: toute crise bancaire (au sens large) se traduit par une diminution du crédit octroyé par ces banques aux particuliers et entreprises. Dès lors, il devrait être possible d'établir une corrélation entre le taux de croissance du PIB et ce qu'ils appellent la dette intérieure non financière (DNFD, *Domestic Non-Financial Debt*), c'est-à-dire celle des ménages et des entreprises.

En pratique, les auteurs effectuent une régression économétrique du taux de croissance réelle, par trimestre, mais annualisé, du PIB américain, sur la croissance, également annualisée, de la DNFD décalée d'un trimestre. La régression incorpore également le taux de croissance du PIB avec trois décalages comme variable de contrôle. (Sans entrer dans les détails techniques, disons aussi que cette équation est estimée par variables instrumentales.)

Voici quels sont les résultats obtenus – pour des raisons de clarté, j'ai écarté la constante dans la régression:

Tableau 5.10 Estimation de la relation croissance du PIB/DNFD

Variables indépendantes	Coefficients	Statistique t
Croissance du PIB en t-1	0,247	2,1
Croissance du PIB en t-2	0,242	2,19
Croissance du PIB en t-2	-0,264	-2,41
Croissance 4 trimestres DNFD en t-1	0,338	1,92

Source: Greenlaw et al. [2008, p.41].

L'interprétation de la 2e colonne du tableau est directe. Il existe bel et bien une corrélation positive entre la croissance du PIB et celle du crédit. À l'inverse, si le taux de croissance du crédit diminue de 1 pour cent, alors la croissance se réduira, elle, de 0,34 pour cent à court terme. (À long terme, mais ceci demanderait des explications, la diminution est de 0,44 pour cent.)

Enfin, mais sans prétendre être exhaustif, il faut mentionner l'article récent de Hagen [2013]. Son objet est différent de celui des études précédentes, dans la mesure où il s'intéresse à la question : quel est l'impact de la dérégulation financière sur la profondeur de la récession de 2008-2009 ? Pour y répondre, l'auteur estime une régression en coupe transversale sur un panel très vaste de pays – des économies avancées jusqu'aux économies de transition en passant par les économies émergentes d'Asie, etc. – qui se présente sous la forme suivante :

$$\frac{y_{i,2011} - y_{i,2007}}{y_{i,2007}} = \alpha + \beta_1 IRF + ...,$$

où $y_{i,2011}$ représente le PIB réel du pays i, IRF est un indice de régulation financière et β_1 est le coefficient qui nous intéresse. L'auteur utilise plusieurs techniques d'estimation, mais toutes donnent le même résultat : une corrélation négative entre le degré de régulation financière de l'économie et la croissance cumulée du PIB sur quatre années (2008-2011), qui varie de -0,75% à -1,585%. En d'autres termes, si ce degré s'accroît de 1 (il passe par exemple de 16 à 17), alors la croissance sur 4 ans diminue de 0,75%. Comme la récession survient durant cette période pour la plupart des pays, l'interprétation est donc que cette récession est moins profonde dans les pays qui sont les plus régulés.

Au total, il faut conclure de ces différentes études que les crises financières ont un impact négatif important sur le PIB et qu'elles induisent de fortes récessions.

Chapitre 6
Récession et crise de la dette souveraine

La récession observée dans les principales économies avancées au premier semestre de 2008 verra ses effets démultipliés par l'occurrence de la crise bancaire et financière de septembre 2008. Elle prendra alors une dimension véritablement mondiale, même si quelques pays y échapperont, la Chine principalement. La question pour les autorités politiques devient à présent d'empêcher que le retournement ne se transforme en une dépression durable, un peu comme dans les années trente du siècle précédent.

Des plans de relance, parfois de très grande ampleur, seront conçus pour sortir de la récession ou éviter d'y tomber. Couplés aux mesures prises par les banques centrales et au redressement des Bourses, ces plans seront efficaces, puisque dans la plupart des pays, le Produit Intérieur Brut (PIB) atteindra un plus bas dans le cours du premier semestre de 2009 avant de rebondir par la suite. Cependant, la reprise économique sera faible et très fragile, en particulier dans la zone euro où le gonflement des déficits publics conduit à une crise de la dette souveraine dès le début de l'année 2010. Cette crise affectera fortement les économies du GIPSI (Grèce, Irlande, Portugal, Espagne et Italie) et conduira finalement à une rechute dans la récession pour l'ensemble de la zone euro.

Telle est la trame temporelle qui structure ce chapitre tout en précisant qu'un petit détour par l'examen des caractéristiques de l'Union Monétaire Européenne s'avèrera, le moment venu, indispensable à la compréhension du déroulement, de la gestion et des conséquences de la crise de la dette.

La Grande Récession

On commencera par examiner les différentes mesures mises en place par les autorités pour tenter de relancer la machine économique avant de justifier l'utilisation de l'épithète « grande » pour qualifier la récession de 2008-2009.

L'indispensable relance

Bien évidemment, les opérations de sauvetage des banques se poursuivront tout au long de 2008 et 2009. Comme on l'a vu, elles sont essentiellement de deux types : des injections d'argent frais dans le capital des banques en difficulté ; des garanties apportées par les États aux créanciers des mêmes banques. Les premières correspondent à des débours réels pour les États concernés ; les secondes sont virtuelles tant qu'elles ne sont pas exercées. Quoi qu'il en soit, les engagements financiers correspondant sont conséquents, ainsi que l'indique le tableau 6.1.

Tableau 6.1 Engagements de quelques pays européens (août 2007-novembre 2009)

	En milliards d'euros	En pour cent du PIB
Irlande	385	229
Belgique	265	76
Royaume Uni	781	49
Pays-Bas	246	42
Allemagne	554	22
France	350	18
Espagne	150	12

Source : Lybeck [2011, p.266].

L'Irlande est manifestement un cas à part tant ses engagements sont importants : pas moins de 229% de son PIB. Ceux de la Belgique le sont également, tout comme ceux de la Grande-Bretagne. Retenons aussi que les engagements français (18% du PIB) sont inférieurs à ceux de l'Allemagne – 22% de son PIB.

Toutes les mesures prises pour maintenir le système bancaire à flots ne contribuent pas directement à la reprise, mais elles ont permis d'éviter, en tout cas, un effondrement catastrophique dudit système avec toutes les conséquences économiques qui s'en seraient suivies.

Voyons à présent le rôle joué par les politiques monétaire et budgétaire dans la sortie de la récession. En ce qui concerne la première, la technique classique consiste à abaisser le taux directeur d'une banque centrale, de manière à rendre le crédit moins cher et donc à accroître l'offre de crédit par les banques de second rang. C'est ce qui a été pratiqué des deux côtés de l'Atlantique :

- La Réserve fédérale américaine avait abaissé le taux cible des fonds fédéraux de 4,3% en janvier 2008 à 2% le 30 avril ; deux modifications se produiront encore le 8 octobre (on l'a signalé au chapitre précédent) où il tombe à 1,5% et le 29 octobre, où la cible descend à 1% ; par la suite, la Fed ne publiera plus qu'une « zone-cible » pour ce taux et c'est ainsi qu'à dater du 16 décembre 2008, elle visera la fourchette 0,3%-0%.
- La Banque Centrale Européenne (BCE) a agi de même, mais avec retard par rapport à son homologue américain ; son principal taux

directeur – le taux de refinancement minimum ou *refi* –est ainsi passé de 3,75% le 15 octobre 2008 à 1% le 13 mai 2009; les étapes ont été les suivantes: 3,25% le 12 novembre 2008, 2,5% le 10 décembre 2008, 2% le 21 janvier 2009, 1,5% le 11 mars 2009 et 1,25% le 8 avril 2009. Que ce soit aux États-Unis ou en Europe, ces taux directeurs sont extrêmement bas; de surcroît, ils vont rester proches de zéro durablement. Par la force des choses, la banque centrale ne peut plus alors utiliser l'instrument du taux d'intérêt. C'est une situation bien connue en macroéconomie keynésienne, auquel cas on dit que la politique monétaire est impuissante, alors que la politique budgétaire, par contre, est apte à influer sur la demande globale. (Précisons cependant qu'il reste alors la possibilité pour la première d'user de «moyens non conventionnels» tels que les facilités quantitatives, etc.)

Toujours est-il que dans ce contexte de taux d'intérêt pratiquement nuls, les divers gouvernements ont eu recours largement à des plans de relance budgétaire, parfois massifs. Certes, l'ampleur de ces programmes est très différenciée. Il n'empêche que si l'on se réfère à un «pays moyen» de la zone OCDE, l'impact cumulé sur le budget pour la période 2008-2010 est légèrement supérieur à 2,5 pour cent du PIB (OCDE [2009a, p.109]). Plus précisément, voici le détail par pays de quelques programmes budgétaires significatifs. (Ne sont comptabilisées que les mesures discrétionnaires.)

Tableau 6.2 Taille des programmes de relance budgétaire (en pour cent)

	Effet net sur le solde financier*	Répartition de l'effet sur 2008-2010		
		2008	**2009**	**2010**
Belgique	-1,6	0	60	40
France	-0,6	0	75	25
Allemagne	-3,0	0	46	54
Islande	9,4	0	33	67
Irlande	4,4	15	44	41
Italie	0,0	0	15	85
Japon	-2,0	4	73	24
Portugal	-0,8	0	100	0
Espagne	-3,5	31	46	23
Royaume-Uni	-1,4	15	93	-8
États-Unis	-5,6	21	37	42

* L'effet net sur le solde financier est exprimé en pourcentage du PIB 2008.
Source: OCDE [2009a, p.114].

Plusieurs enseignements peuvent être tirés de ce tableau.

En premier lieu, la plupart des pays pratique une politique budgétaire expansionniste. Il n'y a que deux exceptions à ce constat : l'Irlande et l'Islande. Quant à l'Italie, l'effet net est nul, ce qui s'explique par la compensation exacte entre la réduction de ses dépenses et l'accroissement de ses recettes fiscales.

En deuxième lieu, la grandeur des programmes est visiblement très variable. De ce point de vue, les États-Unis ont fait, avec 5,6% de leur PIB, le plus gros effort. Suivent ensuite l'Espagne, l'Allemagne et le Japon. L'effort est faible en Belgique et en Grande-Bretagne. Il est très faible en France et au Portugal.

En troisième lieu, pour ce qui concerne l'étalement temporel des programmes, la majorité des pays a ciblé l'exercice budgétaire 2009, ce qui traduit une capacité de réaction « molle » face au développement de la récession. À noter cependant les exceptions de l'Espagne et des États-Unis qui lissent davantage leurs plans de relance dans le temps et réagissent fortement dès l'année 2008.

Le montant global des plans de relance est une chose ; leur composition en est une autre. C'est pourquoi il est intéressant d'examiner sur quels types de dépenses et de recettes les gouvernements ont choisi d'agir.

Tableau 6.3 Composition des programmes de relance (2008-2010 ; en % du PIB)

	Recettes fiscales				Dépenses			
	Particuliers	Entreprises	Consommation	Cotis. sociales	Cons. finale	Investissement	Transf. ménages	Transf. entrepr.
Belgique	-0,3	-0,6	-0,1	0,0	0,0	0,1	0,5	0,0
France	-0,1	-0,1	0,0	0,0	0,0	0,2	0,1	0,0
Allemagne	-0,6	-0,3	0,0	-0,7	0,0	0,8	0,2	0,3
Islande	0,0	1,0	0,0	0,0	-1,8	-1,7	-1,7	0,0
Irlande	2,0	-0,2	0,5	1,2	-0,7	-0,2	-0,1	0,0
Italie	0,0	0,0	0,1	0,0	0,3	0,0	0,2	0,1
Japon	-0,1	-0,1	-0,1	-0,1	-0,2	0,3	0,5	0,4
Portugal	0,0	0,0	0,0	0,0	0,0	0,4	0,0	0,4
Espagne	-1,6	0,0	0,0	0,0	0,3	0,7	0,2	0,7
Roy.-Uni	-0,6	-0,1	-0,7	0,0	0,0	0,1	0,1	0,0
États-Unis	-2,4	-0,8	0,0	0,0	0,7	0,3	0,5	0,0

Source : OCDE [2009a, p.116].

Presque tous les pays de l'échantillon retenu – ne nous préoccupons pas de l'Islande et de l'Irlande ou encore de l'Italie, qui ne font pas de « relance », mais ont alourdi la taxation – ont combiné réduction d'impôts et accroissement des dépenses. Toutefois, il faut également constater que parmi ces pays, la plupart ont choisi de donner la priorité aux diminutions d'impôts plutôt qu'à l'augmentation des dépenses. Les deux exceptions sont le Japon et la France.

Du côté des recettes, peu d'États ont choisi de toucher à la TVA; font exception la Belgique, le Japon et la Grande-Bretagne. Il en va de même pour les cotisations à la sécurité sociale: seuls le Japon et l'Allemagne ont eu recours à cet instrument. En revanche, la plupart des pays ont réduit simultanément la fiscalité des particuliers et des entreprises – l'exception est ici l'Espagne, qui a concentré les réductions d'impôts sur les ménages. Le mixage des deux est variable, mais en général, le dosage est plutôt en faveur des particuliers que des entreprises. La Belgique fait bande à part en privilégiant nettement les entreprises. À l'autre bout du spectre, les États-Unis ont franchement diminué l'impôt sur les particuliers, ces diminutions étant trois plus importantes que celles consenties aux entreprises.

Du côté des dépenses, les États ont privilégié l'accroissement de la demande d'investissement. Les pays en pointe à cet égard sont l'Allemagne et l'Espagne. Les transferts aux ménages se sont très souvent accrus. Par contre, il n'y a pas de tendance nette pour ce qui concerne les deux autres types de dépenses.

La récession et son intensité

Voici quelques statistiques globales relatives aux trois grandes aires économiques incluses dans les pays de l'OCDE: les États-Unis, le Japon et l'Eurolande.

Tableau 6.4 Indicateurs de la récession

	Moyenne 1997-2006	**2007**	**2008**	**2009**
Croissance du PIB réel	2,8	2,7	0,6	-3,5
USA	3,2	2,1	0,4	-2,5
Zone euro	2,3	2,7	0,5	-4,0
Japon	1,1	2,3	-0,7	-5,3
Taux de chômage*	6,5	5,6	5,9	8,2
Taux d'inflation	3,0	2,3	3,2	0,5

* En pourcentage de la population active.
Source: OCDE [2009b].

On doit d'abord remarquer à la lecture de ce tableau que la croissance économique entre 1997 et 2006 avait été spécialement importante aux États-Unis et qu'à l'inverse, le Japon avait enregistré tout au long de la période un taux de croissance très bas. Ce qui s'explique largement par le fait que la décennie ouverte en 1992 est pour ce dernier pays une « décennie perdue ». La zone euro occupe de ce point de vue une position intermédiaire dans la mesure où son taux de croissance moyen est de 2,7 pour cent. En 2007, à l'orée de la triple crise de 2008, la croissance des trois grandes aires est très différente: les performances de la zone euro et du Japon dépassent celles des États-Unis. Cependant, en 2008, le recul est général et le Japon est même en récession sur l'ensemble de l'année, puisque son taux de croissance est négatif.

En 2009, le PIB réel, c'est-à-dire hors hausse de prix, diminue partout – de 3,5% pour l'ensemble des pays appartenant à l'OCDE. Comparé à celui des États-Unis, le recul est plus marqué dans la zone euro et surtout au Japon avec -5,3% pour ce dernier.

Le recul du PIB est un indicateur de toute récession. Toutefois, il faut également prendre en considération deux autres variables: le chômage et la hausse des prix. D'une manière générale, le premier s'accroît lors d'une récession et la seconde se réduit. C'est effectivement ce que l'on peut constater à la lecture du tableau 6.4: le taux de chômage calculé en pourcentage de la population active bondit de 5,6% en 2007 à 8,2% deux ans plus tard, tandis que le taux d'inflation décroît fortement en passant de 2,3% en 2007 à 0,5% en 2009. Cela dit et sans y insister, une inflation aussi basse témoigne de la présence de tendances à la baisse du niveau général des prix, autrement dit de tendances déflationnistes – directement détectables et visibles au Japon.

Au total, tous les indicateurs vont dans le même sens et concluent à la présence d'une forte récession des économies en 2008-2009. Pour autant, est-il permis de qualifier cette récession de «grande»?

La réponse est positive, mais pas essentiellement en se référant à l'évolution du PIB. En effet, si l'on prend par exemple les États-Unis et que l'on compare cette récession avec celles de 1981 et de 1990, comme le fait Aubry [2009, p.200 et sq.], on aboutit au résultat que la baisse du PIB américain est à peine plus marquée en 2009 qu'en 1981. Par contre, la prise en considération de l'ampleur des pertes d'emploi aboutit à une tout autre conclusion: la baisse de l'emploi est de deux à trois fois plus importante que celle observée lors des récessions de 1981 et 1990.

En réalité, si la récession de 2008-2009 est effectivement la plus significative de toutes celles qui ont affecté les économies depuis la fin de la deuxième guerre mondiale, c'est pour deux raisons essentielles: d'une part, elle se conjuguait à une crise financière systémique; d'autre part, elle a eu un caractère indéniablement mondial. Il n'est pas nécessaire de développer le premier point – cela a été fait, en long et en large, dans les deux chapitres précédents. Par contre, quelques précisions sur la portée réellement mondiale de la récession de 2008-2009 sont bienvenues.

Si l'on se réfère au PIB mondial – en réalité, 81% de ce PIB en y incluant les pays de l'OCDE plus le Brésil, la Russie, l'Inde et la Chine –, alors force est de constater que celui-ci a reculé de 1,7% en 2009, selon les données fournies par l'OCDE [2009b]. Ce chiffre est d'autant plus frappant que la Chine n'a pas connu la récession en 2009, mais un simple ralentissement de son économie: d'après l'OCDE [2013, p.14], la croissance réelle y a été de 9,2% en 2009 contre respectivement 9,6% et 14,2% en 2008 et 2007.

Il est cependant un autre indicateur, qui témoigne du recul économique profond enregistré en 2009: c'est celui de la croissance du commerce mondial.

Tableau 6.5 Croissance du commerce mondial (en pour cent)

Moyenne 1997-2006	2007	2008	2009
7,1	7,3	3,0	-12,5

Source: OCDE [2009b]

Le commerce mondial a connu une progression particulièrement marquée pendant la décennie 1997-2006, soit 7,1%. Par contre, le ralentissement est sensible en 2008 et l'année suivante, c'est d'un véritable effondrement dont il faut parler, puisque les échanges commerciaux internationaux chutent de 12,5%. (La BRI [2009, p.61] écrit que le recul « a été plus rapide qu'à aucun moment depuis plus de 50 ans ».)

Pour toutes ces raisons, il est donc justifié de parler de la Grande Récession de 2008-2009. Il faut toutefois y ajouter une raison supplémentaire: dans la zone euro à tout le moins, cette première récession sera suivie d'une autre, ce qui contribuera à lui donner un caractère très profond.

Une reprise inégale et hésitante

Les premiers signes de sortie de la récession se manifesteront dès le deuxième trimestre de 2009. Cependant, cette reprise ne sera pas généralisée et sera de faible intensité là où elle se produit.

La reprise

Les programmes de relance budgétaire qui ont été mis en œuvre par les différents pays vont sortir leurs effets. Mais avec quelle intensité et moyennant quel délai ? C'est une question fort discutée en économie appliquée. Elle porte un nom: l'impact des multiplicateurs budgétaires. Les études disponibles – voyez par exemple la synthèse qui figure dans OCDE [2009a, pp.119-121] – fournissent des estimations très variables pour ces multiplicateurs:

- À court terme, les multiplicateurs liés à une augmentation des dépenses sont en général légèrement supérieurs à 1, ce qui signifie qu'un accroissement de la demande se traduit par une hausse du PIB un rien plus importante que l'unité;

- Par contre, les multiplicateurs des recettes sont moins élevés ; en l'occurrence, une réduction de l'impôt sur le revenu aura un effet compris entre 0,5 et 0,8 ; cet effet se situera entre 0,2 et 0,6, lorsque l'allègement fiscal porte sur d'autres formes d'imposition ;
- Normalement, les multiplicateurs tendent à s'accroître légèrement entre la première et la deuxième année suivant la variation des dépenses ou des recettes ; ceci est tout spécialement vrai pour ces dernières ;
- Enfin, c'est presqu'une lapalissade, ces multiplicateurs sont systématiquement plus faibles lorsqu'on a affaire à une petite économie ouverte.

Quoi qu'il en soit, si l'on se fonde sur ces multiplicateurs, même avec leur grande variabilité, on devait s'attendre à ce que la sortie de la récession commence à s'entrevoir lors du deuxième semestre de 2009 et davantage au premier semestre de 2010. De fait, c'est ce que confirment les données de la comptabilité nationale.

Tableau 6.6 Taux de croissance du PIB réel

	2009				2010	
	T1	T2	T3	T4	T1	T2
Allemagne	-4,1	0,2	0,7	1,0	0,5	2,0
États-Unis	-1,4	-0,1	0,3	1,0	0,4	1,0
France	-1,6	-0,1	0,1	0,7	0,4	0,6
Grande-Bretagne	-1,5	-0,2	0,4	0,4	0,6	0,7
Japon	-4,0	1,7	0,1	1,7	1,5	-0,5

Source : FRED.

À dater du troisième trimestre de 2009, les cinq économies reprises dans le tableau 6.6, qui sont les plus importantes en termes de contribution au PIB mondial, du moins si l'on fait abstraction de la Chine, connaissent en effet une légère croissance de leur produit intérieur. (Le Japon et l'Allemagne sortent pour leur part de la récession un trimestre plus tôt.)

La tendance se confirme, pour l'essentiel, au premier semestre de 2010, même s'il faut constater que le Japon enregistre un taux de croissance négatif au deuxième trimestre de cette année-là. Cependant, ce qui saute avant tout aux yeux, c'est la faiblesse générale de la reprise qui même en l'annualisant, n'indique qu'une augmentation du PIB inférieure à 2% et souvent proche du pour cent.

Autre facteur favorable, les banques ont redressé leur bilan, que ce soit aux États-Unis, en Europe ou au Japon. Le mécanisme à l'œuvre est simple à comprendre : ces banques bénéficient de coûts de financement faibles compte tenu de la garantie étatique dont elles bénéficient, ce qui leur permet d'octroyer des prêts sur lesquels elles réalisent une marge plus importante. De ce fait, leurs bénéfices s'accroissent. Un bon indicateur de la santé relative des banques est constitué par le niveau de la prime payée sur les contrats d'assurance des obligations bancaires – les contrats CDS. Selon l'OCDE [2009, p.16], elle était égale à 3% en mars 2009 contre 1,1% au début de novembre 2009 tant aux États-Unis que dans la zone euro.

Il faut toutefois mettre un bémol sur l'affirmation précédente, car l'offre de crédits bancaires a diminué tout au long de l'année 2009. Certes, en période de récession, il est normal que la demande d'emprunts s'affaisse, puisque tant les ménages que les entreprises ont vu leurs revenus baisser. Il n'empêche que la réticence à prêter des banques constitue l'indice d'un climat économique général peu favorable.

Par contre, la dégringolade des bourses s'est arrêtée au cours du deuxième trimestre de 2009, comme en témoigne l'évolution du Dow Jones américain.

Figure 6.1 Evolution du Dow Jones Industrial Average (DIJA)

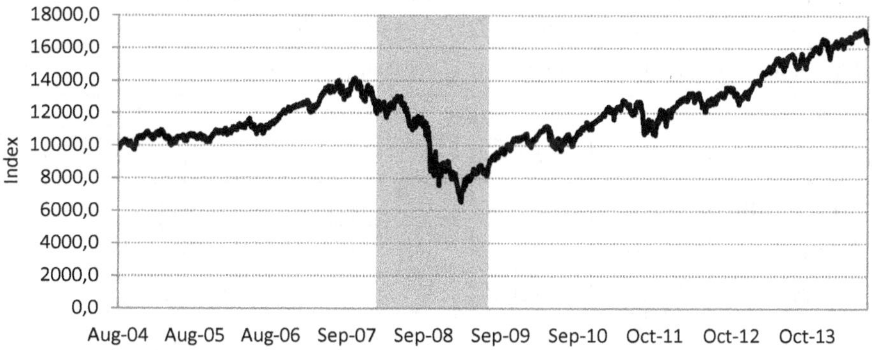

Le DIJA avait atteint un plus bas le 9 mars 2009, soit 6.547,1 ; le 8 décembre 2009, l'indice avait repassé la barre des dix mille et était égal à 10.286. (La zone grisée indique la période de récession telle qu'elle est déterminée par le NBER américain.)

Et la zone euro ?

On peut constater les mêmes tendances à l'œuvre dans la zone euro. Ainsi, les places boursières européennes redémarrent dès le premier trimestre de 2009. Si l'on se réfère par exemple au CAC 40, l'évolution de la cotation, en partant du plus bas de mars 2009, illustre bien cette remontée :

- le 09/03, l'indice est à 2519,29 ; c'est le plus bas depuis le plus haut atteint fin 2007 ;
- le 01/04, l'indice se situe à 2839,61 ;
- le 22/06, il franchit la barre des trois mille ; il cote alors très exactement 3025,24 ;

- en fin d'année, le 30 décembre, l'indice est proche de la barre des quatre mille, soit 3950,5.

Mine de rien, sur l'ensemble de l'année, le CAC 40 aura progressé de 56 pour cent par rapport à son plus bas, ce qui est considérable. Tout se passe comme si les Bourses anticipaient le retour de la croissance.

On a déjà pu observer au tableau 6.6 que les deux principales puissances économiques du continent européen – l'Allemagne et la France – étaient sorties de la récession dans le courant du premier semestre de 2009. Toutefois, comme on va à présent le voir, la situation est plus complexe lorsqu'on considère l'ensemble des composantes de la zone euro.

Le tableau suivant qui compare l'évolution du PIB réel dans ces deux économies avec celles du GIPSI, est très révélateur à cet égard. (Il était de bon ton chez certains commentateurs européens ou anglo-saxons de qualifier les pays du Sud de l'Europe de PIGS – cochons en anglais – ou encore de pays du club Med. Disons que l'on désignera ces pays, suivant en cela la pratique de Krugman [2012], par l'anagramme GIPSI, soit Grèce, Irlande, Portugal, Espagne (*Spain* en anglais) et enfin, Italie.)

Tableau 6.7 Croissance du PIB trimestriel réel (en pour cent)

	2009				2010	
	T1	T2	T3	T4	T1	T2
Allemagne	-4,1	0,2	0,7	1,0	0,5	2,0
France	-1,6	-0,1	0,1	0,7	0,4	0,6
Grèce	-0,8	-1,1	-1,0	-0,6	0,7	-1,9
Irlande	-0,7	0,0	-2,1	-0,9	1,0	0,6
Portugal	-2,4	0,3	0,7	1,0	0,8	1,1
Espagne	-1,7	-1,1	-0,3	-0,1	0,1	0,2
Italie	-3,5	-0,3	0,5	-0,1	0,8	0,6
Zone euro	-2,9	-0,3	0,4	0,5	0,4	0,9

Source: OCDE; Eurostat pour la Grèce.

L'évolution du PIB réel dans la zone euro – il s'agit de variations par rapport au trimestre précédent – est identique à celle observée en Allemagne et en France: en bref, elle conduit à dire que la récession se termine au deuxième trimestre de 2009. Par contre, le constat est nettement moins tranché pour les pays du GIPSI. Si le Portugal semble se conformer au schéma général, il n'en va pas de même pour l'Irlande et l'Italie qui sortent seulement du marasme au premier trimestre de 2010. C'est aussi le cas de l'Espagne, mais la reprise en 2010 y est vraiment très faible. Quant à la Grèce, elle ne s'extrait tout simplement pas de la récession du tout.

En réalité, avant même que la reprise ne se consolide et ne s'étende à toutes les économies de la zone euro, un problème majeur va se poser: celui de l'endettement des États. Certes, il affectera l'ensemble des pays développés, mais il se posera de manière beaucoup plus aigüe dans la zone euro et encore davantage, dans les pays du GIPSI.

On peut faire remonter le commencement de cette phase aigüe à novembre 2009, lorsque le nouveau gouvernement grec, présidé par Georges Papandréou, se forme et qu'il est obligé de rectifier l'estimation du déficit budgétaire faite par son prédécesseur en la portant de 3,7% à 12,7% du Produit Intérieur. Un tel déficit de court terme est intenable; il signifie clairement qu'il existe désormais un risque de défaut, non négligeable, pour les titres de la dette hellène.

Un bon indicateur de l'appréciation du risque de défaut sur les titres grecs est donné par l'écart, le *spread*, entre le taux de rendement des obligations à 10 ans émises par le Trésor grec et celui des obligations de même échéance émises par l'Allemagne. Cet écart était de 25 points de base – 0,25% donc – en 2007; il a grimpé à 150 points de base à la fin de 2008 et il atteindra 800 points de base en juin 2010. Huit pour cent d'écart par rapport au rendement des obligations allemandes, c'est vraiment énorme!

Ce sont en fait les politiques mises en œuvre pour tenter de résoudre le problème de la dette souveraine qui précipiteront la zone euro dans une nouvelle récession et la plupart des pays du GIPSI, dans une situation inextricable. Mais avant d'en faire la démonstration, il faudra opérer un petit détour, qui n'en sera pas vraiment un, en examinant les caractéristiques et les conséquences du passage à la monnaie unique en Europe.

L'union monétaire européenne

On s'attachera d'abord à examiner les fondements théoriques de la constitution de l'euro avant d'étudier quelles sont les conséquences de l'abandon des monnaies nationales. Enfin, on examinera quelques particularités de la zone euro sous l'angle de la politique macroéconomique.

Zones monétaires optimales

Même si l'euro est avant tout le produit d'un compromis politique, comme l'a bien montré Sapir [2012], il reste qu'on a tenté de lui donner des fondements théoriques, en l'occurrence la théorie des zones monétaires optimales due aux prix Nobel Mundell [1961], mais aussi à Kenen [1969].

Parler de théorie est d'ailleurs un bien grand mot, car en définitive, on aura beau lire et relire l'article originel de Mundell, qui ne compte d'ailleurs que neuf pages, on n'y trouvera rien qui soit digne de ce nom. En fait, l'économiste canadien se plaçait dans le cadre du débat taux de change fixes ou flottants. Il tentait simplement de répondre à la question: est-il préférable pour un ensemble de pays d'adopter une même unité monétaire, ce qui est équivalent au fait que les taux de change sont fixes entre ces pays, ou au contraire, doivent-ils conserver leur monnaie tout en se dotant d'un régime de changes flexibles ?

Mundell abordait cette question sous l'angle des *politiques de stabilisation*, qui visent la poursuite d'un triple objectif : le plein emploi, la stabilité des prix et l'équilibre de la balance des paiements. De plus, il assimilait zones monétaires optimales et régions, ces dernières étant définies comme des « aires au sein desquelles il y a mobilité des facteurs de production et entre lesquelles, il y a immobilité de ces facteurs » (Mundell [1961, note 6]).

Supposons deux pays, notés A et B, initialement au plein emploi et dont la balance des paiements est équilibrée. Survient alors un choc sous la forme d'un accroissement de la demande des biens de A au détriment des biens de B. Supposons également qu'à court terme, toute diminution des salaires et des prix s'accompagne d'un accroissement du chômage et qu'enfin, les autorités monétaires se soucient d'éviter l'inflation.

Si les deux pays disposent chacun de leur propre monnaie et que les taux de change sont fixes, le déplacement de la demande de B vers A va d'abord se traduire par du chômage en B et des tensions inflationnistes en A, ensuite par un déficit de la balance pour B et un excédent pour A. Comment revenir alors à l'équilibre ? Puisqu'il y a fixité des changes et que les autorités monétaires de A veulent éviter l'inflation, le seul moyen pour B d'équilibrer ses comptes extérieurs sera d'abaisser ses prix et salaires relativement à ceux de A et ce faisant, d'accroître encore le chômage. Le refus du pays en surplus d'augmenter ses prix entraîne ainsi le pays B, en déficit extérieur, dans la récession.

Que se passerait-il si A et B disposaient d'une seule monnaie ? Pour enrayer le développement du sous-emploi en B, la banque centrale commune augmenterait l'offre de monnaie, ce qui se traduirait par la hausse des prix aussi bien en A qu'en B. La poursuite du plein emploi imprime donc une tendance inflationniste pour les deux pays à monnaie commune. Une solution à ce conflit d'objectifs consisterait à faire porter le poids de l'ajustement sur le seul pays en surplus, autrement dit sur A : ce dernier ferait de l'inflation jusqu'à ce que le chômage soit éliminé en B.

Pour sa part, Kenen [1969] ajoute au tableau la nécessité pour la zone à monnaie unique de disposer d'une autorité centrale capable de « lisser » les chocs, donc la croissance, entre les entités composant la zone, ce qui implique un *fédéralisme budgétaire* poussé avec imposition centrale et transferts massifs en fonction de l'état de la conjoncture dans les différents pays de l'union.

La zone euro constituait-elle une zone monétaire optimale au sens de Mundell-Kenen ? La réponse est nécessairement nuancée, car purement pratique : Mundell [1961, p. 662] écrit d'ailleurs lui-même que « la question se réduit au fait de savoir si l'Europe de l'Ouest peut ou non être considérée comme une région, et ceci est essentiellement un problème empirique. »

Empiriquement, il est bien clair que le fédéralisme fiscal et budgétaire n'existe ni dans l'Union européenne ni dans la zone euro ; le critère de Kenen n'est donc absolument pas rencontré. Autre élément de fait : la mobilité du facteur travail, qui est véritablement à la base de tout le raisonnement de Mundell, est très limitée entre les pays européens. Bien sûr, cette mobilité doit s'apprécier d'un point de vue relatif. À cet égard, il est éclairant de la comparer avec celle d'une zone monétaire avérée – les États-Unis. Un tel travail comparatif a par exemple été réalisé par O'Rourke et Taylor [2013, pp. 177-179]. Il est sans appel. Si l'on mesure la mobilité du travail à partir de la proportion des résidents d'un État qui sont nés dans un autre État, alors cette proportion est de 42 pour cent aux États-Unis et seulement de 14 pour cent dans la zone euro.

Avec toutes les nuances voulues, il est donc légitime de considérer qu'à sa fondation, la zone euro ne constituait pas une zone monétaire optimale au sens de Mundell et de Kenen. En soi, ce n'est pas bien grave ; c'est simplement reconnaître qu'il n'y a pas de fondements théoriques solides à la base de l'adoption de l'euro comme monnaie unique.

Monnaie unique et taux de change

L'introduction d'une monnaie unique en lieu et place de plusieurs monnaies nationales signifie *ipso facto* la disparition des secondes et donc aussi l'impossibilité d'utiliser désormais le taux de change comme instrument de la politique macroéconomique.

C'est loin d'être négligeable. Pour le montrer, reprenons le petit modèle de Mundell et ses deux pays A et B. Cette fois, on supposera qu'ils disposent chacun de leur propre monnaie et qu'ils ont la possibilité de modifier leur parité de change. Le déplacement de la demande de la seconde économie vers la première a produit du chômage en B et détérioré sa balance commerciale, qui est devenue déficitaire. Le moyen le plus simple pour le pays B de rétablir l'équilibre est de dévaluer sa monnaie relativement à celle du pays A. Autrement dit, il faudra davantage d'unités monétaires de B pour acquérir une unité monétaire de A. Conséquence : les biens de B seront moins chers en A et ceux de A plus chers en B. Les exportations de B vers A vont donc s'accroître et les importations de A vers B diminuer. Moyennant un certain délai, le déficit commercial de B va disparaître. La dévaluation de sa monnaie lui aura évité de passer par un long et difficile processus de baisse de ses prix et salaires, mais aussi probablement d'éviter la récession et l'accroissement du chômage.

Il n'est pas question ici de porter la dévaluation au pinacle ou de lui attribuer toutes les vertus possibles et imaginables – les enchaînements sont d'ailleurs un peu compliqués dans la réalité que dans l'exemple retenu, notamment parce que la réussite d'une dévaluation suppose un strict contrôle des prix intérieurs. En fait, il s'agit simplement de souligner qu'en abandonnant sa monnaie, un pays se prive ainsi d'un instrument de politique macroéconomique.

Pour mieux en voir les conséquences, on se référera à un cadre beaucoup plus général : la théorie de la politique économique telle qu'elle a été formalisée par le premier prix Nobel d'économie, le Hollandais Jan Tinbergen [1952].

La politique macroéconomique quantitative poursuit quatre objectifs principaux : la croissance ou augmentation du PIB ; le plein emploi ; la stabilité des prix et l'équilibre de la balance des paiements. C'est ce que certains économistes ont malicieusement appelé le « carré magique », sous-entendant par-là que la réalisation simultanée des quatre objectifs était une tâche difficile.

Dans la poursuite de ces objectifs, l'autorité publique – banque centrale et gouvernement – dispose d'un ensemble d'instruments que l'on peut commodément répartir en cinq grandes catégories :

1. la politique monétaire, c'est-à-dire l'action à la fois sur l'offre de monnaie (par exemple en émettant de la monnaie ou en pratiquant la politique d'*open market*) et sur la gamme des taux d'intérêt, par exemple en modifiant les taux directeurs de la banque centrale.
2. la politique budgétaire (la *fiscal policy* des États-Unis), qui joue tantôt sur les diverses taxes, tantôt sur les dépenses de l'État.
3. la politique de change qui se manifeste par les modifications du taux de change du pays concerné : appréciation ou réévaluation, dépréciation ou dévaluation de la monnaie nationale selon que les changes sont flottants ou fixes.
4. les contrôles quantitatifs qui peuvent porter sur des revenus – salaires, loyers, traitements des managers publics, etc. –, sur les prix, par exemple en limitant les hausses annuelles de prix à tel pourcentage, etc.
5. les modifications du cadre institutionnel : il en est ainsi notamment lors d'une mise sous statut public d'une entreprise, d'une banque ou encore de la promulgation d'une loi destinée à empêcher une position dominante sur tel ou tel marché.

Tenant compte de cette conceptualisation, l'économiste hollandais a alors démontré, moyennant certaines hypothèses dont celle de linéarité des relations entre objectifs et instruments, une proposition – connue sous le nom de *théorème de Tinbergen* – qui s'énonce brièvement et en substance comme suit : *il doit y avoir égalité stricte entre le nombre d'objectifs poursuivis et le nombre d'instruments utilisés*. En d'autres termes, toute politique macroéconomique se base sur le fait qu'un instrument doit servir exclusivement à la poursuite d'un seul objectif. Ainsi, pour assurer l'équilibre de la balance des paiements, est-il impératif d'utiliser un unique instrument, le taux de change bien sûr et lui seul.

Dans ce cadre théorique précis, la renonciation à l'instrument du taux de change implique, dans l'hypothèse de l'abandon de sa monnaie par un pays, la nécessité d'avoir recours à un autre instrument. Le substitut évident au taux de change est constitué par la structure des prix et salaires du pays concerné. En conséquence, pour éliminer un déficit commercial ou des paiements, le pays en question devra abaisser les prix et salaires internes et mettre en œuvre ce que d'aucuns appellent une *dévaluation interne*.

Une telle politique se heurte à de multiples obstacles ou impossibilités, dont voici les principaux :

1. Il y aura à coup sûr une opposition frontale des syndicats de travailleurs à des baisses de salaire ; de plus, même si leurs organisations finissaient par les accepter, il est à peu près sûr que les travailleurs, eux, ne les accepteraient pas. Parfois aussi, l'imposition directe de diminutions de salaires nécessite de remettre en cause la manière dont les négociations salariales se déroulent avec tous les risques qu'une telle remise en cause du modèle social dominant implique.
2. La déflation des prix internes est un processus long qui prend du temps. Il serait évidemment contrarié si les partenaires de la même zone monétaire suivaient une ligne de conduite identique et s'astreignaient eux aussi à limiter les hausses salariales. Il pourrait alors se former une véritable spirale négative qui conduirait tous les partenaires à pratiquer la « déflation compétitive ». Cependant, même si ce n'était pas le cas, même si les pays en surplus se conduisaient sagement, il reste qu'une déflation prolongée s'accompagnerait de la montée du chômage dans des proportions dramatiques. La déflation des prix déboucherait alors sur une véritable impasse : l'enfermement dans la récession et le chômage de masse.
3. la principale objection pratique à la dévaluation interne a été formulée par Milton Friedman [1953, p. 173] : « Il est beaucoup plus simple de permettre à un prix de se modifier, en l'occurrence le prix des monnaies étrangères, que de s'appuyer sur la modification des multiples prix qui, tous ensemble, constituent la structure des prix internes ». En effet, c'est presque un truisme de constater que le taux de change d'une monnaie résume en quelque sorte le système des prix du pays en

question et que modifier un tel prix, à la baisse ou à la hausse, est plus aisé que de faire varier des milliers de prix, avec le risque de modifier du même coup la structure des prix relatifs.

Pour toutes ces raisons et singulièrement celle que la déflation des prix prolongée risque d'induire une spirale de baisse du produit national et d'accroissement du chômage, on aboutira à la conclusion que l'abandon de l'instrument du taux de change par un pays a un coût dont il faut bien mesurer l'importance.

Euro et politique macroéconomique

Le passage à l'euro et la disparition des monnaies nationales antérieures supposaient de revoir de fond en comble toute l'organisation de la politique macroéconomique à l'échelle de la zone.

En premier lieu, comme il n'y avait pas d'État fédéral européen et que le budget propre de l'Union était (et reste) très limité, il est bien clair – on l'a déjà souligné – qu'il n'y a pas de politique budgétaire applicable à l'échelle de l'Union. Celle-ci est l'apanage des États nationaux. Tout le problème est alors de concilier autonomie des politiques budgétaires nationales et stabilité financière de la zone dans son ensemble. C'est un énorme problème sur lequel on reviendra bientôt.

En second lieu, la seule autorité supranationale est la Banque Centrale Européenne (BCE). On sait qu'elle s'est vu attribuer un objectif principal, en fait quasiment unique, par les Traités européens de Maastricht et de Lisbonne: la stabilité des prix. En 1998, le Conseil des Gouverneurs de la BCE en a donné la définition suivante: « une progression sur un an de l'indice des prix à la consommation harmonisé inférieure à 2 pour cent dans la zone euro». Pratiquement, cela signifie que les taux d'inflation doivent être maintenus un peu en dessous de la barre des deux pour cent sur le moyen terme.

Pour atteindre cet objectif, la BCE dispose essentiellement d'un instrument: la manipulation de ses taux directeurs, en particulier le *refi* (taux de refinancement des banques). C'est tout. En particulier, elle ne peut juridiquement parlant, ni piloter le cours du change de l'euro, ni financer les déficits budgétaires des États par l'octroi de crédits ou l'achat direct de titres publics.

Si les monnaies nationales ont disparu avec le passage à l'euro, il reste que les différents pays de la zone peuvent connaître des déficits ou excédents extérieurs, parfois même persistants. Pour les résorber, il n'est fondamentalement qu'une possibilité – modifier le système des prix relatifs des pays concernés. Possibilité qui se décline selon deux modalités très différentes: soit le pays en déficit supporte la charge de l'ajustement en pratiquant la déflation interne, avec toutes les conséquences négatives en termes de chômage ou de baisse du PIB que l'on a déjà détaillées ; soit le pays en surplus laisse filer son taux d'inflation relativement à celui du pays déficitaire, ce qui rendra les produits du premier plus chers et diminuera donc l'excédent dont il bénéficie. Toutefois, dans cette dernière hypothèse, la BCE devrait intervenir pour empêcher ou limiter l'inflation, puisque son mandat lui fait obligation de s'attacher à la stabilité des prix. Cependant, même si ce n'était pas le cas et que la BCE restait passive, cette deuxième voie est malaisément praticable : en parlant crûment, pourquoi voudrait-on que l'Allemagne accepte de faire de l'inflation pour aider au rééquilibrage des comptes italiens ou grecs ?

Tels sont quelques-uns des dilemmes de la politique macroéconomique qui vont apparaître en plein jour à la faveur de la crise de la dette européenne.

Dette publique, défauts souverains et récessions

On développera d'abord une proposition fondamentale sur l'évolution de la dette publique. Ensuite, on s'intéressera aux défauts des États dans l'histoire financière du monde. Enfin, on montrera comment la récession de 2008-2009 a gonflé les dettes publiques.

Une relation fondamentale

Précisons d'abord quelques notions essentielles :

- l'*encours* de la dette nominale à un moment donné est la valeur totale des emprunts à différentes échéances émis par un État ;
- le *taux d'intérêt nominal implicite* sur la dette est défini comme le quotient du total des intérêts versés pendant une année par l'encours de la dette à la fin de cette année ;
- les *recettes* et *dépenses* courantes de l'État sont respectivement les rentrées reçues et les sorties effectuées par cet État durant une année ;
- le *solde primaire* net est égal à la différence entre les recettes courantes et les dépenses courantes *hors charge d'intérêts* ;
- le *taux de croissance nominale* du PIB (Produit Intérieur Brut) est le pourcentage d'accroissement du PIB d'une année à l'autre ;
- enfin, le *taux ou ratio d'endettement* d'un État est égal à l'encours de sa dette rapporté au PIB, les deux mesurés pour une année déterminée.

On peut alors avancer la proposition fondamentale suivante :

À solde budgétaire primaire nul, le taux d'endettement s'accroît (diminue) mécaniquement dès le moment où le taux d'intérêt implicite sur la dette est supérieur (inférieur) au taux de croissance nominale du PIB

En somme, cette proposition ne fait que traduire en termes précis, ce que l'on appelle « l'effet boule de neige », une situation où la dette s'entretient elle-même – s'autoalimente si l'on préfère.

En poussant plus loin l'interprétation, on obtient plusieurs indications quant à la dynamique de la dette publique et sa gestion possible :

1. si l'on veut que la dette diminue en proportion du PIB, il suffit – c'est évidemment plus facile à dire qu'à réaliser ! – que le taux de croissance de l'économie soit supérieur au taux d'intérêt sur la dette ; autrement dit, la meilleure manière de réduire l'endettement en termes relatifs, c'est encore d'accélérer la croissance ou de la faire revenir si l'économie est en récession.
2. à l'opposé, on peut manipuler le solde primaire pour freiner l'endettement, ce qui implique soit d'augmenter les impôts, soit de réduire les dépenses, soit une combinaison des deux moyens précédents ; le problème dans ce cas – on y reviendra bientôt – est que l'action sur le solde primaire est souvent génératrice de baisse de croissance et d'augmentation du chômage.
3. le taux d'intérêt implicite sur la dette joue évidemment un rôle considérable dans la détermination de sa trajectoire ; plus ce taux est élevé et plus les charges d'intérêt seront également élevées ; si une économie se trouvait dans la situation où le taux d'intérêt est durablement supérieur au taux de croissance de cette économie, alors la dette s'autoalimenterait mécaniquement : c'est – on y a insisté – l'*effet boule de neige* dans toute sa pureté.

Défauts et poids de la dette publique

La *dette souveraine* d'un État est celle qui est détenue par des créanciers étrangers à cet État. On parlera de dette intérieure lorsque les prêteurs résident dans l'État en question. Il peut se faire qu'un État soit incapable de rembourser sa dette souveraine, auquel cas il y aura défaut. Un défaut peut prendre diverses formes, notamment être complet ou partiel selon qu'il porte sur la totalité ou seulement, sur une fraction de l'encours de la dette souveraine. La plupart du temps, le défaut n'est que partiel. (Pour l'anecdote, on peut rappeler que le gouvernement soviétique qui avait refusé d'assumer la dette tsariste, a dû proposer une indemnisation, fût-elle purement symbolique, de ses lointains créanciers pour revenir, en 1997, sur les marchés de la dette.)

Doivent également être englobés dans le concept de défaillance tous les épisodes de restructuration ou de rééchelonnement de la dette souveraine. Lors de ces épisodes, l'État débiteur impose à ses créanciers un échéancier plus long pour les remboursements accompagné souvent de modifications des taux d'intérêt correspondants.

Comme l'ont bien montré Reinhart et Rogoff [2009], les défauts souverains sont légion dans l'histoire financière. Par exemple, sur la période 1800-2008, l'Allemagne totalise huit défauts ou rééchelonnements, soit 13% des années courant sur la période envisagée.

Dans le même registre, on pourrait penser que plus un État est endetté, plus la probabilité qu'il soit défaillant est élevée. Sous une apparence plus scientifique, cette proposition peut se reformuler comme suit: plus la dette souveraine représente une part importante du PIB d'un pays et plus la probabilité que ce pays fasse défaut, est forte. On ne peut nier, certes, totalement la corrélation entre taux d'endettement et défauts, mais il faut à tout le moins la nuancer, comme le montre le tableau 6.7 qui concerne les pays à revenu intermédiaire (par exemple, Russie, Pologne, Afrique du Sud, Turquie, Venezuela, etc.).

Tableau 6.8 Poids de la dette extérieure au moment du défaut

Fourchette du ratio de la dette extérieure par rapport au PNB à la fin de la première année de défaut ou de restructuration	Pourcentage du total des défauts ou restructurations (pays intermédiaires)
< 40	19,4
41-60	32,3
61-80	16,1
81-100	16,1
>100	16,1

Source: Reinhart et Rogoff [2009].

On doit constater que plus de la moitié des défauts – 51,7 pour cent exactement – se produisent lorsque le ratio endettement/ PNB ou PIB est inférieur à 60 pour cent et que seulement 16,1 pour cent de ces défauts adviennent lorsque ce même ratio est supérieur à 100 pour cent.

Au minimum, ces données doivent nous amener à relativiser la corrélation positive entre ratio d'endettement et défaut effectif.

Récession et endettement

De manière tout à fait générale, les périodes de récession voient la dette des États s'accroître en proportion de leur PIB. L'explication des mécanismes à l'œuvre est simple. Qui dit récession, dit aussi baisse du PIB, donc de certains revenus individuels, par exemple de ceux et celles qui ont perdu leur emploi et se retrouvent au chômage. Il s'ensuit des rentrées fiscales – des impôts – réduites pour l'État. La même tendance s'observe du côté des entreprises, qui réalisent peu de bénéfices (ou pas du tout!) et qui paient alors moins d'impôt. Les recettes se contractent donc en récession.

Les dépenses, elles, s'accroissent tout aussi mécaniquement. Interviennent ici ce que l'on appelle les *stabilisateurs automatiques*, dont voici un exemple: les salariés qui ont été licenciés parce que leur entreprise s'est restructurée consécutivement à la récession, émargent alors au chômage et bénéficient d'allocations ou d'indemnités versées par l'État. Ces allocations ont évidemment un rôle économique positif, puisqu'elles limitent les pertes de revenus et contribuent ainsi à stabiliser la demande globale tout autant que l'économie – d'où leur nom de «stabilisateur automatique». En revanche, elles augmentent les débours de l'État. Par ailleurs, si ce dernier entreprend une politique de relance de l'économie, alors la dépense publique s'en trouvera accrue d'autant. (On parle dans ce cas de dépenses discrétionnaires.)

Au total, la récession réduit le PIB tout en accroissant le déficit public. L'encours de la dette publique s'accroît aussi, gonflé par le déficit, et le taux d'endettement augmente en conséquence.

C'est exactement ce que l'on a pu observer lors de la Grande Récession, à ceci près que la crise économique se doublait d'une crise financière et d'un recul sans précédent des Bourses, deux phénomènes qui ont contribué à alourdir encore l'endettement des États. Le tableau 6.8 fournit les éléments probants à cet égard sous la forme d'une comparaison entre États-Unis, Japon et zone euro – on sait déjà qu'on nomme parfois cette dernière Eurolande. (Le taux d'endettement a été défini plus haut comme le rapport de l'encours de la dette d'un État à son Produit Intérieur Brut.)

Tableau 6.9 Endettement comparatif (en pour cent)

	2007	**2008**	**2009**
États-**Unis**			
Solde total*	-2,8	-6,5	-11,0
Taux d'endettement	61,9	70,4	83,0
Japon			
Solde total*	-2,4	-2,1	-7,2
Taux d'endettement	167,0	173,8	192,9
Eurolande			
Solde total*	-0,6	-2,0	-6,3
Taux d'endettement	71,0	75,8	86,3

* Différence entre recettes courantes et dépenses courantes.
Source: OCDE [2010].

Avant la récession, c'est-à-dire en 2007, la zone euro enregistrait un déficit courant moindre que celui des États-Unis. Par contre, la première avait un taux d'endettement supérieur d'un peu plus de neuf pour cent à celui des seconds. Le Japon était le champion toutes catégories avec une dette publique qui représentait 167% de son PIB. (Ce dernier avait adopté des plans de relance massifs pour tenter de sortir de la dépression chronique qui a suivi 1992, mais sans succès.)

Clairement, la dette s'est accrue fortement dans les trois zones en 2008 et surtout en 2009. Toutefois, l'Eurolande n'est pas la plus mal lotie à cet égard: le déficit y est en effet plus faible qu'aux États-Unis ou au Japon. Quant au taux d'endettement, s'il est plus élevé qu'aux États-Unis, l'écart n'est plus que de trois pour cent en 2009 contre neuf pour cent deux ans plus tôt. Somme toute, la zone euro a (un peu) mieux traversé la crise que les deux autres grandes zones.

La conclusion générale qu'il faut néanmoins en tirer, c'est que le problème de l'endettement des États se pose partout avec acuité au sortir de la récession lors du deuxième semestre de 2009.

La crise de la dette souveraine européenne

Si la zone euro a été touchée de plein fouet par la montée des taux d'endettement public, toutes ses composantes n'ont pas été affectées de la même manière. Ce sont en effet les pays du GIPSI, les plus endettés, qui seront en première ligne.

L'évolution de l'endettement

Le premier élément à considérer est la manière dont la dette des différents États a évolué depuis le passage à l'euro, soit 1999 pour les transactions financières et 2002, pour les transactions privées. On sait à cet égard que des critères dits de convergence avaient été imposés par le Traité de Maastricht, spécialement dans le Protocole intitulé « Sur la procédure concernant les déficits excessifs ». Ces critères étaient au nombre de deux :

1. le déficit public (c'est-à-dire celui des administrations centrales, mais aussi des pouvoirs régionaux ou locaux ainsi que de la sécurité sociale) ne pouvait dépasser 3% du Produit Intérieur Brut de chacun des États ;
2. le rapport de la dette publique au Produit Intérieur Brut ne devait pas excéder 60 pour cent.

Cela dit, l'existence de tels critères n'avait nullement empêché plusieurs pays de rejoindre la zone euro, alors même qu'ils n'y satisfaisaient pas, spécialement pour ce qui concerne le second d'entre eux. Ce fut le cas notamment de la Belgique, de l'Italie et de la Grèce. Leur existence n'avait pas non plus empêché l'Allemagne et la France de bloquer, en 2003, de commun accord, la procédure pour « déficits excessifs » engagée à leur encontre. Evidemment, c'était le passé.

En réalité, comme l'indique le tableau 6.10, jusqu'à l'année 2007, le ratio dette/PIB avait été plutôt orienté à la baisse. Par contre, la crise économico-financière de 2008 marque une inflexion notable à cet égard. (Notons que nous ne considérerons pas Chypre, qui bénéficiera en 2013 d'un plan d'aide de la Troïka, compte tenu de la part très faible que représente ce pays dans le PIB global de l'Eurolande.)

Tableau 6.10 Dette publique en pour cent du PIB

	2000	2001	2002	2003	2004	2005	2006	2007	2008	2009	2010
Belgique	107,8	106,5	103,4	98,4	94	92	88	84	89,2	95,7	95,6
Allemagne	60,2	59,1	60,7	64,4	66,2	68,5	68	65,2	66,8	74,5	82,5
Irlande	35,2	35,2	32	30,8	29,5	27,3	24,6	25	44,2	64,5	91,2
Grèce	103,4	103,7	101,7	97,4	98,9	101,2	107,5	107,2	112,9	129,7	148,3
Espagne	59,4	55,6	52,6	48,8	46,3	43,2	39,7	36,3	40,2	53,9	61,5
France	57,4	56,9	59	63,2	65	66,7	64	64,2	68,2	79,2	82,4
Italie	108,5	108,2	105,1	103,9	103,4	105,7	106,3	103,3	106,1	116,4	119,3
Luxembourg	6,2	6,3	6,3	6,1	6,3	6,1	6,7	6,7	14,4	15,3	19,2
Pays-Bas	53,8	50,7	50,5	52	52,4	51,8	47,4	45,3	58,5	60,8	63,4
Autriche	66,2	66,8	66,2	65,3	64,7	64,2	62,3	60,2	63,8	69,2	72,3
Portugal	50,7	53,8	56,8	59,4	61,9	67,7	69,4	68,4	71,7	83,2	93,4
Finlande	43,8	42,5	41,5	44,5	44,4	41,7	39,6	35,2	33,9	43,5	48,7

Source: Eurostat.

Malgré la tendance baissière générale observable jusqu'en 2007, on note quelques mauvais élèves: la Grèce, dans une moindre mesure le Portugal, mais aussi la France et l'Allemagne. Rien de catastrophique cependant, car cette même année, seuls deux pays de la zone euro, la Grèce et l'Italie, ont un ratio d'endettement supérieur à 100 pour cent et d'autres tels que le Portugal et surtout, l'Irlande et l'Espagne comptent parmi les meilleurs élèves de la classe.

À dater de 2008 et jusqu'à la dernière année reprise dans le tableau, à savoir 2010, le ratio grimpe partout, sans la moindre exception. La progression de l'endettement est particulièrement spectaculaire en Grèce (+31%), au Portugal (+25%), en Espagne (+25,2%) et surtout en Irlande (+66,2%).

Ce sont ces quatre États qui vont bénéficier, sous des formes diverses, d'aides de la part de l'Union ou de la BCE selon le calendrier suivant:

- le 2 mai 2010, la Troïka – Commission européenne, BCE et FMI – annonce un plan d'aide à la Grèce;
- le 28 novembre 2010, c'est au tour de l'Irlande de bénéficier d'une aide européenne d'un montant de 85 milliards d'euros;
- le 7 avril 2011, le Portugal introduit une demande de soutien financier auprès des instances européennes; le 17 mai 2011, le Conseil européen adopte un plan d'aide au Portugal, d'un montant de 78 milliards d'euros;
- le 9 juin 2012, les ministres des finances de l'Eurolande décident de prêter jusqu'à 100 milliards d'euros à l'Espagne de sorte qu'elle puisse

recapitaliser ses banques en difficulté; précisons que les gouvernements espagnols successifs – présidés par Zapatero, puis Rajoy – se sont toujours refusés à demander officiellement l'aide de la Troïka, en particulier du FMI; c'est ce qui explique que ce dernier n'apportera aucun concours financier à l'Espagne; seul l'Eurolande le fera par le biais du Mécanisme Européen de Stabilité (MES).

Il faut à présent expliquer comment et pourquoi ces quatre économies ont été les principales victimes de la crise de la dette souveraine.

Un schéma explicatif

Il est une explication sur mesure de la crise de la dette: l'incurie des autorités. Elle relève de ce que Krugman [2012, p.177] a appelé la Grande Illusion (*Big Delusion*), illusion tenant à ce que la crise européenne est essentiellement attribuée à l'irresponsabilité des gouvernements. Ceux-ci auraient accumulé déficit sur déficit, de telle sorte qu'ils se seraient trouvés au bord du précipice.

La réalité est infiniment plus complexe et l'explication tout autant. Cette dernière s'appuie d'abord sur un ensemble de conditions permissives et puis ensuite, fait fond sur les répercussions de tous ordres de la Grande Récession.

Parmi les conditions permissives, il en est une qui sera déterminante: l'existence, dès les débuts de l'union monétaire, d'un déséquilibre dans l'évolution des balances courantes des principaux pays membres de la zone euro. Le tableau 6.11 fournit, sous cet angle, toutes les données nécessaires.

Tableau 6.11 Soldes des balances courantes (en pour cent du PIB)

	2004	2005	2006	2007	2008	2009	2010	2011
Belgique	3,2	2,1	2,0	1,7	-1,6	-1,7	1,3	-1,1
France	0,5	-0,5	-0,6	-1,0	-1,7	-1,3	-1,6	-2,0
Allemagne	4,6	5,0	6,2	7,5	6,2	5,9	5,9	5,7
Grèce	-5,8	-7,5	-11,3	-14,3	-14,7	-11,0	-10,0	-9,8
Irlande	-0,5	-3,5	-3,5	-5,3	-5,7	-2,3	1,1	1,1
Italie	-0,9	-1,6	-2,6	-2,4	-2,9	-2,0	-3,5	-3,2
Pays-Bas	7,8	7,5	9,3	6,7	4,2	4,1	7,1	8,5
Portugal	-8,2	-10,5	-10,8	-9,9	-12,6	-10,7	-10,0	-6,7
Espagne	-5,2	-7,3	-8,9	-10,0	-9,6	-4,8	-4,5	-3,5

Source: OCDE.

Deux économies ont une balance des transactions courantes constamment excédentaire tout au long de la période: l'Allemagne et les Pays-Bas. À l'opposé, sur la période 2001-2009, cinq autres pays – la Grèce, l'Italie, l'Irlande, le Portugal et l'Espagne – sont en déficit courant chronique. (La France n'est pas loin d'être dans ce cas, puisqu'à l'exception de 2004, elle enregistre chaque année un solde négatif qui a d'ailleurs tendance à s'accroître au fil du temps.) À noter que le déficit est spécialement important en Espagne, au Portugal ainsi qu'en Grèce. Quoi qu'il en soit, ces cinq pays sont précisément ceux du GIPSI. Notons aussi qu'une telle coupure entre les pays à excédents et ceux en déficit extérieur remonte à la mise en circulation de l'euro le 1er janvier 2002. Il s'agit donc bel et bien d'un déséquilibre majeur de la zone, qui n'a jamais été résorbé.

Parmi ces cinq pays, quatre d'entre eux – voyez le tableau 6.10 – ont connu, consécutivement à la Grande Récession, les plus fortes progressions du taux d'endettement public. Il s'agit de la Grèce, de l'Irlande, du Portugal et de l'Espagne. (À partir d'ici, on laissera de côté l'Italie, qui de toute façon, n'a pas été aidée par l'Europe et l'on considérera donc le seul GIPS.)

Cependant, il faut immédiatement répartir les membres du GIPS en deux sous-groupes :

1. le premier est constitué de la Grèce et du Portugal ; ces deux pays avaient, dès avant la Grande Récession, un endettement supérieur, voire très supérieur dans le cas de la Grèce, à celui fixé par les critères de Maastricht.
2. Le second se compose de l'Irlande et de l'Espagne ; toutes deux étaient bien au-dessous de la barre des soixante pour cent, du moins avant 2008 ; par contre, ils ont connu une bulle immobilière dès le début des années 2000, qui a éclaté dans le courant de 2007. (Ni la Grèce, ni le Portugal ne se sont trouvés dans ce cas de figure.)

Quelques précisions sont nécessaires sur les bulles irlandaise et espagnole. En fait, celles-ci ont été plus importantes que celle enregistrée aux États-Unis, aussi surprenante soit cette affirmation. Les particuliers se sont littéralement engouffrés dans la construction d'immeubles en s'endettant bien au-delà du raisonnable. Lorsque le prix de l'immobilier s'est retourné en 2007 et que la récession s'est produite l'année suivante, ces mêmes ménages ont été, en grand nombre, incapables de rembourser leurs prêts hypothécaires. Les banques détentrices de ces créances se sont alors trouvées dans une situation critique, obligeant l'État à intervenir financièrement sur une grande échelle. C'est en ce moment précis que l'endettement public a explosé dans les deux pays. Pour illustrer le raisonnement précédent, voici un premier tableau qui donne les variations du prix des immeubles hors inflation.

Tableau 6.12 Variation du prix réel des immeubles (en pour cent)

	De 2001 T1 à 2007 T4	**De 2007 T4 à 2013 T3**
Allemagne	-11,6	+15,0
Espagne	+72,6	-35,7
Irlande	+65,7	-46,0
États-Unis	+38,3	-27,0

Source : www.Economist.com/houseprices

Les bulles du logement en Irlande et en Espagne ont été bien plus significatives qu'aux États-Unis et *a fortiori* qu'en Allemagne, pays dans lequel on observe une baisse des prix entre 2001 et 2007. Le retournement est tout aussi marqué : baisse des prix de 46% en Irlande et de 35,7% en Espagne contre seulement 27% aux États-Unis.

L'endettement des ménages est une caractéristique commune des pays du GIPS, mais il est plus marqué pour l'Irlande et l'Espagne, ainsi qu'on peut s'en apercevoir à la lecture du tableau 6.13. (Ici aussi, l'Allemagne fait figure d'exception, puisque l'endettement des ménages diminue entre 1999 et 2007.)

Tableau 6.13 Endettement des ménages (en % du revenu disponible)

	1999	2007	Variation
Grèce	26	75	+49
Irlande	113	205	+93
Portugal	95	143	+48
Espagne	66	118	+52
Allemagne	107	95	-12

Source : Higgins et Klitgaard [2011].

Sur cet arrière-fond, il reste à expliquer comment un problème d'endettement se transforme en une véritable crise de la dette souveraine. La réponse est affaire de moment, d'événement ponctuel. Les pays du GIPS souffraient tous en 2009 d'un taux d'endettement élevé. De plus, ils connaissaient d'importants déficits budgétaires de court terme cette même année, comme l'indique le tableau 6.14 :

Tableau 6.14 Solde budgétaire en pour cent du PIB

	2007	2008	2009
Allemagne	-0,3	-0,1	3,0
Irlande	-0,1	7,3	14,3
Grèce	6,4	9,8	15,4
Espagne	-1,9	4,2	11,1
Portugal	3,1	3,5	10,1

Source : Eurostat.

L'ampleur des déficits – spécialement élevée en Irlande et en Grèce – est un élément important à prendre en considération ; elle constitue en effet un indicateur de l'intensité avec laquelle le gouvernement concerné va devoir solliciter les marchés à très court terme.

À un moment donné donc, les investisseurs prennent conscience que l'endettement et les déficits budgétaires d'un État soulèvent des doutes quant à sa capacité à refinancer sa dette. Surgit ainsi un risque de crédit, que les agences de notation vont chiffrer en dégradant la dette du pays concerné. Les investisseurs demandent en conséquence de plus hauts rendements sur les obligations émises par cet État. Ce dernier se trouve mis en difficulté par l'accroissement des charges d'intérêt qui font croître et embellir son déficit. Un véritable cercle vicieux est alors amorcé : coûts croissants de financement et détérioration de la position budgétaire se répondent mutuellement.

L'Irlande et la Grèce étaient les candidats naturels pour être pris dans cet engrenage fatal à la fin de 2009. Ce sera finalement la seconde qui connaîtra ce cercle vicieux, mais cela n'avait rien d'inexorable, car l'Irlande aurait pu se trouver attaquée en premier lieu,. C'est une simple question d'occasion : le 16 octobre 2009, le nouveau premier ministre du PASOK, Georges Papandréou, annonce publiquement que les chiffres communiqués à Bruxelles par son prédécesseur Karamanlis étaient faux et que le déficit budgétaire dépassera probablement 10 pour cent du PIB.

Le laboratoire grec

La Grèce sera donc le premier pays de l'Eurolande à subir les assauts des investisseurs sur les marchés de la dette souveraine. L'occasion, on l'a dit à deux reprises, viendra d'une révision du déficit budgétaire officiellement annoncé. Les causes profondes de cet assaut résident cependant dans le double déséquilibre dont souffrait l'économie grecque : les déficits jumeaux de l'endettement et de la balance courante externe.

Un assez bon élève

Dans un premier temps, le passage à l'euro s'était avéré très favorable pour tous les partenaires de la monnaie unique. La Grèce n'y avait pas fait exception ; elle avait pour sa part connu une forte croissance économique entre 2000 et 2007, puisqu'elle avait enregistré une hausse moyenne annuelle de son Produit Intérieur brut de 4,2% sur la période. C'était le double de la moyenne européenne !

Sur le plan strictement financier, l'euro avait permis aux États d'emprunter à peu près autant qu'ils le voulaient à des taux d'intérêt faibles, proches des taux allemands d'avant l'unification monétaire. Des pays tels que la Grèce allaient ainsi pouvoir lever des sommes considérables en versant des intérêts très bas, de loin inférieurs à ceux qu'ils auraient dû payer s'ils avaient conservé leur monnaie nationale.

La contrepartie d'une telle facilité à emprunter, c'est qu'il n'y avait guère d'incitation pour la Grèce à se conformer aux critères de Maastricht. Trois autres facteurs expliquent également le maintien continu de la dette hellène à de hauts niveaux :

1. l'énormité des dépenses militaires du pays ; comme l'indique le SIPRI (*Stockholm International Pearce Research Institute*), « la Grèce compte

parmi les cinq plus grands acheteurs d'armes conventionnelles sur la période 2005-2009»; seuls la Chine, l'Inde, la Corée du Sud et les Émirats Arabes Unis importaient plus d'armes que le Grèce.

2. le clientélisme politique: depuis la chute du régime des colonels, les deux grands partis – Nouvelle Démocratie et Pasok – ont alterné au gouvernement (1974-1981, 1989-1993, 2004-2009 pour la première; 1981-1989, 1993-2004, 2009-2011 pour le second); l'un et l'autre ont développé le clientélisme jusqu'à un point à peine imaginable avec comme conséquence, un gonflement du nombre de fonctionnaires; de telles pratiques clientélistes se marquaient tout spécialement durant les années d'élection; ainsi, – c'est une déclaration du Ministre des Finances, Papaconstantinou, citée par Lewis (2012, p. 64) – «la première chose que fait un gouvernement pendant une année d'élection, c'est d'empêcher les inspecteurs des impôts d'effectuer leur boulot».
3. une incapacité chronique de l'État à faire rentrer correctement l'impôt; en cause, par exemple, les fameux armateurs grecs qui réussissaient à éluder la taxation ou encore l'église orthodoxe qui était soustraite à l'impôt; quelques chiffres empruntés à Manolopoulos [2012, p.105] n'ont rien d'anecdotique et indiquent bien toute l'étendue du problème fiscal: en 2009, il y avait 321 personnes décédées, âgées de plus de 100 ans et qui recevaient encore une pension; 324 ménages au nord d'Athènes déclaraient posséder une piscine, alors même que 16.974 de ces piscines avaient été détectées par photographie satellite; le premier recensement du nombre de fonctionnaires a été réalisé seulement en 2010, etc.

Dans ces conditions, il n'était pas étonnant qu'en 2007, la Grèce avait une dette qui représentait 107 pour cent de son Produit Intérieur – voyez à nouveau le tableau 6.10 –, tandis que le déficit public équivalait à 6,4 pour cent de ce même PIB (tableau 6.14). Les années de croissance facile n'avaient même pas permis de se rapprocher de la barre des deux critères fixés par Maastricht.

La récession de 2008 fera sentir ses effets immédiatement, ainsi qu'en témoigne le tableau 6.15 ci-après.

La lecture de ce tableau confirme d'abord le maintien à un haut niveau du déficit des opérations courantes (principalement la différence entre les exportations et les importations de biens et de services). Même s'il se réduit quelque peu en 2009, il reste, comme on l'a déjà indiqué précédemment, qu'un déficit de plus de dix pour cent est proprement insoutenable.

Ensuite, il apparaît clairement que le retournement enregistré pour l'essentiel en 2009 s'explique un peu par le recul de la consommation des ménages et beaucoup, par l'effondrement de l'investissement des entreprises et de celui en logements. Par contre, l'État a soutenu l'activité économique en accroissant sa consommation et son investissement. Ainsi, la demande intérieure a diminué de 4% en 2009 contre une croissance positive de 1,2% l'année précédente.

Tableau 6.15 Variation des volumes (en pour cent)

	2008	2009
Produit Intérieur Brut (PIB)	**1,0**	**-2,0**
Consommation privée	3,2	-2,2
Consommation publique	1,5	10,3
Investissement en logements	-29,1	-21,7
Investissement privé	5,5	-9,8
Investissement public	-0,1	3,1
Demande intérieure totale	**1,2**	**-4,0**
Indice des prix à la consommation	4,2	1,3
Emploi	1,1	-1,1
Balance courante (% du PIB)	-14,7	-11,0

Source: OCDE [2011]

Comme il est de règle en période de récession, l'emploi a diminué, le taux d'inflation (mesuré par l'indice des prix à la consommation) en a fait tout autant et le chômage a bondi. Les inégalités sociales et de revenu – ce n'est pas dans le tableau ! – ont explosé.

Bien évidemment, la récession a aggravé le fardeau de la dette publique qui représentait 129,7 pour cent du PIB en 2009 et 148,3 pour cent une année plus tard – voyez à nouveau le tableau 6.8.

Le cercle vicieux s'enclenche

À peine le premier ministre Papandréou avait-t-il annoncé en octobre 2009 que le déficit budgétaire serait à deux chiffres que les trois grandes agences de notation abaissaient la note grecque – elles le feront entre le 8 et le 22 décembre de cette même année.

Les répercussions ne se font pas attendre. Les investisseurs – comprenez tous ceux qui achètent des obligations publiques, dont les banques de l'Union européenne – entrevoient plus ou moins clairement qu'il existe un risque de défaut non nul sur les titres grecs, considérés auparavant comme absolument sûrs, en Grèce et partout ailleurs. (C'était le seul risque encore présent, puisque le passage à la monnaie unique avait éliminé le risque de change tout comme celui d'une érosion de la valeur de ces titres par l'inflation.) Ils réclament en conséquence une prime de risque, qui se traduit par une hausse marquée des taux hellènes comparativement à ceux du pays refuge par excellence : l'Allemagne.

C'est ainsi que le *spread*, l'écart entre les obligations grecques d'une maturité de 10 ans et celles de même échéance émises par le Trésor allemand s'accroît continûment : 120 points de base en octobre 2009 ; 250 en janvier 2010 ; plus de 650 en mai et 800 en juin 2010. Clairement, de tels taux d'intérêt ne sont pas gérables. D'autant que la spéculation s'en mêle. Les investisseurs, mais aussi d'autres agents qui ne possèdent pas le moindre titre grec, achètent des contrats d'assurance, les CDS souverains (*Credit Default Swaps*), pour se couvrir contre le risque de défaut.

Tout naturellement, la prime payée pour ces contrats d'assurance grimpe, comme on peut le constater sur la figure 6.2 – trait en gras. On note également que le mouvement des primes sur CDS épouse presque exactement celui du *spread* entre les taux grec et le taux moyen d'un ensemble d'obligations des pays de l'Eurolande.

Figure 6.2 Primes CDS et écarts de taux mesurés en points de base

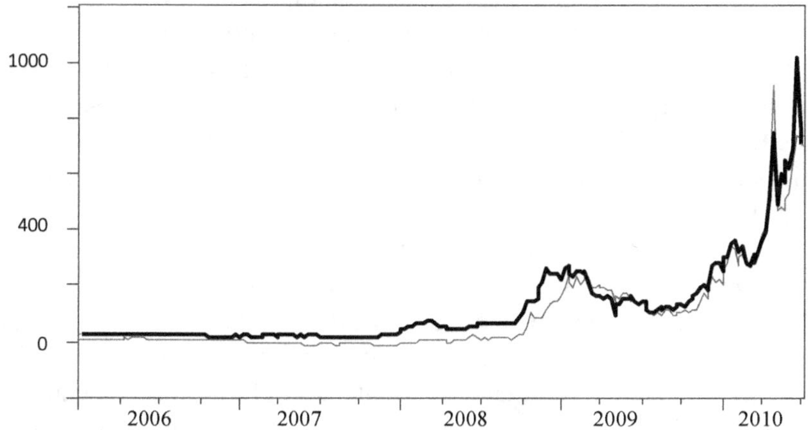

Source : Fontana et Scheicher [2010, p.31].

Manifestement, la hausse simultanée des primes sur CDS et des spreads, après une poussée durant le quatrième trimestre de 2008 et un repli les deuxième et troisième trimestres de 2009, reprend de plus belle au moment même où Papandréou annonce une profonde révision des chiffres du déficit budgétaire grec. Les primes s'envolent littéralement et atteindront 800 points de base en mai 2010 et près de 1000 le mois suivant. Les marchés se ferment à la dette grecque dès la fin 2009 et en conséquence, le gouvernement de G. Papandréou fait face à d'énormes besoins de trésorerie.

Le 14 janvier 2010, le gouvernement annonce un plan de réduction de son déficit qui doit le ramener à 2,8 % du PIB en 2012. Parallèlement – voyez Pisani-Ferry [2011, p.93 et sq.] –, Georges Papandréou prend contact avec le directeur général du Fonds Monétaire International, Dominique Strauss-Kahn, qui lui répond que le FMI ne peut rien faire sans accord de l'Europe. (Le FMI a dans ses missions de venir en aide aux pays qui se voient fermer l'accès aux marchés de la dette.)

Les gouvernements de l'Eurolande sont en fait très divisés sur l'attitude à adopter: divisés sur la nécessité d'une aide; divisés aussi sur les modalités de cette aide (purement européenne ou en partenariat avec le FMI ?). La Déclaration des Chefs d'État ou de Gouvernement de l'Union européenne en date du 11 février 2010 illustre parfaitement ces hésitations. On peut y lire – le communiqué est disponible sur http://www.senat.fr/europe/bruxelles_fev2010.pdf – que «les États membres de la zone euro prendront des mesures déterminées et coordonnées, si nécessaire, pour préserver la stabilité financière de la zone euro dans son ensemble. Le gouvernement grec n'a demandé aucun soutien financier.»

Les dirigeants de l'Eurolande sont un peu plus précis lors de leur réunion du 25 mars. Dans une Déclaration, après avoir salué les efforts de la Grèce, ils se disent prêts à lui apporter, conjointement avec le FMI, une aide financière substantielle, mais «en dernier recours» seulement et à des taux punitifs, c'est-à-dire supérieurs à la moyenne de ceux pratiqués dans l'Eurolande. Ils ajoutent que les prêts bilatéraux à octroyer «seront décidés par les États membres de la zone euro à l'unanimité et soumis à de fortes conditionnalités»[1]. La règle de l'unanimité est bien sûr une exigence allemande et les «fortes conditionnalités», une exigence de tous !

Le 23 avril 2010, le premier ministre grec demande officiellement l'activation de l'aide. Ce choix, qui est politique, aura des répercussions considérables et pour la Grèce et pour l'Europe. Cette dernière répondra à la demande le 2 mai 2010, lorsque les dirigeants de l'Eurolande et le FMI annonceront un plan de soutien d'un montant de 110 milliards d'euros.

Pendant le long intervalle qui s'est écoulé entre décembre 2009 et mai 2010, les marchés de la dette souveraine ont été en pleine agitation. Le différentiel entre les taux grecs et allemands s'est envolé pour atteindre près de 8 pour cent en mai, tandis que les primes sur les CDS souverains ont grimpé jusqu'à 10 pour cent (revoyez la figure 6.2).

Manifestement, coexistent deux temps très différents: celui des marchés, réactifs à souhait, à l'affût de toutes les failles économiques ou politiques possibles, et celui des gouvernements, fait de tergiversations, de sommets de dernière minute et de tentatives pénibles d'aboutir à un l'unanimité.

Les plans d'aide

En réalité, comme on l'a explicitement développé, la Grèce et les pays du GIPS en général souffrent d'un double déficit: budgétaire et d'endettement d'une part; des paiements extérieurs courants d'autre part.

---

1 Disponible sur www.consilium.europa.eu/uedocs/cms_data/docs/pressdata/fr/ec/113564.pdf

Il s'ensuit que les plans de soutien successifs à la Grèce – il y en aura de fait plusieurs – auront pour objectif de rétablir les « équilibres » rompus dans chacun de ces domaines. C'est pourquoi tous ces plans combineront deux ensembles de moyens : 1. accroître diverses taxes et simultanément, couper dans les dépenses de l'État, de manière à ramener le déficit budgétaire à des niveaux supportables et réduire, en conséquence, le taux d'endettement global de la Grèce ; 2. rendre « flexibles » les marchés du travail – entendez, abaisser les prix et salaires grecs – avec l'objectif avoué d'améliorer la compétitivité de la Grèce sur les marchés internationaux. (Ce dernier volet est en général étiqueté « mesures de réformes structurelles ».)

Ces deux angles d'attaque sont évidemment interdépendants. Ainsi, une baisse des traitements des fonctionnaires est-elle comparable à une réduction des salaires dans le secteur privé : elle a pour effet final de diminuer les revenus des particuliers et donc également la demande globale. Un accroissement de l'impôt sur le revenu des ménages joue exactement dans le même sens – négatif en l'occurrence.

Au total, tout plan de soutien conçu de la sorte conduit à une diminution de l'activité économique, donc du PIB et en définitive, des recettes fiscales. Mais alors qu'est-ce qui garantit que la réduction des dépenses ne sera pas compensée par la baisse des recettes fiscales et que les efforts budgétaires – considérables, chacun en est convaincu – n'auront pas été consentis en vain ? Pire encore, la récession économique consécutive à ce type de politique ne pourrait-elle être d'une telle ampleur que le taux d'endettement de la Grèce *in fine* s'accroisse au lieu de décroître ? (Si l'on se réfère à la proposition fondamentale énoncée un peu plus haut dans ce chapitre – à solde primaire nul, le taux d'endettement s'accroît dès le moment où le taux d'intérêt implicite sur la dette est supérieur au taux de croissance nominale du PIB – , on ne peut qu'être sceptique *a priori* sur la probabilité de succès de ce genre de politique : en effet, le solde primaire de la Grèce n'est pas nul, mais négatif ; la croissance du PIB a toutes chances d'être faible ou négative et le taux d'intérêt implicite est largement supérieur au taux de croissance. Avec la conséquence ultime que le ratio d'endettement de la Grèce augmente selon toute probabilité au lieu de se réduire !)

Une autre question surgit inévitablement : à supposer que la politique mise en œuvre ne provoque pas une récession, les mesures de réduction du déficit budgétaire seront-elles suffisantes à elles seules pour engendrer une diminution du ratio encours de la dette/PIB ? En d'autres termes, ne faudrait-il pas que ces mesures soient accompagnées d'une restructuration de la dette publique grecque, de façon à en diminuer le poids par rapport au PIB ? Cette interrogation intervient en dernière instance, c'est-à-dire lorsqu'il s'avère que les efforts de réduction du déficit budgétaire sont insuffisants pour amorcer la décroissance du ratio d'endettement. C'est pourquoi elle ne figurait pas à l'agenda des négociateurs européens en 2010.

Toujours est-il que le premier plan d'assistance à la Grèce a vu le jour, comme on l'a déjà dit, le 2 mai 2010. Il combinait – on pouvait s'y attendre – «consolidation budgétaire», i.e. accroissement de certains impôts, coupes dans les dépenses publiques et réformes structurelles. Concrètement – d'après l'OCDE [2011, p.43] –, ce plan se traduisait par des mesures équivalentes à 9% du PIB, soit approximativement 21 milliards d'euros répartis à raison d'augmentations de recettes (+5,5 % du PIB) et de réductions des dépenses (-3,6% du PIB, dont 2,5 % de coupes dans les salaires et pensions). Les traitements des fonctionnaires étaient amputés de 15% et l'emploi de 10%, ce qui signifiait la mise à l'écart de 82.400 personnes.

Dans les termes de l'OCDE [2011, p.11], «le programme économique soutenu par la Troïka depuis mai 2010 prévoit une consolidation budgétaire de grande ampleur, des coupes dans les salaires réels qui avaient augmenté à des taux insoutenables, des réductions des pensions et des réformes structurelles dans le secteur public ainsi que dans les marchés des produits et du travail.» Tout est dit dans cette énumération, à ceci près que deux précisions doivent être apportées:

1. les 110 milliards d'euros que la Troïka s'engageait à prêter à la Grèce, l'étaient à des taux punitifs, de l'ordre de 5%, bien supérieurs à ceux auxquels la France ou l'Allemagne empruntaient.
2. les sommes octroyées par l'Eurolande devaient être débloquées sur un laps de temps de trois ans, au fur et à mesure que l'application des réformes structurelles progressera.

Un autre plan d'aide, d'un montant de 109 milliards, suivra le 21 juillet 2011, ce qui suffit, soit dit en passant, à montrer les insuffisances du premier. Il ramènera les taux sur les prêts consentis à la Grèce à des niveaux comparables à ceux du marché et étalera la maturité de ces prêts jusqu'à trente ans. Il comportait une nouveauté cependant: le Conseil européen invitait le secteur privé à participer à des discussions sur la réduction et donc la restructuration, de la dette grecque existante.

Le débat sur la nécessité d'une restructuration de la dette divisait profondément les partenaires de l'Eurolande. En schématisant, on trouve d'un côté l'Allemagne, favorable à une telle opération et de l'autre, la Banque Centrale Européenne, qui lui est, presque viscéralement, hostile – voyez Pisani-Ferry [2011, p.109 et sq.]. La France se range également dans ce dernier camp. Le compromis viendra du couple franco-allemand qui dégagera un accord politique sur la question et le fera ensuite partager par le Conseil du 21 juillet. Toutefois, l'accord se résume à l'affirmation d'un principe : il faut restructurer la dette grecque tout en associant les banques créancières à cette restructuration, mais sur une base volontaire. Il ne dit rien quant aux modalités de toute l'opération.

C'est pourquoi les négociations s'engageront lentement et seulement après qu'un sommet de l'Eurolande le 26 octobre 2011 ait « invité la Grèce, les investisseurs privés et toutes les parties concernées à aboutir à un échange volontaire d'obligations avec une décote nominale de 50% sur l'encours de la dette détenue par les investisseurs privés ». Il n'est pas utile de donner les détails de la négociation – voyez sur ce point Zettelmeyer et al. [2013, p.523 et sq.]. Il suffira de dire qu'un accord sera conclu le 21 février 2012 et que de mars à avril de cette même année, l'échange de titres grecs sera réalisé.

Au terme de la procédure d'échanges, le 25 avril 2012, un satisfecit statistique satisfaisant peut en être tiré : selon Zettelmeyer et al. [2013, p.527], les créanciers privés, essentiellement les banques, ont accepté d'échanger leurs titres pour un montant nominal de 199,2 milliards, soit 96,9% du total des obligations détenues par ce secteur ; la décote par rapport à l'encours de la dette antérieure se montait à 52,5%, de sorte que celle-ci était réduite *in fine* de 108 milliards d'euros.

Un bilan chiffré

Un arbre se juge à ses fruits et la politique mise en œuvre en Grèce à ses résultats et ce, à trois points de vue : l'évolution du PIB et du chômage, les comptes extérieurs et enfin, l'endettement public.

Le tableau 6.16 donne l'évolution du PIB réel depuis 2007 :

Tableau 6.16 Taux de croissance annuel du PIB en volume

	2007	2008	2009	2010	2011	2012	2013
Grèce	3,5	-0,2	-3,1	-4,9	-7,1	-7,0	-3,9

Source : OCDE.

De toute évidence, la Grèce n'est pas sortie de la récession commencée en 2008. Au contraire, le recul s'est amplifié durant chaque année qui a suivi 2009. Si l'on pose le PIB réel du 1er trimestre de 2008 égal à 100, alors l'indice prend la valeur 77,47 au 3e trimestre de 2013, ce qui représente une baisse du produit intérieur de 22 pour cent. Corrélativement, le taux de chômage est passé de 7,8% au 1er trimestre de 2008 à 27,51% au 2e trimestre de 2013.

Le solde de la balance courante s'est par contre réduit : le déficit était, en pour cent du PIB, égal à 11% en 2009, -9,9% en 2011 et 0,4% en 2013. Cette diminution s'explique essentiellement par la chute de la demande intérieure et nullement par une amélioration de la compétitivité des biens et services grecs sur les marchés extérieurs. En effet, l'indice de la performance à l'exportation de la Grèce – mesurée par le gain (hausse) ou la perte (baisse) des parts de marché à l'exportation – a fortement diminué: de 100 en 2008 à 75 en 2012-2013.

Enfin, les plans d'aide successifs et la restructuration de la dette grecque se fixaient un grand objectif: ramener l'endettement à une proportion soutenable du produit intérieur, à défaut de respecter strictement les critères de Maastricht.

Le tableau 6.17 permet de voir comment le ratio d'endettement de la Grèce s'est comporté pendant toute la période de récession:

Tableau 6.17 Évolution de l'endettement grec (en pour cent du PIB)

2009	2010	2011	2012	2013
129,7	148,3	170,3	157,0	176,0

Source: Eurostat

Le taux d'endettement, qui représentait 129,7% du PIB en 2009, grimpe à 176% quatre ans plus tard. La diminution enregistrée en 2012 est purement transitoire et due à l'opération de restructuration de la dette menée avec le concours du secteur privé et des banques. Il est intéressant de noter qu'à la mi-2013, trois groupes d'institutions officielles, à savoir le Fonds Monétaire International, les États membres de la zone euro et la Banque Centrale Européenne, détenaient 84% de la dette grecque.

Au total, des trois objectifs fixés par la Troïka, aucun n'a été atteint sur la période examinée. C'est ce que reconnaît l'OCDE dans le style soigneusement pesé et un peu sibyllin de l'institution (OCDE [2013c, p.43]): «(...) il n'a pas été possible de rétablir la compétitivité-prix, de relancer la croissance et d'assurer la viabilité des finances publiques». Donc, échec sur toute la ligne.

Après la Grèce, l'Eurolande

La reprise économique intervenue en 2010 va faire long feu sous l'effet de deux grands facteurs: l'accumulation de difficultés nouvelles pour les banques consécutivement à la crise grecque; l'imposition généralisée de politiques d'austérité dans les différents pays de la zone euro.

L'aggravation de la crise bancaire

Sur le fond – on l'a développé dans ce chapitre –, après la chute de Lehman, le sauvetage des banques en difficulté s'est effectué essentiellement en injectant l'argent des États dans leur capital. Toutefois, les actifs douteux en leur possession n'avaient pas disparu pour autant et continuaient à peser sur leur bilan. De plus, la hausse généralisée des cours boursiers observée depuis le deuxième trimestre de 2009 n'avait pas profité au secteur des banques: si l'on se réfère à BRI [2012, p.72], le cours relatif (c'est-à-dire rapporté à l'indice boursier large; moyenne 2003=100) des actions bancaires sur les places allemande et française était égal à plus de 100 en 2006; il tombe à moins de 50 au début de 2009; il se redresse ensuite légèrement avant de repartir à la baisse dès 2010; à la fin de 2011, il repasse sous la barre des cinquante. Cette faible valorisation des actions bancaires implique que les banques n'ont pas de grandes possibilités de recapitalisation par le canal des Bourses et qu'en conséquence, elles sont dépendantes de l'apport de capitaux frais par les autorités publiques, par ailleurs fortement endettées.

Sur ce tableau plutôt sombre vient alors se greffer la crise de la dette souveraine dès 2010 et surtout 2011. Les tergiversations et les retards dans l'aide à la Grèce ont permis que naisse véritablement un risque souverain, c'est-à-dire un risque de défaut de certains États, les plus exposés. La perception par les investisseurs de l'existence d'un tel risque s'est encore accrue, lorsque le Conseil européen du 21 juillet 2011 a invité le secteur privé, essentiellement les banques, à s'associer à la restructuration de la dette grecque.

On peut mesurer la progression du risque souverain par le biais de l'évolution des primes sur les contrats CDS (*Credit Default Swaps*), qui ont commencé à grimper à partir de 2010: selon la BRI [2012, p.72], cette prime, en fait, une moyenne calculée sur un échantillon de 25 banques de l'Eurolande, est passée de 90 points de base au début de 2010 à plus de 350 points à la fin 2011. À cette dernière date — c'est un véritable paradoxe —, elle est plus élevée dans la zone euro qu'aux États-Unis, alors que c'était l'inverse qui prévalait au moment de la faillite de Lehman Brothers. La conclusion à en tirer, c'est qu'à partir de 2011, les banques de l'Eurolande sont considérées comme les plus risquées.

Rien n'illustre mieux les difficultés européennes que la trajectoire de Dexia. La banque franco-belge – voyez au chapitre 5, Dexia, un exemple emblématique – avait été recapitalisée à hauteur de 6,4 milliards d'euros par les États belge et français (et aussi accessoirement, luxembourgeois). Ces mêmes partenaires avaient ensuite garanti les dettes du groupe pour un montant de 150 milliards.

La banque franco-belge avait accumulé dans son portefeuille nombre de titres souverains: ainsi, d'après Zettelmeyer [2013, p.523], elle détenait des obligations grecques pour une valeur estimée à 3,5 milliards d'euros, ce qui l'exposait évidemment au risque souverain. Par ailleurs, en France, Dexia Crédit Local (DCL) continuait à subir les conséquences des pertes sur les produits dérivés garantis par sa filiale FSA aux États-Unis. À la différence de Dexia Banque Belgique, DCL ne recevait pas de dépôts et souffrait ainsi de problèmes de liquidités chroniques. Ces problèmes étaient connus des autorités de régulation française. Ainsi, Thomas [2012, pp.173-174] cite une lettre de l'Autorité de Contrôle Prudentiel (ACP) datant du 17 septembre 2010, dans laquelle on lit que « DCL n'est pas ou n'a pas toujours été en mesure de déterminer précisément les paramètres de risque liés aux instruments et titres détenus » et qu'en matière de liquidités, « des résultats doivent être atteints dans un délai très court, eu égard à l'ancienneté des errements constatés ».

La pénurie de liquidités va brutalement s'aggraver durant l'été 2011. En cause, bien sûr, le développement de la crise grecque, en particulier, la décision du sommet européen du 21 juillet de faire participer les banques créancières, dont Dexia, à la restructuration de la dette, mais pas seulement. En effet, les agences de notation vont aussi jouer un rôle à cet égard. Dès mai 2011, Standard & Poor's met sous revue les notes de crédit, court et long terme, de Dexia. Pour sa part, le 8 juillet, Moody's envisage de dégrader de deux crans la note « long terme » du groupe. Le jeudi 29 septembre, l'agence de notation signale à Dexia qu'elle lui fera parvenir un projet de communiqué mettant ses notations (court et long terme) sous revue. La note de court terme était spécialement importante, parce que sa dégradation était susceptible de priver Dexia de tout accès aux liquidités dont elle avait besoin. Le lundi 3 octobre, à 8h56, Moody's publie son communiqué. Les effets sont immédiats : assèchement des liquidités et baisse du cours de l'action Dexia.

L'issue finale interviendra le lundi 10 octobre 2001, lorsque le conseil d'administration de Dexia approuve le démantèlement du groupe entre les trois États actionnaires, à savoir la France, la Belgique et le Luxembourg. (Pour plus de précisions, voyez Thomas [2012, pp.115-133].)

Le double dip (ou double creux)

Le deuxième facteur qui va contribuer à faire avorter la faible reprise de 2010-2011, est l'imposition, à l'échelle de la zone euro, de politiques d'austérité semblables à celle mise en œuvre dans le « laboratoire grec ».

On sait que l'Union s'était donnée dès 1997 un Pacte dit de Stabilité et de Croissance (PSC). Les dispositions de ce Pacte allaient être renforcées en 2005 et surtout en 2011, avec l'adoption du Règlement (UE) n° 1175/2011.

Comme on l'a vu, le Pacte disposait, en vertu de la procédure de déficit excessif (PDE), que le déficit public global ne pouvait dépasser 3% du PIB et que le taux d'endettement devait être ramené à 60% de ce même PIB moyennant un délai approprié. Le Pacte réformé en 2011 permet qu'une procédure pour déficit excessif soit également engagée sur base du constat d'un endettement jugé excessif.

Chaque État – on ne considère ici que ceux de l'Eurolande – se voit attribuer un objectif à moyen terme (OMT), qui est calculé en termes de solde structurel, c'est-à-dire hors variations conjoncturelles. Les États déterminent leur OMT et l'inscrivent dans un programme de stabilité, de manière à éviter un dépassement de la limite des 3% en cas de ralentissement conjoncturel normal. La réalisation de ces OMT nécessite une réduction des déficits structurels de l'ordre de 0,5% du PIB chaque année. Par ailleurs, l'écart entre le taux d'endettement constaté et le plafond de 60% doit s'abaisser de 1/20e par année sur une période de trois ans – ceci est une clause plus spécifique au «six-pack». Enfin, et c'est une innovation majeure, la présentation et l'évaluation des programmes de stabilité ont lieu avant que les États n'adoptent leurs budgets nationaux. Ces programmes ont donc un caractère contraignant, qui est encore renforcé par le fait que les décisions sont regroupées dans un agenda serré qui est appelé le «semestre européen».

Voici un tableau qui fournit quelques indications sur certains des pays qui font ou ont fait l'objet d'une procédure de déficit excessif (PDE):

Tableau 6.18 Règles budgétaires contraignantes

	Date limite de la PDE	2011	2012	2013	2014	2015
Belgique	2013	3%	3%	*	*	*
Espagne	2016	3%	3%	3%	3%	3%
France	2015	3%	3%	3%	3%	*
Irlande	2015	3%	3%	3%	3%	3%
Pays-Bas	2014	3%	3%	3%	3%	*
Portugal	2015	3%	3%	3%	3%	3%

* la limite de de 3% est atteinte
Source: OCDE [2014]

Bien évidemment, certains pays sortent de la procédure de déficit excessif avant d'autres. C'est le cas pour la Belgique, la France ou les Pays-Bas. Surtout, les programmes reposent sur les hypothèses qui viennent d'être énoncées et sur des prévisions budgétaires pour les années 2013 et 2014.

Or, ces prévisions se sont révélées gravement erronées, compte tenu que, contrairement à ce qui était attendu par la Commission ou le Conseil de l'Union Européenne, la croissance économique n'a pas été au rendez-vous en 2012 et 2013, ainsi que l'indique le tableau suivant:

Tableau 6.19 Evolution du PIB réel de l'Eurolande (17 pays; en pour cent)

2007	2008	2009	2010	2011	2012	2013
3,0	0,4	-4,4	2,0	1,6	-0,7	-0,4

Source: OCDE.

La lecture du tableau 6.19 montre que la reprise intervenue en 2010 s'est étiolée l'année suivante et que l'Eurolande est retombée en récession en 2012. Il est intéressant de noter que cette nouvelle récession est moins profonde que celle de 2009, mais qu'elle est davantage étalée dans le temps.

Cela dit, il était parfaitement possible d'anticiper ce nouveau plongeon récessif, sur un plan général certes, mais aussi en utilisant un modèle prévisionnel. Ainsi Bismans et Majetti [2012b] avaient prévu que l'économie française entrerait en récession, avec une probabilité supérieure à 50%, dès le deuxième trimestre de 2011.

Quoi qu'il en soit, si l'on examine la séquence 2008-2013 dans son entièreté, elle présente un «double dip», un double creux: une récession, suivie d'une faible reprise et d'une rechute dans la récession. De la sorte, le mouvement du PIB réel a la forme de la lettre W. C'est ce qui permet d'affirmer aussi que l'Eurolande a connu une Grande Récession spécifique.

Cherchez l'erreur

La question qui doit maintenant être abordée est celle de savoir pourquoi les dirigeants de l'Eurolande ou de la BCE n'ont pas envisagé l'éventualité d'une nouvelle récession consécutivement à la mise en œuvre de politiques d'austérité généralisées. Certes, ces dirigeants n'ignoraient pas que la réduction des dépenses publiques a un effet restrictif sur l'activité économique, mais ils pensaient que cet effet négatif serait plus que compensé par le retour de la confiance dans le chef des ménages et des entrepreneurs. Jean-Claude Trichet, dans une interview donnée au quotidien italien *La Repubblica*, le 16 juin 2010, alors qu'il dirigeait encore la BCE, est parfaitement représentatif de ce type d'approche: «(...) tout ce qui aide à accroître la confiance des ménages, des entreprises et des investisseurs dans la soutenabilité des finances publiques est bon pour la consolidation de la croissance et la création d'emplois. Je crois fermement que (...) des politiques inspirant la confiance ne contrarieront pas la reprise économique, mais au contraire la hâteront, parce que la confiance est aujourd'hui le facteur clé.» (Cet interview est disponible sur le site de la BCE; le lien est www.ecb.europa.eu/press/key/date/2010/html/sp100624.en.html; ce passage est également cité par Krugman [2012, p.188].)

D'un point de vue plus théorique – après tout, les affirmations de J.C. Trichet s'apparentent à une croyance: «je crois...» –, deux facteurs pourraient expliquer l'effet positif final d'une cure d'austérité budgétaire. D'une part, les assainissements conduisent généralement à une baisse des taux d'intérêt due à la réduction du poids des fonds publics sur les marchés financiers. Cette baisse devrait rendre rentables des projets d'investissement qui ne l'étaient pas et accroître ainsi la demande d'investissement. D'autre part, mais cet effet est beaucoup plus discutable, certains consommateurs prennent leurs décisions d'achat sur base de leurs revenus futurs attendus (le revenu permanent !) et non de leur revenu courant. Dès lors, s'ils anticipent une augmentation des impôts, ce qui revient à une diminution de leur revenu futur, il est possible qu'ils aient déjà ajusté leurs dépenses de consommation, avant même l'introduction des mesures d'accroissement de l'impôt. Dans ce cas, ces mesures n'affecteront pas la demande globale.

L'OCDE [2010, p.57], se fondant sur ces deux facteurs, concluait que « étant donné les niveaux d'endettement élevés et insoutenables à l'heure actuelle dans de nombreux pays de l'OCDE, (...) l'assainissement peut déclencher une réaction privée positive aboutissant à des effets moins préjudiciables sur la croissance à court terme, voire à des effets expansionnistes. » Et l'organisation de citer alors à titre d'illustration du propos, le Danemark (1983-1986) et l'Irlande (1987-1989), deux exemples de « consolidation budgétaire » réussie.

Manifestement, ce qui a été vrai pour ces deux petits pays qui disposaient à l'époque d'une monnaie propre, ne l'a pas été à l'échelle de la zone euro. Il faut donc en tirer la conclusion que les deux effets – théoriques ! – dégagés ne se sont pas manifestés. Cela n'a rien d'étonnant si l'on veut bien considérer que 1. le comportement des consommateurs n'est en général pas déterminé par leur « revenu permanent », mais plutôt par leur revenu courant ; 2. les baisses des taux d'intérêt attendues des politiques d'austérité budgétaire sont plus que problématiques, dès l'instant où les taux directeurs de la BCE sont proches de zéro et que les banques restreignent fortement leurs prêts à l'économie réelle.

Cependant, d'autres études, empiriques cette fois, ont tenté de chiffrer les effets d'une politique de réduction du déficit axée à la fois sur la réduction des dépenses publiques et la hausse des impôts : Alesina et Ardagna [2009] et surtout la synthèse réalisée dans FMI [2010] sont les deux références principales en la matière. De cette dernière, on extraira, sans entrer dans les détails techniques, les éléments suivants :

- une diminution du budget égale à 1% du PIB entraîne *in fine* une baisse d'environ 1% de la demande intérieure ; néanmoins, comme les exportations nettes augmentent généralement, la baisse nette du PIB n'est que de 0,5% ;
- ce dernier résultat doit être relativisé dans le cas d'une union monétaire, compte tenu que les membres d'une telle Union – FMI [2010, p.118] – « n'ont qu'une possibilité réduite de voir diminuer la valeur de leur monnaie » ;
- les programmes de réduction du déficit qui portent sur le volet « dépenses », en particulier sur la diminution des transferts sociaux, ont

un effet moins marqué sur le PIB que lorsque la réduction du déficit s'opère par une hausse de l'impôt ;

- enfin, l'austérité budgétaire a un effet moindre sur le revenu dans les pays caractérisés par un risque de défaut perçu comme élevé.

Ces estimations du FMI ont été réalisées sur base d'un panel de quinze pays et pour la période 1980-2007. Par rapport aux affirmations tranchées d'un Trichet, elles ont le mérite d'être techniquement fondées. Elles concluent d'ailleurs que l'austérité affecte négativement le PIB, autrement dit que le multiplicateur budgétaire – c'est l'expression utilisée communément par les économistes – est proche de 0,5%. Par conséquent, si vous diminuez les dépenses publiques de 1% du PIB, alors ce dernier baissera de la moitié, c'est-à-dire de 0,5%.

Le problème est que la valeur du multiplicateur s'est avérée, après coup, plus importante que celle qui avait été estimée par le FMI. Les politiques d'austérité ont donc affecté le PIB et l'emploi plus que l'institution ne l'avait pensé. Dans une étude rédigée en 2012, les économistes du Fond, en particulier, Olivier Blanchard et Daniel Leigh, ont dû reconnaître les erreurs de prévision commises et admettre que la valeur desdits multiplicateurs budgétaires avait été très largement sous-estimée.

À nouveau, sans entrer dans les détails techniques, disons que cette étude – fondée sur la prise en compte de données relatives à vingt-huit économies ; voyez FMI [2012, p.41-43] – rendait un résultat essentiel : les multiplicateurs n'étaient pas de l'ordre de 0,5%, comme on l'avait cru sur base de l'examen des trois décennies qui s'étaient écoulées depuis 1980 ; ils se situaient plutôt dans une fourchette comprise entre 0,9% et 1,7%.

On doit en conclure que les effets – négatifs – des politiques d'austérité sur le Produit Intérieur Brut et l'emploi sont donc très accentués, puisque, par exemple, une diminution du déficit de 2% peut aboutir selon les valeurs extrêmes de la fourchette à une baisse du PIB comprise entre 1,8% et 3,4%.

Somme toute, l'erreur de prévision ne fait que refléter le caractère inédit de la Grande Récession, sa nouveauté absolue, qui n'autorise pas une comparaison directe avec les épisodes antérieurs de réduction du déficit. En des termes un peu plus savants, je dirai volontiers qu'elle représente une rupture structurelle !

Conclusions

Quo vadis ?

L'objet de ce livre a été défini dès l'introduction. Il s'agissait de rendre compte d'une séquence temporelle troublée s'étalant de l'éclatement de la bulle immobilière américaine en 2007 jusqu'à la crise des dettes souveraines européennes, une période structurée par une récession d'une ampleur sans précédent : la Grande Récession. Il appartient au lecteur de dire si l'objectif est atteint et dans quelle mesure il l'est.

Pour le reste, comment tirer les conclusions d'une étude de cette Grande Récession, alors même qu'on ne sait trop si elle est derrière nous ou si elle détermine encore profondément notre présent et notre avenir ? Manifestement, une telle tentative n'aurait pas grand sens. Par contre, essayer de discerner les futurs prévisibles susceptibles d'émerger de cette novation représente un exercice, à mon sens, éclairant.

L'Eurolande s'est certes extraite du marasme économique – reportez-vous au tableau 6.19 – dès l'année 2014. La reprise qui s'ensuivit a-t-elle pour autant été forte et homogène ? Rien n'est moins sûr si l'on veut bien considérer que des pays comme la Grèce ou l'Italie ont continué à voir leur PIB se contracter. Sans parler du fait que les économies de la zone euro, pourtant dopées et portées à bout de bras par l'assouplissement quantitatif pratiqué par la Banque Centrale Européenne, ont enregistré une croissance très faible, presque anémique. Pire encore, l'évolution du taux d'inflation s'y est situé durablement en dessous de la barre des deux pour cent, laissant craindre une longue période de déflation et de quasi-stagnation du PIB réel.

Si l'on se tourne vers les trois autres grands pôles de l'économie mondiale – le Japon, la Chine et les BRICS (Brésil, Russie, Inde, Chine et Afrique du Sud), les États-Unis – les perspectives ne sont guère meilleures qu'en Europe.

Le Japon est tombé dans un état de léthargie dès le début des années quatre-vingt-dix du siècle précédent. S'y est ajouté une déflation persistante des prix et revenus, de sorte que les années courant de quatre-vingt-dix à deux mille dix sont considérées par tous comme deux « décennies perdues ». En décembre 2012, le nouveau premier ministre japonais Shinzo Abe avait affirmé vouloir sortir le pays de la déflation et de la stagnation qui l'affectaient gravement. Il proposa à cet effet un ambitieux programme – auquel on a donné le nom d'Abenomique –, centré sur une politique budgétaire expansionniste, un assouplissement quantitatif (*quantitative easing*) destiné à ramener le taux d'inflation à deux pour cent, et sur un ensemble de réformes structurelles telles que des privatisations, la flexibilisation du marché du travail, etc. Avec le recul, on doit reconnaître que ce programme a échoué : en 2015, le taux de croissance du PIB a été de 0,7% et celui de l'indice des prix à la consommation du même ordre de grandeur. Pas de miracle à attendre donc du côté nippon.

En ce qui concerne les BRICS, on peut résumer la situation de leurs composantes en trois points : la croissance chinoise décélère nettement et en plus, l'économie y est en proie à de graves déséquilibres, dont une bulle immobilière imposante ; Brésil et Russie sont en récession ; l'Afrique du Sud est également au seuil de la récession et son système bancaire connaît de sérieux problèmes. Seule l'Inde tire son épingle du jeu avec une croissance réelle annuelle de l'ordre de sept pour cent. Ce tableau plutôt négatif dégage en tout cas un enseignement : les BRICS et singulièrement la Chine ne pourront pas jouer dans les années à venir le rôle de moteur de la croissance comme cela avait été le cas après 2008.

Reste les États-Unis. Leur taux de croissance avoisine les deux pour cent depuis 2010. Toutefois, nul ne sait encore quels seront les effets de la sortie des taux d'intérêt nuls, annoncée en décembre 2015 par la présidente de la FED, Janet Yellen. En particulier, comment va réagir le *Stock Exchange* lorsque la Réserve fédérale relèvera par palier son taux-cible de référence tout au long de 2016 ? Il n'y a en effet, pas d'exemple à ce jour qu'une banque centrale ait maintenu des taux au plancher pendant une aussi longue période de temps. Une chose est sûre cependant : les effets de ces relèvements progressifs seront au mieux nuls sur la croissance, au pire négatifs.

De quelque côté que l'on se tourne, on ne voit aucun des cinq pôles dominants capable de doper l'activité économique et le commerce mondiaux. Doit cependant entrer dans ce tableau un facteur, négligé jusqu'à présent : la crise de l'endettement. Celle-ci a, dans un premier temps, touché les États-Unis, où les propriétaires de maison ont été forcés de se désendetter tout au long d'un processus douloureux. C'est ensuite la zone euro qui a connu la crise de la dette souveraine avec les conséquences décrites dans le chapitre 6 de ce livre. Actuellement, ce sont tous les pays émergents qui se trouvent en ligne de mire, fût-ce à des degrés divers. Quelle qu'en soit la gravité, la sortie de cette crise ne pourra qu'affecter négativement l'activité économique globale.

Au total, la perspective la plus probable pour le moyen terme est donc celle d'une faible croissance couplée à une quasi-déflation des prix et revenus. Dans ces conditions, si les tendances actuelles se confirmaient, la décennie 2008-2018 pourrait bien passer à la postérité sous l'étiquette de « décennie perdue » !

Une telle perspective n'est certes pas réjouissante. Néanmoins, elle doit inviter à l'action bien plus qu'à la résignation, car derrière la nudité des chiffres et des analyses, il y a des hommes et des femmes pour qui le recul et la dépression économiques sont synonymes de misère, de pertes d'emploi et de revenus, de chômage et parfois, plus grave encore, de vies brisées.

La résignation n'est donc pas de mise. Sur un plan strictement économique, les solutions, même si elles sont complexes, existent. Les détailler demanderait rien moins qu'un nouvel ouvrage. Mais – et ce mais est de taille – encore faut-il qu'elles trouvent leur traduction politique.

L'économie est sans doute une science triste selon l'expression consacrée. Triste, l'économie *politique* ne peut l'être. Il lui revient de donner à voir la rose de la raison dans la croix du présent. Aux hommes et aux femmes de rendre ensuite possible le nécessaire.

Après tout, l'avenir n'est écrit nulle part.

Références bibliographiques

Adrian, T. et Shin, H.S. [2008], « Liquidity and Financial Contagion », Banque de France, *Financial Stability Review*, 11, pp. 1-7.

Adrian, T. et Shin, H.S. [2009], « The Shadow Banking System : Implications for Financial Regulation », Federal Reserve Bank of New York, *Staff Reports*, 382, 16 pages.

Aglietta, M. [2008a], « Comprendre la crise du crédit structuré », *La lettre du* CEPII, n° 275, pp. 1-4.

Aglietta, M. [2008b], *La crise. Pourquoi en est-on arrivé là ? Comment en sortir ?* Éditions Michalon, Paris.

Aimar, T., Bismans, F. et Diebolt, C. [2010], « le cycle économique : une synthèse », *Revue française d'économie*, 24, pp. 3-65.

Akerlof, G.A. et Shiller, R.J. [2009], *Animal Spirits. How Human Psychology Drives the Economy, and Why It Matters for Global Capitalism*, Princeton University Press, Princeton and Oxford.

Alesina, A.F. et Ardagna, S. [2009], « Large Changes in Fiscal Policy : Taxes versus Spending », National Bureau of Economic Research, Working Paper, 15438, 37 pages.

Armantier, O., Krieger, S. et McAndrews, J. [2008], « The Federal Reserve's Term Auction Facility », *Current Issues in Economics and Finance*, 14, n° 5, pp. 1-11.

American International Group, Inc. [2008a], « Form 10-Q. Quarterly Report Pursuant to Section 13 or 15(d) of the Securities Exchange Act of 1934 », Securities and Exchange Commission, Washington, DC.

American International Group, Inc. [2008b], « Form 10-Q. Quarterly Report Pursuant to Section 13 or 15(d) of the Securities Exchange Act of 1934 », Securities and Exchange Commission, Washington, DC.

Ashcraft, A., Goldsmith-Pinkham, P., Hull, P. et Vickery, J. [2011], « Credit Ratings and Security Prices in the Subprime MBS Market », *American Economic Review : Papers & Proceedings*, 101, pp. 115-119.

Aubry, J.P. [2009], « L'ampleur de la récession de 2008-2009 au Québec et les défis de la reprise », in Joanis, M. et Godbout, L. [2009], *Le Québec économique 2009*, Presses de l'Université Laval, Québec.

Autorité des Marchés Financiers [2008], « Une analyse de la notation sur le marché des RMBS *subprime* aux États-Unis », *Revue mensuelle de l'Autorité des Marchés Financiers*, 44, pp. 17-38.

Axilrod, S.H. [2011], *Inside the Fed: Monetary Policy and its Management, Martin through Greenspan to Bernanke*, revised edition, The MIT Press, Cambridge and London.

Bank of England [2007], *Financial Stability Report*, n° 22, October.

Bank of England [2008], *Financial Stability Report*, n° 24, October.

Banque de France [2009], *La crise financière*, Documents et débats, n° 2, Paris.

Banque des Règlements Internationaux [1999], « Implications of Repo Markets for Central Banks », Report of a Working Group established by the Committee on the Global Financial System of the central banks of the Group of Ten Countries, Bâle, March 9

Banque des Règlements Internationaux [2008], *78e Rapport annuel. 1er avril 2007-31 mars 2008*, Bâle.

Banque des Règlements Internationaux [2009], *79e Rapport annuel. 1er avril 2008-31 mars 2009*, Bâle.

Banque des Règlements Internationaux [2010], *80e Rapport annuel. 1er avril 2009-31 mars 2010*, Bâle.

Banque des Règlements Internationaux [2012], *82e Rapport annuel. 1er avril 2011-31 mars 2012*, Bâle.

Barth, J.R., Lu, W., Phumiwasana, T. et Yago, G. [2009], *The Rise and Fall of the US Mortgage and Credit Markets. A Comprehensive Analysis of the Market Meltdown*, John Wiley &Sons, Hoboken.

Bernanke, S.B. et Lown, S.C. [1991], « The Credit Crunch », *Brookings Papers on Economic Activity*, Vol. 1991, n° 2, pp. 205-247.

Bismans, F. [1992], *Croissance et régulation*. La Belgique 1944-1974, Palais des Académies, Bruxelles.

Bismans, F. et Majetti, R. [2012a], « Dating the South African Business Cycle », *Journal for Development and Leadership*, 1, pp. 1-12.

Bismans, F. et Majetti, R. [2012b], « L'économie française est-elle en récession ? Les enseignements d'un modèle économétrique », *Économie appliquée*, 65, pp. 161-172.

Bismans, F. et Majetti, R. [2013], « Forecasting Recessions Using Financial Variables. The French Case », *Empirical Economics*, 44, pp. 419-433.

Blinder, A.S. et Yellen, J.L. [2001], *The Fabulous Decade. Macroeconomic Lessons from the* 1990*s*, The Century Foundation Press, New York.

Blundell-Wignall, A. et Slovik, P. [2010], « The EU Stress test and Sovereign Debt Exposures », OCDE *Working Papers on Finance, Insurance and Private Pension*, 4.

British Bankers Association (BBA) [2006], *BBA Credit Derivatives Report* 2006, BBA Enterprises Ltd, London.

Brunnermeier, M.K. [2009], « Deciphering the Liquidity and Credit Crunch 2007-2008 », *Journal of Economic Perspectives*, 23, pp. 77-100.

Bry, G. et Boschan, C. [1971], *Cyclical Analysis of Time Series: Selected Procedures and Computer Programs*, NBER, New York.

Buiter, W. [2007], « Lessons from the 2007 Financial Crisis », Paper submitted to the UK Treasury Select Committee, 11 December 2007.

Burns, A.F. et Mitchell, W.C. [1946], *Measuring Business Cycles*, NBER, New York.

Cartapanis, A. et Teïletche, J. [2008], « Les *hegde funds* et la crise financière internationale », *Revue d'économie financière*, numéro hors-série, pp. 185-193.

Case, K.E. et Shiller, R.J. [1989], « The Efficiency of the Market for Single-Family Home », *American Economic Review*, 79(1), pp. 125-137.

Cecchetti, S.G. [2009], « Crisis and Responses: The Federal Reserve in the Early Stages of the Financial Crisis », *Journal of Economic Perspectives*, 23, pp. 51-75.

Chavagneux, C. [2013], *Une brève histoire des crises financières. Des tulipes aux subprimes*, La Découverte/Poche, Paris.

Conseil d'Analyse Economique [2008], *La crise des subprimes*, La Documentation française, Paris.

Condijts, J., Gérard, P. et Thomas, P-H. [2009], *La chute de la Maison FORTIS*, JC Lattès, Paris.

Copeland, A., Martin, A. et Walker, M. [2010], « The Try-Party Repo Market before the 2010 Reforms », Federal Reserve Bank of New York, *Staff Reports*, n° 477, 80 pages.

Coriat, B., Coutrot, Th., Lang, D. et Sterdyniak, H. (coord.) [2012], *L'Europe Mal-Traitée. Refuser le Pacte budgétaire et ouvrir d'autres perspectives*, Les Liens qui libèrent, Paris.

Cousseran, O. et Rahmouni, I. [2005], « Le marché des CDO. Modalités de fonctionnement et implications en termes de stabilité financière », *Revue de la stabilité financière*, 6, pp. 47-67.

Coval, J., Jurek, J. et Stafford, E. [2009], « The Economics of Structured Finance », *Journal of Economic Perspectives*, 23(1), pp. 3-25.

Covitz, D., Liang, N. et Suarez, G. [2009], « The Evolution of a Financial Crisis: Runs in the Asset-Backed Commercial Paper Market », Board of Governors of the Federal Reserve System, Working Paper, n° 2009-36, 47 pages.

Crotty, J. [2009], « Structural Causes of the Global Financial Crisis: a Critical Assessment of the 'New Financial Architecture' », *Cambridge Journal of Economics*, 33, pp. 563-580.

Crouhy, M.G., Jarrow, R.A. et Turnbull, S.M. [2008], « The Subprime Credit Crisis of 2007 », *The Journal of Derivatives*, Fall, pp. 81-110.

Davidson, A. [2008], «How AIG Fell Apart», Reuters, September 18. Disponible sur www.reuters.com/article/2008/09/18/us-how-aig-fell-apart-idUSMAR85972720080918

De Haan, J., Inklaar, R. et Jong-A-Pin, R. [2008], «Will Business Cycles in the Euro Area Converge? A critical Survey of Empirical Research», *Journal of Economic Surveys*, 22, pp. 234-273.

de la Dehesa, G. [2008], «How to Avoid Further Credit and liquidity Confidence Crises», in Felton, A. et Reinhart, C. (eds) [2008], *The First Global Financial Crisis of the 21st Century*, Centre for Economic Policy Research, London; consultable sur www.voxeu.org/reports/subprime/report.pdf .

Duffie, D. [2011], *How Big Banks Fail and What to Do about It*, Princeton University Press, Princeton and Oxford.

Dwyer, G.P. et Tkac, P. [2009], «The Financial Crisis of 2008 in Fixed Income Markets», Federal Reserve Bank of Atlanta, *Working Papers Series*, 2009-20, 40 pages.

Ferguson, R. et Laster, D. [2007], «*Hedge funds* et risque systémique», *Revue de la stabilité financière*, 10, pp. 49-59.

Fisher, I. [1933, 2011], «The Debt-deflation Theory of Great Depressions», *Econometrica*, 1, pp. 337-357. Réédité sous le même titre par Martino Publishing, Mansfield Center, CT, 2011

Fitch Ratings [2007], «Inside the Ratings: What Credit Ratings Mean», August, disponible sur http://pages.stern.nyu.edu/~igiddy/articles/what_ratings_mean.pdf.

Fleming, M.J., Hrung, W.B. et Keane, M.F. [2010], «Repo Market Effects of the Term Securities Lending Facility», *American Economic Review: Papers and Proceedings*, 100, pp. 591-596.

Fond Monétaire International [2008a], *Global Financial Stability Report*, IMF, Washington, DC, April.

Fond Monétaire International [2008b], *Global Financial Stability Report*, IMF, Washington, DC, October.

Fond Monétaire International [2010], *World Economic Outlook*, IMF, Washington, DC, October.

Fond Monétaire International [2012], *World Economic Outlook*, IMF, Washington, DC, October.

Fontana, A. et Scheicher, M. [2010], «An Analysis of Euro Area Sovereign CDS and Their Relation with Government Bonds», European Center Bank, Working Paper Series, 47 pages.

Frame, W.S. [2009], «The 2008 Federal Intervention to Stabilize Fannie Mae and Freddie Mac», Federal Reserve Bank of Atlanta Working Paper, 2009-13.

Friedman, M. [1953], *Essays in Positive Economics*, University of Chicago Press, Chicago.

Garber, P.M. [1989], «Tulipmania», *Journal of Political Economy*, 97(3), pp. 535-560.

Geithner, T. [2008], «Reducing Systemic Risk in a Dynamic Financial System», Remarks made at the Economic Club of New York, June 9. Disponible sur http://www.bis.org/review/r080612b.pdf

Gorton, G. [2009], «Information, Liquidity, and the (Ongoing) Panic of 2007», *American Economic Review : Papers and Proceedings*, 99(2), pp. 567-572.

Gorton, G. [2010], *Slapped by the Invisible Hand. The Panic of 2007*, Oxford University Press, New York.

Gorton, G. et Metrick, A. [2009], «Securitized Banking and the Run on Repo», Yale ICF Working Paper, n° 09-14, 58 pages.

Greenlaw, D., Hatzius, J., Kashyap, A.K. et Shin, H.S. [2008], «Leveraged Losses: Lessons from the Mortgage Market Meltdown», U.S. Monetary Policy Forum Report, n°2, 47 pages.

Greenspan, A. [2007, 2008], *The Age of Turbulences. Adventures in a New World*, Penguin Books, London (trad. franç.: *Le temps des turbulences*, J.C. Lattès, Paris).

Hagen, T. [2013], «The Impact of National Financial Regulation on Macroeconomic and Fiscal Performance after the 2007 Financial Shock – Econometric Analyses Based on Cross-Country Data», *Economics : The Open-Acces, Open-Assesment E-Journal*, vol. 7, 2013-33, 44 pages. http://dx.doi.org/10.5018/economics-ejournal.ja.2013-33

Harding, D. et Pagan, A. [2002], «Dissecting the Cycle: A Methodological Investigation», *Journal of Monetary Economics*, 49, pp. 365-381.

He, J., Qian, J. et Strahan, P.E. [2011], «Credit Ratings and the Evolution of the Mortgage-Backed Securities Market», *American Economic Review : Papers & Proceedings*, 101(3), pp. 131-135.

Higgins, M. et Klitgaard, T. [2011], «Saving Imbalances and the Euro Area Sovereign Debt Crisis», Federal Reserve bank of New York *Current Issues in Economics and Finance*, 17, pp. 1-11.

Hördahl, P. et King, M. [2008], «Developments in Repo Markets During the Financial Turmoil», Bank for International Settlements *Quarterly Review*, pp. 37-53.

Hu, J. [2007], «Assessing the Credit Risk of CDOs Backed by Structured Finance Securities. Rating Analysts' Challenges and Solutions», *The Journal of Structured Finance*, 13(3), pp. 43-59.

International Swaps and Derivatives Association [2009], «AIG and Credit Default Swaps», November. Disponible sur http://www.isda.org/c_and_a/pdf/ISDA-AIGandCDS.pdf.

Israël, J. [1998], *The Dutch Republic. Its Rise, Greatness, and Fall* 1477-1806, Clarendon Press, Oxford.

Jorion, P. [2008], *La crise. Des subprimes au séisme financier planétaire*, Fayard, Paris.

Kaldor, N. [1939], « Speculation and Economic Stability », *Review of Economic Studies*, 7(1), pp. 1-27.

Kenen, P. [1969], « The Theory of Optimum Currency Areas : An Eclectic View », in Mundell, R.A. et Swoboda, A.K., *Monetary Problems in the International Economy*, University of Chicago Press, Chicago, pp. 41-60.

Keynes, J.M. [1936, 1964], *The General Theory of Employment, Interest and Money*, Harcourt, San Diego-New York. (Trad. franç. : *Théorie* générale de l'emploi, de l'intérêt et de la monnaie, Petite bibliothèque Payot, Paris, 1969.)

Kindleberger,C.P. [2000], *Manias, Panics and Crashes. A History of Financial Crises*, 4th ed., Wiley, New York.

Krugman, P. [2009], *The return of Depression Economics and the Crisis of 2008*, Norton, New York-London.

Krugman, P. [2012], *End this Depression Now*, Norton, New York-London. (Trad. franç. : *Sortez-nous de cette crise... maintenant*, Flammarion, 2012.)

Lacroix, M.A. [2008] « Vers une remise en cause des banques spécialisées ? Quelques réflexions tirées de l'exemple américain », *Revue d'économie financière*, numéro hors-série, pp. 195-203.

Lane, P.R. [2012], « The European Sovereign Debt Crisis », *Journal of Economic Perspectives*, 26, pp. 49-68.

Lautier, D. et Simon, Y. [2008], « Les rehausseurs de crédit : anatomie d'une crise », *Revue d'économie financière*, numéro hors-série, pp.305-314.

Lewis, M. [2011], *The Big Short : Inside the Doomsday Machine*, W.W. Norton, New York-London (trad. franç. : *Le casse du siècle*, Sonatine, Paris, 2010).

Lewis, M. [2012], *Boomerang. Europe : voyage dans le nouveau tiers-monde*, Sonatine, Paris.

Lo, A.W. [2010], *Hedge Funds : An analytic perspective*, revised and expanded edition, Princeton University Press, Princeton.

Lordon, F. [2008], *Jusqu'à quand ? Pour en finir avec les crises financières*, Éditions Raison d'Agir, Paris.

Lowenstein, R. [2011], *The End of Wall Street*, Penguin Press, New York.

Lybeck, J.A. [2011], *A Global History of the Financial Crash of 2007-10*, Cambridge University Press, Cambridge.

Maelschalck, M., Lambrechts, M. et Sephina, M. [2009], *Banqueroute. Comment Fortis a ébranlé la Belgique*, Éditions Racine/L'Echo, Bruxelles.

Majetti, R. [2012], «Caractérisation et datation des cycles économiques: le cas français», *Revue d'économie politique*, 122, pp. 365-403.

Manolopoulos, J. [2012], *La dette odieuse. Les leçons de la crise grecque*, Pearson / Les Echos, Paris.

Mayer, C. Pence, K. et Sherlund, S.M. [2009], «The Rise in Mortgage Defaults», *Journal of Economic Perpectives*, 23(1), pp.27-50.

McCulley, P. [2009], « The Shadow Banking System and Hyman Minsky's Economic Journey», Global Central Bank Focus, PIMCO *Newsletter*, May, 12 pages.

Mc Donald, L.G. et Robinson, P. [2009], *A Colossal Failure of Common Sense. The Inside Story of the Collapse of Lehman Brothers*, Random House, New York.

Mengle, D. [2007] «Credit Derivatives: An Overview», Federal Reserve Bank of Atlanta, *Economic Review*, 92(4), pp. 1-24.

Meulendyke, A-M. [1998], *U.S. Monetary Policy and Financial Markets*, Federal Reserve Bank of New York, New York.

Mian, A. et Sufi, A. [2008], «The Consequences of Mortgage Credit Expansion: Evidence from the US Mortgage Default Crisis», *Working Paper*, University of Chicago, 52 pages.

Milne, A. et Wood, G. [2008], «Shattered on the Rock? British Financial Stability from 1866 to 2007», Bank of Finland Research, Discussion Papers, 30.

Minsky, H.P. [1975], *John Maynard Keynes*, Mc Graw-Hill, New York, 2008.

Minsky, H.P. [1986], *Stabilizing an Unstable Economy*, Mc Graw-Hill, New York, 2008.

Minsky, H.P. [1992], «The Financial Instability Hypothesis», The Jerome Levy Economics Institute of Bard College, *Working Paper*, 74, 9 pages.

Mizen, P. [2008], «The Credit Crunch of 2007-2008: A Discussion of the Background, Market Reactions, and Policy Responses», Federal Reserve Bank of St. Louis, *Review*, Vol. 90(5), pp. 531-567.

Morris, C.R. [2008], *The Trillion Dollar Meltdown. Easy Money, High Rollers, and the Great Credit Crash*, Public Affairs, New York.

Mounfield, C.C. [2009], *Synthetic CDOs. Modelling, Valuation and Risk Management*, Cambridge University Press, Cambridge.

Mundell, R.A. [1961], «A Theory of Optimum Currency Areas», *American Economic Review*, 51, pp. 657-665.

NBER [2008], «The NBER's Business-Cycle Dating Procedure», Business Cycle Dating Comitee, Cambridge (MA). (www.nber.org/cycles/jan08bcdc_memo.pdf)

O'Rourke, K.H. et Taylor, A.M. [2013], «Cross of Euros», *Journal of Economic Perspectives*, 27, pp. 167-192.

OCDE [1998], *Etudes économiques de l'OCDE: Japon 1998*, Éditions de l'OCDE, Paris.

OCDE [2009a], *Perspectives économiques de l'OCDE: Rapport intermédiaire*, Éditions de l'OCDE, Paris.

OCDE [2009b], *Perspectives économiques de l'OCDE*, volume 2009/2, Éditions de l'OCDE, Paris.

OCDE [2010], *Perspectives économiques de l'OCDE*, volume 2010/1, Éditions de l'OCDE, Paris.

OCDE [2011], *OECD Economic Surveys: Greece 2011*, Éditions de l'OCDE, Paris.

OCDE [2012], *Etudes économiques de l'OCDE: Zone euro 2012*, Éditions de l'OCDE, Paris.

OCDE [2013a], *OECD Economic Surveys: Japan 2013*, Éditions de l'OCDE, Paris.

OCDE [2013b], *OECD Economic Surveys: China 2013*, Éditions de l'OCDE, Paris.

OCDE [2013c], *Etudes économiques de l'OCDE: Grèce novembre 2013. Synthèse*, Éditions OCDE, Paris.

OCDE [2012], *Etudes économiques de l'OCDE: Zone euro 2012*, Éditions de l'OCDE, Paris.

Orléan, A. [2009], *De l'euphorie à la panique: penser la crise financière*, Éditions Rue d'Ulm, Paris.

Piketty, Th. [2013], *Le capital au XXIe siècle*, Éditions du Seuil, Paris.

Pisani-Ferry, J. [2011], *Le réveil des démons. La crise de l'euro et comment nous en sortir*, Fayard, Paris.

Polizu, C. [2007], «An Overview of Structured Investment Vehicles and Other Special Purpose Companies», in De Servigny, A. et Jobst, N., *The Handbook of Structured Finance*, McGraw-Hill, New York.

Pozsar, Z., Adrian, T., Ashcraft, A. et Boesky, H. [2010], «Shadow Banking», Federal Reserve Bank of New York, *Staff Report*, 458.

Rajan, R.G. [2011], *Fault Lines. How Hidden Fractures Still Threaten the World Economy*, Princeton University Press, Princeton et Oxford. (Trad. franç.: Crise: au-delà de l'économie, Éditions Le Pommier, Paris, 2013.)

Reinhart, C.M. et Rogoff, K.S. [2008], «Is the 2007 US Sub-Prime Financial Crisis So Different? An International Historical Comparison», *American Economic Review: Papers and Proceedings*, 98(2), pp. 339-344.

Reinhart, C.M. et Rogoff, K.S. [2009], *This Time is Different: Six Century of Financial Folly*, Princeton University Press, Princeton. (Trad. franc.: *Cette fois, c'est différent*, Pearson, Paris, 2010.)

Roche, M. [2010], *La Banque. Comment Goldman Sachs dirige le monde*, Albin Michel, Paris.

Roubini, N. et Mihm, S. [2010], *Crisis Economics. A Crash Course in the Future of Finance*, The Penguin Press, New York.

Sapir, J. [2012], *Faut-il sortir de l'euro ?* Seuil, Paris.

Sengupta, R. et Tam, Y.M. [2008], «The LIBOR-OIS Spread as a Summary Indicator», Federal Reserve Bank of St Louis *Economic Synopses*, 25.

Shambaugh, J.C. [2012], «The Euro's Three Crises», *Brookings Papers on Economic Activity*, Spring, pp. 157-211.

Shiller, R.J. [2005], *Irrational Exuberance*, 2nd ed., Currency-N, New York

Shiller, R.J. [2008], *The Subprime Solution. How Today's Global Financial Crisis Happened, and What to Do about It*, Princeton University Press, Princeton-Oxford.

Shin, H.S. [2009], «Reflections on Northern Rock: The Bank Run that Heralded the Global Financial Crisis», *Journal of Economic Perspectives*, 23, pp. 101-119.

Shin, H.S. [2010], *Risk and Liquidity*, Oxford University Press, Oxford.

Smith, A. [1776], *An Inquiry into the Nature and Causes of the Wealth of Nations*, in *The Glasgow Edition of the Works and Correspondence of Adam Smith*, Liberty press, Indianapolis, 2 vol., 1981.

Stewart, J.B. [2009], «Eight Days. The Battle to Save the American Financial System», *The New Yorker*, 21 september.

Stewart, J.B. [2010], *Huit jours pour sauver la finance*, Bernard Grasset, Paris.

Thomas, P-H. [2012], *Dexia. Vie et mort d'un monstre bancaire*, Les petits matins, Paris.

Thompson, E.A. [2006], «The Tulipmania: Fact or Artifact?», *Public Choice*, 130, pp. 99-114.

Tinbergen, J. [1952], *On the Theory of Economic Policy*, North Holland Publishing Company, Amsterdam.

Treasury Committee [2008], *Run on the Rock*, House of Commons, Fifth Report of Session 2007-2008, Volume I, London

Valdez, S. [2007], *An Introduction to Global Financial Markets*, 5th edition, Palgrave-Macmillan, New York.

Valukas, A.R. [2010a], «Report of Anton R. Valukas, Examiner», in re Lehman Brothers Holdings Inc. et al., Debtors, vol. 3.

Valukas, A.R. [2010b], «Report of Anton R. Valukas, Examiner», in re Lehman Brothers Holdings Inc. et al., Debtors, vol. 4.

Veyne, P. [1976], *L'inventaire des différences*, Seuil, Paris.

Wessel, D. [2009], *In Fed We Trust*, Crown Business, New York.

Zhou, X. [2013], «AIG, Credit Default Swaps and the Financial Crisis», Risk Management Society, May 18. Disponible sur http://clubs.ntu.edu.sg/rms/researchreports/AIG.pdf.

Zettelmeyer, J., Trebesch, C. et Gulati, M. [2013], «Greek Debt Restructuring», *Economic Policy*, 75, pp. 513-563.

Zubrow, B. [2010], «Written Statement of Barry Zubrow Before the Financial Crisis Inquiry Commission», consultable sur http://fcic-static.law.stanford.edu/cdn_media/fcic-testimony/2010-0901-Zubrow.pdf.

Table des matières

Marché et Organisations
L'Harmattan

Cahiers d'économie et de gestion thématiques dont le but est de promouvoir la recherche originale sur les relations de plus en plus étroites qui se tissent entre le marché et les organisations. Les acteurs économiques de taille, de puissance et de pouvoir différents dont les intérêts peuvent être convergents, complémentaires ou, le plus souvent, antagoniques, ont tendance à organiser les marchés. La raison du marché, pourtant, est la référence stratégique pour l'entreprise ainsi que pour les institutions publiques de décision économique.

Direction : Sophie Boutillier, Blandine Laperche, Céline Merlin-Brogniart, Jean-Louis Monino, Sophie Reboud, Dimitri Uzunidis (directeur de publication)

Numéros parus :

N°1 : Artisanat. La modernité réinventée, 2006

N°2 : La petite entreprise, elle a tout d'une grande. De l'accompagnement aux choix stratégiques, 2006

N°3 : Tourisme et Innovation. La force créative des loisirs, 2007

N°4 : Le travail. Formes récentes et nouvelles questions, 2007

N°5 : Les universités et l'innovation. L'enseignement et la recherche dans l'économie des connaissances, 2007

N°6 : Entrepreneuriat et accompagnement. Outils, actions et paradigmes nouveaux, 2008

N°7 : Développement durable des territoires. Economie sociale, environnement et innovations, 2008

N°8 : Développement durable et responsabilité sociale des acteurs, 2009

N°9 : Gouvernance : exercices de pouvoir, 2009

N°10 : Le travail collaboratif. Une innovation générique, 2009

N°11 : Economie sociale et solidaire. Nouvelles trajectoires d'innovations, 2010

N°12 : Relations à la marque et marques de la relation. Regards croisés sur le management relationnel de la marque, 2010

N°13 : Les contrats au service de la recherche ?, 2011

N°14 : Le potentiel économique de l'Afrique subsaharienne, 2011

N°15 : Management de la distribution, 2012

N°16 : Territoire Vert. Entreprises, Institutions, Innovations, 2012

N°17 : Eco-conception, conception et innovation. Les nouveaux défis de l'entreprise, 2013

N°18 : Intelligence économique : entreprises et territoires, 2013

N°19 : La finance globale. Un monde fini, 2013

N°20 : La crise du « développement », 2014

N°21 : La Chine innove. Politiques publiques et stratégies d'entreprise, 2014

N°22 : Go East! Nouvelles Economies de Marché, 2015

N°23 : L'économie du changement, 2015

N°24 : Le temps des artisans. Permanences et mutations, 2015

N°25 : Innovations de proximité et esprit d'entreprise, 2016

contact : Dimitri Uzunidis, uzunidis@univ-littoral.fr

Collection « L'esprit économique »

fondée par Sophie Boutillier et Dimitri Uzunidis en 1996
dirigée par Sophie Boutillier, Blandine Laperche, Dimitri Uzunidis

Dernières parutions

► ***Série Economie et Innovation***
F. LARRE, J.-M. PLASSARD, *L'enseignant : réalités économiques et enjeux professionnels*, 2012.
P. MADINIER, *Une économie de services sans servilité*, 2013.
N. ABBES, *L'entreprise responsable. De la responsabilité sociétale à la communication environnementale*, 2013.
Z. LIU, *Politiques d'innovation et pme en France. Une histoire de liens faibles*, 2013.
E. BESANÇON, N. CHOCHOY, T. GUYON, *L'innovation sociale. Principes et fondements d'un concept*, 2013.
F. PAUN, L. ALEXANDRE-LECLAIR, I. VAILEANU-PAUN, *Innover ou périr. Paroles d'experts*, 2014.
F. ABADA, *Individualiser son offre au moindre coût*, 2015.
S. MAHREZ, La division cognitive du travail dans le capitalisme postfordiste, 2016.
► ***Série Le Monde en Question***
M. SANTI, *Splendeurs et misères du libéralisme*, 2012.
P. BAGUS, *La tragédie de l'euro*, 2012.
C. BERTHOMIEU, J.-P. GUICHARD, E. PONOMARENKO (dir.), *La Russie, l'Europe et la méditerranée dans la crise*, 2013.
T. BRUGVIN, *Le commerce équitable et éthique. Opportunités et limites*, 2014.
W. AMEDZRO St-HILAIRE, *Le capital global et sa régulation*, 2014.
W. AMEDZRO St-HILAIRE, *Reconstruire l'Afrique. Nouvelle gouvernance et projet de développement*, 2014.
M. SANTI, *Misère et opulence. Chroniques d'austérité globalisée*, 2015
► ***Série Krisis***
G. MINART, *Entrepreneur et esprit d'entreprise. L'avant-gardisme de Jean-Baptiste Say*, 2014.
T. A. BAKALA, *La monnaie endogène. Une critique de la théorie quantitative de la monnaie*, 2015.
A. MARQUEZ-VELASCO, *Politique et économie. 10 mesures phares pour un monde meilleur*, 2015.
R. GOODFELLOW, *Le cycle des crises aux États-Unis depuis 1929. essai de systématisation de la conjoncture*, 2016.
► **Série *Clichés***
S. BOUTILLIER, D. UZUNIDIS (dir.), *La Russie européenne. Du passé composé au futur antérieur*, 2008.
R. VOLPI, *La négociation. Pain, paix, liberté*, 2009.
► ***Série Cours Principaux***
L. DANIEL, M. RUIMY, *Taux d'intérêt et marches financiers*, 2013.
G. FONOUNI-FARDE, *Comprendre l'économie internationale. L'économie pour tous !*, 2103.
B. NDIAYE, *Analyse économique de l'investissement en capital humain*, 2014.
P. BOUVIER-PATRON, *Economie et management de l'entreprise innovante. Réseaux, territoire et développement durable*, 2014.
J. KIAMBU, *Eléments d'analyse économique*
J.-P. MOCKERS, *Court traite d'économie et de politique économique*, 2016.
► ***Série L'économie formelle***
F. MACHROUH, *Crises bancaires : comprendre pour mieux prédire*, 2012.
J. ATLAN, *L'argent des pauvres, les milliards des banques. Alternatives financières et politiques*, 2012.
F. DUHAMEL, A. DUNOYER de SEGONZAC, *La cocotte-minute financière. Petit précis de décomposition socio-économique*, 2012.
P. BRACONNIER, G. CAIRE (dir.), *L'économie sociale et solidaire et le travail*, 2013.
M. SANTI, *L'Europe. Chroniques d'un fiasco économique et politique*, 2013.
J. BERNARD, *La croissance. 10 points cruciaux*, 2013.
P.-A. LAMBERT, *Le temps de la rigueur. Fiscalité, protection sociale, mondialisation*, 2014.

Économie et Entreprise aux éditions L'Harmattan

Dernières parutions

POLITIQUE ET ÉCONOMIE
10 mesures phares pour un monde meilleur
Marquez-Velasco Adrien
Dans ce livre est proposé un système économique d'une nouvelle ampleur qui s'intitule le «coordonnisme». Il s'agit d'un régime réunissant les qualités du capitalisme et du communisme. Il présente comme mesures la coordination des politiques monétaires, budgétaires et financières afin de réguler les consommations intérieures et extérieures, l'épargne, l'investissement, l'inflation et le chômage vers un taux optimal de croissance économique.
(Coll. L'Esprit Économique, série Krisis, 20.00 euros, 194 p.)
ISBN : 978-2-343-07529-7, ISBN EBOOK : 978-2-336-39887-7

AUX FRONTIÈRES DU MANAGEMENT
Manifeste pour un temps d'exigence
Massé Francis
Le management est l'une des clefs pour faire advenir une société meilleure, forte d'organisations efficaces. À cet égard, la notion de frontière fait sens. Le management s'inscrit dans une réalité, sinon il n'est rien. Le management traverse aussi des découpages disciplinaires multiples qu'il doit relier : il est frontière. Il constitue enfin un levier pour transgresser des limites artificielles et élargir le champ des possibles, où règnent l'imagination créatrice et l'innovation.
(Coll. Local et Global, 14.00 euros, 122 p.)
ISBN : 978-2-343-07517-4, ISBN EBOOK : 978-2-336-39760-3

LA LUTTE DES NORMES AU TRAVAIL
Faulkner Marcel - Préface de Jean-Pierre Durand
Aborder l'analyse du travail et de l'organisation sous l'angle de la normalisation permet d'atteindre deux objectifs. Comprendre que l'organisation est traversée par une lutte des normes dont les formes sont multiples et qui vont de la collaboration à la confrontation. Constater que cette lutte ne se limite pas au seul domaine des opérations courantes des organisations, mais qu'elle concerne aussi les choix stratégiques et les grands enjeux du travail et de l'emploi.
(Coll. Logiques sociales, 29.50 euros, 286 p.)
ISBN : 978-2-343-07381-1, ISBN EBOOK : 978-2-336-39859-4

GOUVERNANCE ET INTELLIGENCE ÉCONOMIQUE EN PME
Sous la direction de Daniel Corfmat, Marc Chambault et Georges Nurdin
L'intelligence économique est devenue un mode de gestion et de gouvernance de l'entreprise. Cet ouvrage réfléchit sur la démarche que le chef d'entreprise peut entreprendre pour éclairer ses décisions, garder sa marge de manœuvre de compétitivité et toutes ses possibilités de développement afin de sécuriser sa pérennité. Vous trouverez des recommandations pratiques qui tentent d'aider le dirigeant à aborder ce qui est devenu un enjeu majeur de la protection de son capital.
(Coll. Gouvernance et entreprise, 11.00 euros, 70 p.)
ISBN : 978-2-343-06861-9, ISBN EBOOK : 978-2-336-39734-4

LA POSTE, QUELLE AVENTURE !
L'informatisation du tri postal et autres chantiers hauts en couleur
Lenoir Olivier
Préface de Laurent Chaffard
Ce récit de quarante ans de carrière «aux PTT» parle du plaisir de créer, mais aussi des pesanteurs hiérarchiques et des souffrances du harcèlement moral. Il parle d'un avenir où les valeurs de coopération, d'entraide, de solidarité pourraient remplacer la course au profit, la concurrence illusoirement «libre» et le chacun pour soi. Le management et l'innovation, l'évolution de l'informatique et du service public sont des thèmes qui s'entrecroisent dans ce témoignage optimiste.
(17.50 euros, 164 p.)
ISBN : 978-2-343-07666-9, ISBN EBOOK : 978-2-336-39881-5

INTELLIGENCE DE L'INFORMATION
Entre état d'esprit et stratégie d'organisation
Mallowan Monica
En plus de contribuer à l'avancement des connaissances en matière de modèles traitant de management de l'information stratégique et des pratiques informationnelles, reliées à leur application en organisation, cet ouvrage aborde les champs de la littératie, de la culture et de l'intelligence de l'information. Une proposition est faite au sujet de leur mise en relation dialogique et systémique, dans un effort de construction d'une double mutation transdisciplinaire, celle du nouveau statut d'informateur et du concept de transculture de l'information.
(Coll. Intelligence économique, 36.00 euros, 354 p.)
ISBN : 978-2-343-06623-3, ISBN EBOOK : 978-2-336-39756-6

FISCALITÉ ENVIRONNEMENTALE
Entre impératifs fiscaux et objectifs environnementaux, une approche conceptuelle de la fiscalité environnementale
Caruana Nicolas
Préface de Thierry Lambert
La fiscalité environnementale intéresse relativement peu les juristes et représente en pratique une part très faible des recettes fiscales des États. Souvent limitée aux écotaxes, cette notion que cette thèse se propose de définir présente de multiples dimensions, tant fiscales qu'économiques, tant politiques qu'écologiques. Caractérisée par son efficience environnementale, elle n'a en réalité ni le champ d'application ni la portée que lui prête le discours politique.
(Coll. Finances publiques, 43.00 euros, 514 p.)
ISBN : 978-2-343-07550-1, ISBN EBOOK : 978-2-336-39716-0

LA MAGIE DES JUSTES PROPORTIONS
Restructuration financière d'un LBO avec apport de new money
Journo Albert
Comment opérer la restructuration financière du capital d'une entreprise de taille moyenne sous LBO (Leveraged Buy out) en période de turbulence opérationnelle ? Plusieurs scenarii sont imaginés selon l'évolution de la perception du pronostic de rétablissement. Un cas réel vient étalonner les raisonnements variés déterminant les nombreux paramètres suivant de justes proportions et des désirs, emportant d'emblée l'adhésion de tous. Cet ouvrage donne un éclairage original sur un comment faire.
(Coll. Ad valorem, 25.00 euros, 238 p.)
ISBN : 978-2-343-07914-1, ISBN EBOOK : 978-2-336-39861-7

L'ÉCONOMIE A-T-ELLE UN SENS ?
Essai
Vadjoux Philippe
Le profit est-il légitime s'il ne tient pas compte des coûts sociaux et environnementaux ? L'économie n'est pas d'origine divine ou naturelle, elle dépend de nous, elle évolue. La recherche d'une nouvelle économie plus démocratique, plus créative, plus diversifiée au service des êtres

humains et respectueuse de la planète n'est pas utopique. Elle existe au travers d'idées, de projets, d'expériences. Une mutation est possible.
(29.00 euros, 346 p.)
ISBN : 978-2-343-07479-5, ISBN EBOOK : 978-2-336-39587-6

L'ÉCOLOGIE AU SECOURS DE L'ÉCONOMIE
Inventer les outils d'une nouvelle prospérité
Coutouly Rodrigue
Comment expliquer notre difficulté à relancer l'économie ? Cet ouvrage explore une hypothèse originale : la reprise ne se fait pas car nous atteignons les limites de nos ressources naturelles. L'auteur travaille donc sur les différentes pistes possibles pour construire le développement durable d'une société et d'une économie qui retrouveraient leur cohérence. Les solutions devront s'appuyer sur des politiques publiques imaginatives, audacieuses autant que réalistes, particulièrement en matière de fiscalité et d'investissement.
(Coll. Sociologies et Environnement, 27.00 euros, 260 p.)
ISBN : 978-2-343-06652-3, ISBN EBOOK : 978-2-336-39638-5

L'ÉCONOMIE EN QUESTION
Regards et apports des spiritualités et des religions
Textes rassemblés par Jan-Luc Castel et Vincent Pilley
La vie économique est aujourd'hui bouleversée et altère même le lien social. Où puiser l'énergie de résister à ces dévastations ? Comment régénérer les liens humains dans la société ? Quelles ressources mobiliser pour «changer les règles du jeu» ? Juifs, bouddhistes, chrétiens, musulmans, athées, libres penseurs osent entrer en dialogue parce qu'ils croient en la possibilité d'un avenir commun.
(12.00 euros, 168 p.)
ISBN : 978-2-343-07824-3, ISBN EBOOK : 978-2-336-39689-7

LE CAPITALISME, CANCER DE L'HUMANITÉ
Une économie inhumaine et meurtrière, une société malade, la vie sur Terre en péril
Kornheiser Georges
En 2016, le patrimoine cumulé de 1 % de la population mondiale dépassera celui des 99 % restants, ce qui est sans précédent. Cette minorité possède tous les pouvoirs : économique, médiatique, politique, qu'ils soient étiquetés de droite ou de gauche, les partis de gouvernement sont tous convertis aux dogmes néolibéraux et pratiquent en fait la même politique une fois aux commandes. Le capitalisme est devenu fou. Un autre univers, plus juste et plus humain, est pourtant possible. Il n'est que temps de travailler à son avènement, avant que les dommages ne soient devenus irréversibles.
(Coll. Questions contemporaines, 39.00 euros, 436 p.)
ISBN : 978-2-343-07156-5, ISBN EBOOK : 978-2-336-39615-6

UNE ÉCONOMIE SOLIDAIRE PEUT-ELLE ÊTRE FÉMINISTE ?
Homo oeconomicus, mulier solidaria
Sous la direction de Christine Verschuur, Isabelle Guérin et Isabelle Hillenkamp
Comment expliquer le faible intérêt, dans la littérature sur l'économie sociale et solidaire, pour le genre et les théories féministes, alors que ces initiatives sont fortement genrées et que les femmes y sont surreprésentées ? À quelles conditions ces initiatives sont-elles une opportunité de réinvention de l'économie, réencastrée dans le social et le politique et au service de la justice sociale et de genre ? L'économie solidaire peut-elle constituer une source d'émancipation pour les femmes ou non ? (Articles en français, anglais, espagnol.)
(Coll. Genre et développement - Rencontres, 29.00 euros, 300 p.)
ISBN : 978-2-343-07602-7, ISBN EBOOK : 978-2-336-39514-2

CONVENTION COLLECTIVE NATIONALE DES ENTREPRISES DE SERVICES À LA PERSONNE ANNOTÉE
Dahan Alison, Granet Régis
La convention collective nationale des entreprises de services à la personne de septembre 2012, depuis son extension par arrêté du 3 avril 2014, a vocation à s'appliquer à toutes les entreprises

privées relevant du secteur des services à la personne. Cet ouvrage accompagnera les entreprises, les salariés et praticiens dans l'application de la règlementation en vigueur grâce aux explications simples intégrées tout au long de l'ouvrage.
(Coll. Défis, 28.50 euros, 288 p.)
ISBN : 978-2-343-07910-3, ISBN EBOOK : 978-2-336-39684-2

COMMERCE INTERNATIONAL, INVESTISSEMENTS DIRECTS ÉTRANGERS ET PARTICIPATION DES PAYS MÉDITERRANÉENS AUX CHAÎNES DE VALEUR MONDIALES
Sous la direction de Cécile Bastidon-Gilles, Azzedine Ghoufrane, Nassim Oulmane et Ahmed Silem ; préface de Saaïd Amzazi
Ce livre analyse les difficultés que rencontrent les pays sud-méditerranéens dans leur processus de participation aux chaînes de valeur mondiales. En prenant appui sur des stratégies de développement efficaces adoptées ailleurs, les auteurs expliquent comment remédier aux contraintes de l'offre pour favoriser l'attractivité à l'égard des investissements directs étrangers (IDE).
(23.50 euros, 220 p.)
ISBN : 978-2-343-07238-8, ISBN EBOOK : 978-2-336-39408-4

LES 8 VALEURS GAGNANTES
Des managers épanouis et performants
Andevert Christophe
L'ouvrage développe une approche managériale pragmatique. Les actes clés du management sont ainsi structurés à partir de processus efficaces et faciles à s'approprier. Des exemples sous format vidéo complètent les thèmes du livre. Après réflexion menée autour de la relation manager-collaborateur, l'auteur propose une approche par les ressemblances. Simple et efficiente, elle tend vers davantage de cohérence. Le manager œuvre alors dans le sens d'une performance qui se conjugue avec cohésion et bien-être.
(Coll. Vivre l'entreprise, série Management et Ressources Humaines, 19.00 euros, 180 p.)
ISBN : 978-2-343-07298-2, ISBN EBOOK : 978-2-336-39477-0

LE TEMPS DES ARTISANS
Permanences et mutations
Marché et Organisations 24
Sous la direction de Sophie Boutillier, Claude Fournier et Cédric Perrin
L'artisanat regroupe en France, comme dans tous les pays industrialisés et en développement, des entreprises dynamiques et innovantes aussi bien sur le plan technique que social. Mais si les artisans font notre quotidien, ils rencontrent de nombreuses difficultés économiques, politiques et sociales. L'ensemble de ces contributions traite de ces questions sous divers aspects, temporalités et aires géographiques. L'objectif de ce volume est de montrer par petites touches la diversité de l'artisanat aujourd'hui.
(25.50 euros, 238 p.) *ISBN : 978-2-343-07685-0, ISBN EBOOK : 978-2-336-39609-5*

ÉTHIQUE POUR ENTREPRENEURS
Pourquoi les entreprises et les pays ont tout à gagner avec la responsabilité sociale ?
Kliksberg Bernardo - Traduit par Odile Begué Girondo
Ce livre s'inscrit dans la lutte pour placer les grands thèmes éthiques au cœur des débats économiques en Amérique du Sud et promouvoir de nouvelles politiques publiques en faveur de l'insertion universelle et d'un changement dans le comportement des acteurs. L'auteur présente la Responsabilité Sociale de l'Entreprise (RSE), décrit les forces historiques qui l'ont fait progresser, explique en quoi elle est bénéfique aux entreprises. Il expose également ses possibilités d'action, la formation de ses futurs dirigeants et ses perspectives d'avenir.
(24.00 euros, 276 p.) *ISBN : 978-2-343-07851-9, ISBN EBOOK : 978-2-336-39605-7*

L'HARMATTAN ITALIA
Via Degli Artisti 15; 10124 Torino
harmattan.italia@gmail.com

L'HARMATTAN HONGRIE
Könyvesbolt ; Kossuth L. u. 14-16
1053 Budapest

L'HARMATTAN KINSHASA
185, avenue Nyangwe
Commune de Lingwala
Kinshasa, R.D. Congo
(00243) 998697603 ou (00243) 999229662

L'HARMATTAN CONGO
67, av. E. P. Lumumba
Bât. – Congo Pharmacie (Bib. Nat.)
BP2874 Brazzaville
harmattan.congo@yahoo.fr

L'HARMATTAN GUINÉE
Almamya Rue KA 028, en face
du restaurant Le Cèdre
OKB agency BP 3470 Conakry
(00224) 657 20 85 08 / 664 28 91 96
harmattanguinee@yahoo.fr

L'HARMATTAN MALI
Rue 73, Porte 536, Niamakoro,
Cité Unicef, Bamako
Tél. 00 (223) 20205724 / +(223) 76378082
poudiougopaul@yahoo.fr
pp.harmattan@gmail.com

L'HARMATTAN CAMEROUN
BP 11486
Face à la SNI, immeuble Don Bosco
Yaoundé
(00237) 99 76 61 66
harmattancam@yahoo.fr

L'HARMATTAN CÔTE D'IVOIRE
Résidence Karl / cité des arts
Abidjan-Cocody 03 BP 1588 Abidjan 03
(00225) 05 77 87 31
etien_nda@yahoo.fr

L'HARMATTAN BURKINA
Penou Achille Some
Ouagadougou
(+226) 70 26 88 27

L'HARMATTAN SÉNÉGAL
10 VDN en face Mermoz, après le pont de Fann
BP 45034 Dakar Fann
33 825 98 58 / 33 860 9858
senharmattan@gmail.com / senlibraire@gmail.com
www.harmattansenegal.com

L'HARMATTAN BÉNIN
ISOR-BENIN
01 BP 359 COTONOU-RP
Quartier Gbèdjromèdé,
Rue Agbélenco, Lot 1247 I
Tél : 00 229 21 32 53 79
christian_dablaka123@yahoo.fr

Achevé d'imprimer par Corlet Numérique - 14110 Condé-sur-Noireau
N° d'Imprimeur : 130273 - Dépôt légal : juillet 2016 - *Imprimé en France*

www.ingramcontent.com/pod-product-compliance
Lightning Source LLC
LaVergne TN
LVHW011007061026
849535LV00006B/1759
* 9 7 8 2 3 4 3 0 9 3 9 1 8 *